U0016225

攝影・林聲

青青翠竹鬱鬱黃花，是那樣真實無偽，他們細緻的體會了大師的步履，
大師的心如明鏡，那樣清晰的映照了一切的有情與無情。

攝影・林聲

攝影 · 林聲

從慈悲路走到智慧路，從菩提路走到光明路，一步一步走向美好，
在佛光山，這是蓮花之國，這是人間淨土！

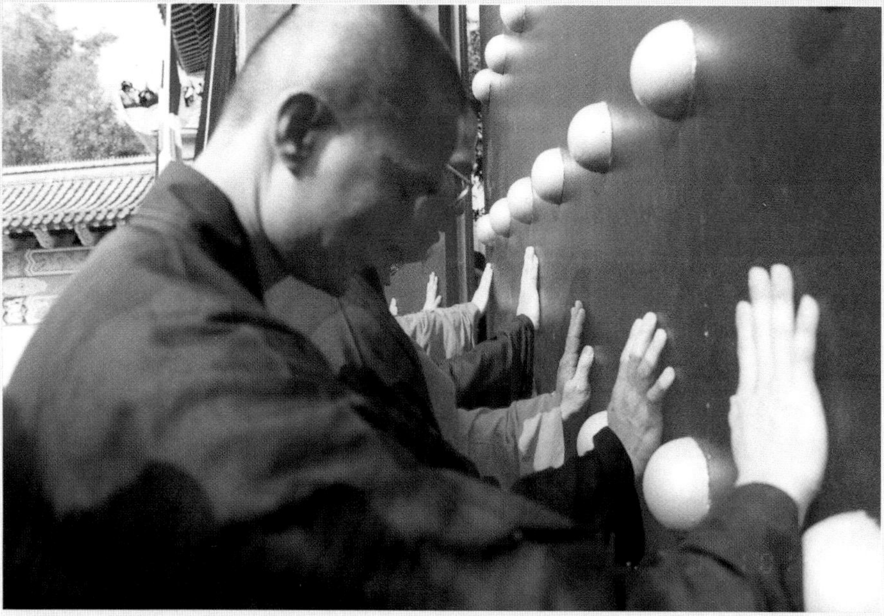

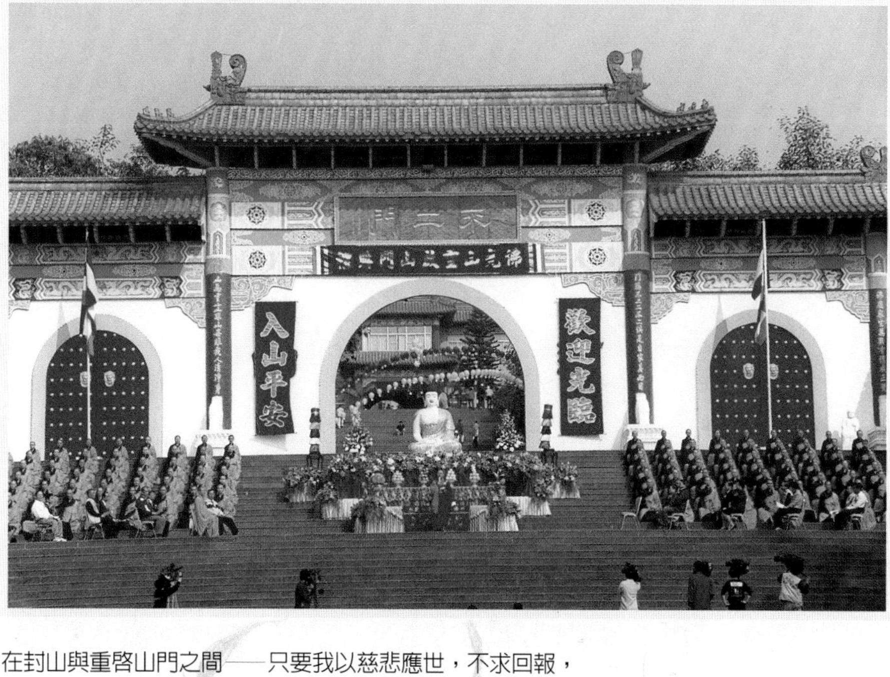

在封山與重啓山門之間——只要我以慈悲應世，不求回報，
榮辱得失都是我的增上因緣，天下眾生也成為我的法侶道親。
（一九九七年五月十六日封山大典／二○○一年一月一日重啓山門）

弘法的人，命是一條、心是一點、人是一個，不斷的往前走，
因緣一旦成熟，諸事就會成就！（一九九三年佛光山啓建萬緣水陸大法會）

一九九六年星雲大師於馬來西亞莎亞南體育館主持皈依及佛學講座，八萬人受益。

一九九六年星雲大師於香港紅磡體育館講說阿含經，兩萬人參與聽講。

佛光山八十五年萬佛三壇戒會，大師率領衆家師父舉行大禮。

一九八五年九月二十二日傳法大典，星雲大師退位，將佛光山傳位與心平和尚。

一九九三年十月與泰國
法身寺締結為兄弟寺。

國畫大師張大千於一九七八年來山禮佛，與星雲大師暢談，
並贈巨畫「一花一世界」與星雲大師。

索忍尼辛在聆聽大師弘法時，
亦專心記筆記。

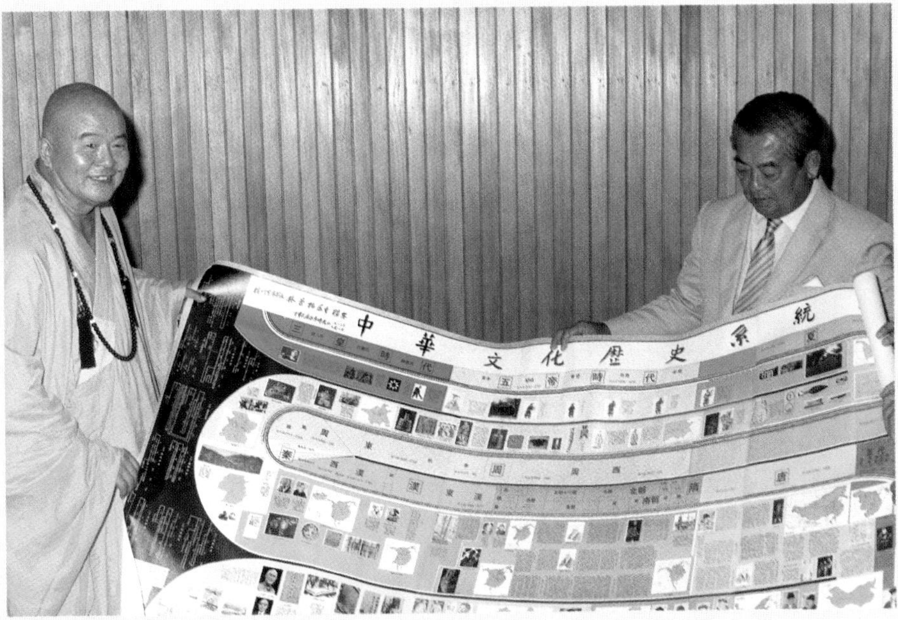

一九八八年美國西來寺佛像開光典禮時，
檳州首席部長林蒼祐醫生將「中華文化歷史系統」圖贈與星雲大師。

祇園精舍、曹溪風光、百丈叢林、臨濟宗旨，師師相連，薪火相傳，光華並續。
（一九九八年十二月十三日迎佛牙舍利南來祈安法會）

攝影・林聲

攝影．林聲

「以教育培養人才，以文化弘揚佛法，以慈善福利社會，以共修淨化人心」，
在佛光山時時有大師的行儀典範做依循，個個自是豁然大肚、慈悲善懷的佛家種籽！

攝影・林聲

千百年後、千萬里外，會有更多人仰觀佛光的明月，
他們看見了月的圓滿，一切的陰晴風雨，都在圓滿的那一刻，無憾了！

浩瀚星雲

林清玄 著

目錄

渡海

越嶺

開山

淬煉

目錄

困境

死生

生活

文心

目錄

人間

禪淨

雲水

說法

目錄

創見

親恩

薪傳

目錄

教育

有情

目錄

無憾

天星元不動，祥雲自去來

寫作《浩瀚星雲》的一年裡，我常常在黃昏時出門登山，最常去的是擎天崗與大屯山頂。

我的心裡還留著，閱讀星雲大師著作的餘溫，聆聽師父開示的餘韻，以及自己浸潤其中的香氣。

我的背包中有一把小壺，從前禪僧雲水參訪時，就是在懷袖中帶著這樣的小壺。在山頂上，縱是最熱的夏季，也會被清涼包圍。

我展開布巾、鋪陳茶具，泡一壺清茶，自斟自品。

如果是在城市裡泡茶，茶香立刻就溢失了。但是在山頂上，許是空氣清洌的緣故，香氣總是凝聚在四周，氤氳繚繞，久久才流向天際。

山中的氣息原來平靜，蒸騰的茶香不免帶來騷動，香氣驚動了蜂蝶，飛來探視，逡巡數圈才會隨香而去。甚至有幾度，箭竹林的竹雞與松樹林的藍鵲都忍不住來探個究竟，牠們也不驚慌，我喝我的茶，牠散牠的步。

我仰望藍天，看著茶香與蝶影的盡處，有時靜得入神，這茶香，可以到天上去當祥雲；這彩蝶，可在雨後結成彩虹；這美麗的瀕臨絕種的藍鵲，或者可以在人間搭起鵲橋，使人相互了解、互相溝通，創造智慧與愛的生活！

黃昏的山間極靜極空，在無聲息間，卻充滿了千言萬語。

我一邊飲茶、一邊回味今日所寫的星雲大師的教言，心裡充滿了愉悅與空明，從前我也自稱是大師的弟子，卻從沒有像這一陣子深刻細膩的進入大師的思想與境界。就好像以前也常到擎天崗和大屯山，從來沒有感受到與山水如此親切、與彩蝶和藍鵲相識已久。

喝完茶、下了山，立刻從極靜極空進入極喧鬧極動亂，那平常習以為常的汽車就像是在我的胸腹裡衝來衝去，引擎與喇叭聲開關不是在街上，而是在我的腦裡，那些吵鬧與匆忙，使我大為震驚，與山中的情景正是相反，在萬聲喧嘩中，一片空白、一片寂然，就像電影的黑白默片中的慢速動作。

穿過車陣與人潮，我總像是歷劫歸來。

這種感受的變化使我有悟，在極靜極空裡得到清涼是不難的，但是在喧鬧動亂裡要保持慧心與悲憫，就很困難。

星雲大師的「人間佛教」正是這樣的艱難，是一邊穿越混亂的街頭，還能看清美麗的街景；在喧鬧的紅塵，還有平靜安和的心。甚至，在面對批評時，更為慈悲；在面對困境時，更有智慧；在波濤洶湧的人間，永遠不失去寬容、坦然、勇氣；在臨江面崖的時刻，永遠不失去對法的信心、覺照、堅持……

當進入了「人間佛教」的核心，就是永遠的一如、永遠的「法爾如是」呀！

回想起我的童年時代，住在旗山，我最喜歡去的地方就是鄰近的大樹鄉。當時的交通不便，我時常走路穿過溪洲，到大樹的佛光山參拜。那來回的路途，對十幾歲的孩子是遙遠的，但是每到佛光山總使我感覺到素樸而優美、開展而堅毅，充滿了一種無法言說的清涼。

我喜歡大樹、喜歡佛光山，也敬仰星雲大師，在我的童年、少年時代，大師是大雄寶殿裡的佛菩薩，我站在遠遠的人群中，合十頂禮。

青年時期，我開始學佛，星雲大師從大雄寶殿走了出來，帶給我生活與思想深刻的啓發，人間佛教的性格使我體會了情境交感、慈悲圓融的法味。在萬籟寂然的靜夜，閱讀大師的著作，我時常想：人誕生在這個世界，是有了肉身的父母；人進入了知識，則有了知識的父母；人修行學道，則有了法身的父母；星雲大師對一個仰望的青年來說，正是法身的父母呀！

是以我在青年時代，就許下了為大師寫一本書的願望，這本書希望能貼近大師的人格風範、闡明大師的修行思想、表達大師的情義世界、深入大師的理想意境，使大師在各方面的影響能更為世人所知。

這些年來，因緣成熟，我有許多時間接近大師，經常聆聽教誨，並以數月的時間訪問大師，記錄大師的口述歷史，重讀大師的著作，這些點點滴滴，一次又一次啓發了我，許多許多年來的心願，終於完成，寫竟了這一冊《浩瀚星雲》。

我不是在為大師刻碑立傳，書寫大師的文章已經很多了，我把這一冊書分成十八章，就像鑽石的十八個切面，希望能折射出一代宗師輝煌的人格光華與璀璨的佛法志業，我深信對於質地全美的鑽石，越多的切面越能彰顯其價值。我也不是單純的書寫人物，而是在寫法、寫佛光、寫一片光明，正如走到高山頂上去看星辰與雲彩，在浩瀚的宇宙中尋訪最亮的一顆星，那顆星從佛陀坐在菩提樹下，就亮到現在；在無垠的青空裡去觀賞一朵雲，雲在青天水在瓶，千萬年來就是這樣。

在書寫這部書時，我的內心充滿感恩，能在末法時代成為大師的弟子，是十分幸福的事。想到唐朝時代，參學佛道的禪僧，為了尋師訪道，常常雲水萬里，「走江湖」只為了去見一位能啓發心性的人，許多人因緣不契，常為此抱憾終生。我們何其有幸，星雲大師飄然渡海，來與台灣的眾生結緣，要與這樣偉大的人天師範相逢，千百年可能只有一回！

呀！有大師住世的人間，是多麼幸福！在寥落的江湖，使我們看見歸處；在茫茫的滄海，使我們航向美好的旅程。

《浩瀚星雲》不只是在歌頌大師，也希望千萬里外、千百年後，在萬籟俱寂的靜夜，也能有人感受到這種幸福。

《浩瀚星雲》不只是為了大師而寫，也是為有緣無緣的眾生，如果曾與大師結緣，透過這部作品能更認識大師；如果未曾親近大師，也能透過文字品嘗美好的法味。

正如山頂上的一縷茶香，飛上天去，彩蝶圍繞，藍鵲歌舞，人生的情境正是如此。美好生命的三個境界：一是悅耳悅目，二是悅情悅意，三是悅志悅神。人間佛教的美，正是從耳目、情意，提昇到神志、性靈的過程，不但不排拒耳目之受，也不壓抑情意之美，使宗教成為生命中整體的美，即是小如一縷茶香，大至天星祥雲，也能讓我們悟到究竟之意、終極之境、圓滿之美呀！

歷經一年之久，《浩瀚星雲》終於完成，我依然常常去登山，感覺自己登臨的不只是山，春山淡雅、夏山蒼翠、秋山明淨、冬山空寂，我們登臨的是自己的性情。當我們內心陽剛時，看到的是雷霆烈風、峻岩絕壁；當我們的內心柔美，看到的是清風明月、星雲初日。站在山頂之上，往往就是「觀晨星，思浩蕩；望晚雲，神飛揚」了！

我晨起書寫、黃昏登山，在寫作這部書的日子，感覺早上黃昏都是在朝山，星雲大師的人格志業正是偉岸如山，每次走入山中，都使我有不同的感動、不同的啓發。但是，要如何描繪山中的美呢？這是我寫作這部書的心情，希望讀者登臨斯山，一起到山頂上觀星望雲，看見宇宙浩瀚。

「呀！一切眾生皆有如來智慧德相，只因妄想執著，不能證得！」

許多許多年前，一位年輕人坐在菩提樹下，看見天邊明亮的一顆晨星，突然悟道，看見了天空之美與性靈之美交感、天邊之星與心中之星相印，世界從此改變了。

我希望能寫出那種境界的美！

林清玄　二〇〇一年秋天
台北雙溪清淳齋

渡。海。

在深沈的夜色裡，有白色的細雪從空中飄下，當地的人稱為「風花」。「雪月」與「風花」被認為是最美最浪漫的，因為雪中的月色和風裡的雪花，都帶著迷離與淒涼。

火車，疾速的奔行在風花雪月之中。

從凝結著霜霧的窗口望出去，大地一片銀白，只有鐵軌旁偶爾會看見一些灰色隆起的東西，凝神一看，是一具具的屍體，他們以各種姿勢躺臥著，彷彿在說著不同的故事，但不同的故事出自同一個背景：這是一個悲慘的時代。

風花，無視於人的悲涼，不停的在空中跳舞。

春花、秋月、夏日、冬雪都不會在乎人間變故，它們總是依約來到人間，歡喜的時候看，見到四季變化的美；悲傷的時候看，見到人間的無常、世間的無情。

轟隆一聲，火車停在常州天寧寺的門口。

車廂裡走出一個年輕人，挺了挺腰桿，拉緊了衣領，大步走進天寧寺，走過菩薩垂視的門廳，走過漫天的細雪，走向黑漆漆的寮房。

寮房的出家人早就歇息了。

寮房與屋外的雪地一樣，一片漆黑、一片寂然。

年輕人就著窗外微弱的雪光，摸黑把第一位出家人搖醒。

他低聲的問：「要不要去台灣？」

睡得正甜的出家人，嗯了一聲，翻身又睡了。

「要不要一起去台灣？」年輕人走向第二個人。

出家人揮揮手，緊了緊被子，又睡了。

找到第三個出家人，年輕人說：「要不要和我去台灣？」

那人，乾脆把頭整個蒙住了。

年輕人不死心，一個一個搖醒、一個一個問，終於有十幾人在他澎湃熱情的音聲裡動容，願意隨他奔赴異地。

年輕人快步走出天寧寺，習慣性的向門廳的觀世音菩薩合十問訊。當他合十仰望菩薩時，菩薩彷彿看見了他眼中的熱忱。

他登上車，對火車司機說：「開車吧！」

誰要到台灣，我帶你們去！

火車空洞空洞的開往上海，年輕人知道這是在大陸的最後一夜，接著他將會到台灣那個陌生而遙遠的地方。時局這麼動盪，此去經年，不知道還有沒有重返的一天。

這個準備出發渡海的年輕人，正是日後把佛法傳遍台灣的星雲。

談到當時哪來的勇氣，叫火車暫停在常州天寧寺外，冒著嚴寒，去叫天寧寺的和尚一起到台灣去，星雲說：「沒有想那麼多，覺得應該做的事，就去做了！」

就像到台灣一樣，覺得應該去，就去了。

當時是民國三十七年，南京即將淪陷了。由於戰況激烈，到處都有傷兵，許多出家人發起慈悲心，紛紛組成僧侶救護隊，一方面救護傷患，一方面為眾生服務。

星雲的同學好友智勇法師，想組織一個六百人的僧侶救護隊，奔走了幾個月，

「當時我很崇拜他們，六百人？那可不得了，只看到他們進進出出的，吃飯、開會，那時我已經當家了，也不懂他們在忙什麼。但是，智勇法師是我的好友，我不只覺得敬佩，也贊助他們，我說：我給你們飯吃好了。」

這樣忙了兩個多月，到民國三十七年的八、九月，天氣變冷了，許多原來答應要去台灣的人，不來了，甚至連智勇法師都不去了。原因可能是無法組織到六百人，感到洩氣。星雲看了感到著急，忙了那麼久，怎麼說不去就不去了？還有一百多位要去，誰來帶領？

星雲找到智勇，鼓勵他說：「你還是去吧！我們做朋友做道友，也不一定要在一起，你去了台灣，成功了，我可以去靠靠你；萬一不成功，你也可以回來靠靠我，人生的成敗很難說的。」

智勇總之是不去了，就對星雲說：「那麼，你去吧！」

星雲心想：「這種事總要有人做，我就去台灣吧！」

當時，出家人的規矩很嚴，星雲也不敢私自決定，兼程趕到棲霞山，向師父志開上人請示，准許他到台灣。師父聽說愛徒要到台灣，立刻答應了，但是心裡依依不捨，臨行前一晚，親自辦了一桌菜，為星雲餞行。師徒二人隔桌相望，想到此去可能就是生死相別，都不禁百感交集。

「吃完飯，師父拿了十個銀圓給我在路上使用，這還得了哇，這麼多，當時我連一個銀圓也沒看過，熱淚盈眶的接過師父交給我的銀圓，師父對我真好哇！」星雲說：「師父還對我說，孫立人將軍是我們棲霞山中學的董事，你到台灣只要能聯絡上他，他一定會照顧你的。」

得到師父的鼓勵，趕回大覺寺的白塔國小，對一百多個想到台灣的僧侶說：「好！誰要到台灣去的？我帶你們去！」說這句話的時候，星雲心中充滿了無限的豪情。

星雲回憶的說：「當時連台灣在哪裡都不知道！我的知識開得很晚，那時二十三歲，連上海都還沒去過，聽人說抗戰還都到重慶，勝利了，從重慶還都要明年才能回來，我都大吃一驚：重慶那麼遠呀！台灣更不用說，是在大海裡呢！」

渡海而來的法船

星雲的性格，只要下了決心，不論成敗，都會勇往直前，他聽說有一艘船從上海要開往台灣，便率領七十幾個人坐火車到上海，途中想到常州火車站附近的天寧寺，自己曾在那裡參學，說不定可以多號召幾個人到台灣，他叫火車停在天寧寺的門口，把睡夢中的出家人一個一個搖醒。

「當時路邊有許多死人，晚上又看不見，等於是踩著死人的頭進天寧寺的。那個時候，整部火車都載滿一批一批從軍的青年，我也不知道什麼力量，去找開火車的人，叫他到常州、鎮江一些寺廟門口時停一停，沒想到他們就這樣答應了，火車等著，但是去台灣的總共只叫了十幾人。」

如果是醒著的，大概可以約到幾位，沈睡中的，就很困難了。

但也不盡然，醒著的也會變卦，出發時一百多位出家人，到了上海，只剩下七十幾個。在上海等船的幾天，又有二十幾位離開，真正上船赴台灣的，只剩五十人。後來在台灣弘法比較知名的淨海、印海、浩霖、廣慈都是那五十人裡的青年法師，沒有這一批法師，台灣不會在短短幾十年裡佛法廣傳，所以那一艘上海來的軍艦，事實上也是渡海而來的「法船」。

船開到基隆，隨即坐火車到台南，被送到一處軍營，星雲抬頭看營上寫了幾個大字「普通兵訓練營房」，當時大家就議論紛紛，幾千人群聚在門口不肯進去，小部分是參加僧侶救護隊的出家人，說：「我們是出家人，怎麼能來當兵呢？」大部分是響應「一寸山河一寸血，十萬青年十萬軍」的知識青年，說：「我們是知識份子，怎麼叫我們來當普通兵呢？」

星雲就安慰大家：「既來之則安之，還是進去吧！」

進了軍營，星雲想起師父的話，找到一個負責的人問：「我要找孫立人將軍！」

「你是孫將軍的什麼人呀？」那個人沒好氣的說。

「我和孫將軍沒什麼關係，但是我師父叫我到台灣找孫將軍。」

「隨便什麼人也要找將軍，你等著吧！」

星雲就和一起來的出家人，在軍營裡等著，又有一些人受不了，離開了。

過了幾天，有一些軍人就來遊說他們去從軍，對星雲說：「像你這樣的人才，如果從軍，不出十年，就可以升上將軍。」

星雲說：「我是出家人，升將軍做什麼呢？」

他心裡想著，如果不離開，遲早會被拉去當兵，但是隨他一起來的出家人，有一些生病了，他自覺對他們有責任，只好留下來。當時二二八事件剛過不久，又有大批從大陸撤退來的軍民，台灣也是一團混亂，留在軍營，有口飯吃，又能照顧朋友。

又過了一陣子，有一天，一個軍官來對他們說：「你們明天到黃埔軍校去報到！」

你們怎麼也跑到台灣來？

星雲眼看不走不行，一群出家人就匆匆離開軍營，人人身無長物，只有星雲的身上有一張台灣地圖，他想到有一位同學叫大同法師，在台中寶覺寺常住，決定到台中去找大同法師，再想辦法。

好不容易走路、坐車，再坐車、走路，跌跌撞撞到了台中寶覺寺，有一個出家人來問他們：「你們來做什麼？」

星雲說：「來找大同法師。」

那位法師說：「大同法師因為有匪諜嫌疑，連夜逃到香港去了。」

大同法師當然不是匪諜，不過在白色恐怖時代，不管是不是匪諜，只要有「匪諜嫌疑」等於是死路一條，大同法師為了保命逃走，卻讓走了百里的星雲怔在當場。正在不知如何是好的時候，有一位住在寶覺寺長得一表人才的居士林宗心，過來對他們說：「這裡的當家師，人非常好，你們等他回來，說不定會收留你們。」

星雲回憶當時的情景，說：「這林宗心不只是個美男子，也很有才華，他和日本人的關係很好，是個日本通，那個時代也被陷害，說他是漢奸，政府因此不准他到日本。一直到民國五十幾年，我救他，我向國民黨中央黨部建議說：『你們要發展對日邦交，應該派林宗心去，他不只是日本通，又是一表人才，日本人很崇拜他的。』後來勉強派林宗心去一次，回來沒多久就死了。」星雲的人生哲學是「滴水之恩，湧泉以報」，林宗心只是一個例子，他當時表現出一點善意，經過十幾年，一有機會，星雲就加倍的回報。

後來等到了當家師，他大概被大同法師有匪諜嫌疑這件事嚇壞了，也不敢收留星雲一行人，他向星雲說：「不如你們到觀音山凌雲禪寺去找慈航法師，他在辦佛學院，正需要老師，你們去找他吧！」

因為人生地不熟，有一個出家人就自告奮勇帶他們去觀音山，沒有想到剛到台北就遇到傾盆大雨，把通往觀音山的路沖斷了。

「因緣就是這樣，觀音山到今天我還沒有去過，那時我才二十三歲，心想隨便一個寺廟可以安住修行就好，沒有想到有那麼多的曲折。觀音山去不成了，那位師父說：『那你們去住十普寺好了，十普寺是外省人當家。』」

星雲又冒著大雨到南昌街十普寺，先是道融法師出來，見到他們幾個就沒好氣的說：「喂！你們怎麼也跑到台灣來？」當時有一位法師就很生氣回他：「你可以來，我們為什麼不能來？」後來，住持白聖法師出來，也不肯接受他們，連住一宿也不行。

追回大水沖走的布包

帶星雲來台北的法師就說：「那也只好去住善導寺了，善導寺有大醒法師。」

「我一聽，立刻說好，因為大醒法師是個文人，經常在佛教刊物發表文章，很有思想，也很有見地。一行人就從南昌街走向忠孝東路，路上大雨傾盆，積水淹過了膝蓋，走到林森路的時候，突然掉進一條大水溝，因為水太大了，水溝完全看不見，我拚命游泳上岸，等上了岸才發現布包不見了。我一直說：『我的布包呢？我的布包呢？』同行的人說：『命保住了比較重要，布包就讓它去吧！』他們哪裡知道，布包裡有師父給我的十個銀圓，那可是保命的錢呀！怎能掉了就算呢？」

星雲立刻返身跳入溝裡，去追那個被大水流走的布包，一方面是布包裡有十個銀圓，流得比較慢；一方面是星雲的水性從小就很好，竟然把布包追到了。

「我小時候住在揚州，住家附近是條運河，水勢很急，但是我經常從這一邊游到對岸。從小水性就很好，追到了布包當然很欣慰，但是早就全身濕透、筋疲力盡、飢寒交迫，說是多狼狽，就有多狼狽！」

從星雲跳入水溝追回自己的布包，可以看到他對人生、對某些事物的堅持，布包裡的銀圓不只是錢而已，它代表了師父的囑咐與祝福，在這一點上是意義重大的。我們從星雲後來的歷程看到，凡是意義重大的事，不論多麼艱難辛苦，他總是堅持到底、全力以赴，從不輕輕估量，也從不輕易放過。

到了善導寺，依然被拒絕了，但天色已黑，只好全身濕淋淋的蜷曲在善導寺的大鐘下度過一個寒冷的夜晚。

第二天，在台北火車站搭火車，想轉到八堵月眉山的靈泉寺，去投靠善會法師。臨行前，覺得自己打赤腳不好看，就買了一雙木屐學著穿，非常艱難的搭上火車，沒有想到下車的時候竟然赤腳下車，忘了那雙木屐，想起的時候，火車已經開遠了，這一回沒有布包那麼幸運，新買的木屐丟失了。

對於那火車上遺失的木屐，星雲惦記到現在。由此我們也可以看到大師愛物惜物的風範，這是他在佛學院裡養成的習慣。這麼多年來，大家都知道，大師的衣服、鞋襪，不到最後關頭，絕不輕言丟棄，有的徒弟看到大師的衣履壞了，勸他換新，他總是說：「這是出家人的本分！」

好不容易赤腳走到靈泉寺，已經是下午一點多，寺裡的法師出來問：「中飯吃了沒？」

「那時候聽到這句話，感觸很深，中飯當然還沒吃，早飯也沒吃，昨天的晚飯也沒吃，昨天中午和早上都沒吃，已經餓了一天一夜又半天，但從台中一路上來，沒有人問過，現在聽到有人問中飯吃了沒？內心的感動是難以形容的。」

法師雖然這樣問，卻不表示有得吃，他說：「我進去問問，可不可以給你們吃？」

「他轉進去以後，我們就聽到裡面有人說：『我們自己都沒得吃了，還給他們吃！』不給吃，同學們就大家湊點錢拜託法師去買點米，煮給我們吃。等到買米回來，飯煮好，已經是兩點快三點了。吃到第一口飯，那種感覺是無法形容的，想想看，一輩子要每餐都有一碗飯吃，真不容易！」

由於那一次的經驗，星雲就發願，將來自己如果有寺廟，一定要不管多少人來、不管什麼時間來、不論什麼身分地位、不論有錢沒錢，都要提供他們飯菜，不只是飯菜，還要營養、可口，這後來也成為佛光山派下寺院的宗風。

文章比我更早跨海來台

看來靈泉寺也非久留之地，一群人商量的結果，聽說慈航法師在圓光寺，到中壢的圓光寺去，那裡有台灣佛學院，慈航法師是院長，說不定可以容身。又從八堵坐火車到中壢，從中壢步行走了幾十里的黃土路，才到了圓光寺。

才一走進圓光寺，遇到一位比丘尼，非常和善慈祥，雙手合十問訊，說了一句：「無量壽佛！」

「當時我非常感動，這麼莊嚴的比丘尼，就像觀世音菩薩一樣，我們一群人穿著破破爛爛，已經狼狽不堪，路上找人問話，都沒人睬我們，一路上碰到的不是白眼，就是喝斥，這個比丘尼怎麼這麼好！還向我們合掌，那麼慈悲！台灣的比丘尼都這麼好嗎？接著又見到一位比丘尼，她一見面就說：『你是星雲法師吧！我讀過你的文章，你的文章在我們佛學院裡都有呀！來來！我叫老和尚出來和你見面！』我聽了受寵若驚，請老和尚來和我見面，怎麼敢當？但也想到文章的力量真大，比我更早跨海到台灣。」

等了一下子，比丘尼帶著一位老法師出來，就是妙果老和尚，與星雲一見如故，非常奇怪的是，妙果老和尚講的台語，他一聽就懂。妙果老和尚對星雲說：「你不要走了，留下來吧！」

星雲感動不已，就在圓光寺住了下來，本來妙果老和尚請他在佛學院當老師，星雲覺得自己還不能當佛學院的老師，拒絕了。但是當時户口查得很緊，一定要報個户口，星雲就對老和尚說：「那就把我報成是佛學院的學生吧！」

老和尚起初不肯，說：「佛學院明年就畢業了，當學生得要從頭讀起。」星雲說：「您本來要找我當老師，現在我志願當學生，還不夠資格嗎？」

老和尚只好以學生的名義幫他報户口。

為了感謝老和尚的收留之恩，在圓光寺的那一段日子，星雲把全身心奉獻給老和尚。當時妙果老和尚擔任苗栗、桃園、新竹三縣的佛教會理事長，所有的公文都是由星雲代看代批。他雖然沒有當佛學院的老師，卻做一切打雜的工作，甚至每天天不亮走十幾里路到市場買菜，菜販都還在睡夢中，他把菜販一一叫起來，說：「來買菜了！」如果有人對老和尚稍微不好、不敬，星雲總是出來為老和尚拚命。

「在圓光寺住了三個月，有一天警察跑來，把我們都抓起來。不只是抓我們，是整個台灣抓出家人，起因是台灣有四個警察局長是匪諜，有人在街上貼標語，情治單位誣賴是『政治和尚』貼的。知識份子的和尚都被抓了，包括德高望重的慈航法師、律航法師，律航是中將出家的，又是在台灣出家的，一看是一點問題也沒有，還是被抓了。」

度化了看守的獄警

星雲和一群外省籍的法師，被關在一間大倉庫裡，連躺下休息都不行，還經常被喝斥、捆綁，甚至眼睜睜的看人被拉出去槍斃，今天槍斃幾個，明天槍斃幾個……

雖然牢獄那麼可怕，星雲也坦然面對生死，不過也有溫暖的事，當時看守這群出家人的警察，因為對出家人有好感、對佛法有興趣，每天都和他們談佛法，還對他們說：「你們很快就可以出去，出去的時候，我要跟你們出家！」大家都以為這個警察的心很好，是在安慰大家，沒想到他們放出來的時候，那位警察也出家了，法號「廣元法師」。

關了二十三天的黑牢，由於孫立人將軍夫人孫張揚清居士的擔保、吳經熊居士等人的奔走，才被營救出獄。慈航法師就沒有這麼幸運，他被關了一百五十天，日後在汐止彌勒內院圓寂，肉身不壞。

出獄之後，警備總部還日夜派人跟監，因為有人誣陷星雲「白天收聽共匪廣播，晚上換了便服，在外面散發反政府的傳單及親共標語」，他也不以為意。一年之後，黑函不攻自破，跟監的人受到星雲的感化，皈依成為佛門弟子。

「出獄後，還住在圓光寺，妙果老和尚叫我幫他為佛學院的畢業特刊寫一篇『回顧與前瞻』的文章，我當時很年輕，就想揣摩老和尚的口氣把文章寫好。事後，老和尚不放心，他認為我這麼年輕，怕我寫出來的文章不成熟，便拿給主編圓明法師看，問他說：『你看，這寫文章的和尚幾歲？』圓明讀了，大為欽佩，說：『看這文章的思想觀點就知道是老修行人，大概六十幾歲吧！』他還猜說是東初法師寫的。這件事給我的鼓勵很大，覺得自己可以走文章弘法的路。」

改變了世界的藍圖

接著，星雲被派到苗栗法雲寺去看守山林，三個月住在山上，一方面沈思自己未來要做的弘法事業，一方面回想來台灣所看到的佛教面貌，心中慢慢畫出自己生涯的藍圖，這張藍圖不只改變了自己，改變了台灣，也改變了世界。在山林的日子，他寫下來台灣的第一本書《無聲息的歌唱》。

不久之後，善導寺的大醒法師在青草湖邊的靈隱寺辦佛學院，邀請星雲到佛學院當教務主任，那一年，星雲二十五歲。

「前後擔任兩年的教務主任，印象比較深的學生有幾位，一位是台東開山寺的住持修和法師，他後來被判無期徒刑，死在牢獄。他有一個弟子叫吳泰安，是個神經病，每天幻想要推翻政府、要革命，還寫了許多聘書，一張寫著聘修和法師為推翻政府的國軍總司令，還有一些寫著別人，余登發的冤獄也是這個案子，修和法師就這樣死在牢裡，真是冤枉，那是很優秀的青年呀！像現在基隆靈泉寺的晴虛法師，當過『海潮音』雜誌主編，也是我的學生。台中的聖印法師，他當時十七歲，來佛學院時已經開學了，學校不肯收留他，我看他是個優秀人才，就說：『如果不收這個學生，我書也不教了。』才勉強讓他進來。像現在苗栗靜覺院的智道法師，像美濃朝元寺的聖定法師、慧定法師……」

回想起自己在台灣教佛學院第一屆的學生，星雲的臉上流露著喜悅，這些學生有很多和他年紀相彷，也有一些比他大十幾歲的，師生的感情都非常好。但是，他也感到奇怪的是，許多在院裡感情很好的學生，甚至事事仿效他、崇拜他的學生，畢業之後卻不肯承認是他的學生。

「剛開始，我以為是台灣師生的倫理不夠，不像在焦山，一日為師，終生為父。慢慢的，我發現還有別的原因，一是有的學生比較傲慢，他自己要當老師，一旦承認是別人的學生，自己就渺小了，傳承的觀念不是那麼強。二是省籍因素，這些學生都是本省人，我是個外省師父，承認拜外省人為師，使他們感到說不出口。這是非常可惜的，佛教是最寬廣開明的宗教，眾生平等，沒有任何分別的，釋迦牟尼還是印度人，歷代的祖師不論什麼宗派，不都是外省人嗎？阿彌陀佛還是外星人呢！」

為了打破思想的界限、省籍的情結，星雲覺得自己應該更走入群眾、深入台灣社會，讓佛法普傳在這片土地；他也希望當時深受日本影響的佛教風氣，僧俗不分、出家人娶妻吃葷、不重經典與戒律的情況可以扭轉。這不只需要自己努力弘揚正法，還必須培養無數的本土精英，才能普遍撒下正法的種籽。

星雲登臨斯土，是台灣之福

在民國三十九年那混亂的時代，星雲被大時代的洪流推擠，偶然踏上在海的南方，一個從未想像過的島嶼，當他從上海上船的那一刻，就好像唐朝另一位揚州和尚鑑真大師渡海去日本，影響了日本的文化、思想、藝術，許多年之後，日本人都說：

「能讓鑑真踐履斯土，是日本之福。」我們也可以說：「能讓星雲登臨斯土，是台灣之福。」大時代的混亂是在所難免的，不管是哪一個族群，都在洪流與漩渦中流轉，但是大洪流與大漩渦也創造更開闊、更有氣概的文化。

平心回顧，如果不是民國三十九年那一場天翻地覆，帶來了外省精英，幾十年來和本省同胞胼手胝足共同打拚，台灣的經濟、文化不會在短短的時間脫胎換骨；像星雲大師，五十年來，日日夜夜從不停息的為眾生服務，廣設寺院、學校、救濟院，甚至辦「無污染的報紙」「無污染的電視頻道」，不只是正法的弘揚，對台灣族群的融合、台灣文化的創發、台灣心靈的提昇……都寫下了不可磨滅的貢獻。因此，星雲的渡海，足可以與歷史上幾次偉大的宗教旅行相互輝映，達摩的渡海、鑑真的東渡、玄奘的西進、惠能的南行。

想到從前讀師父的書，讀到「欲為佛門龍象，先做眾生馬牛」「滴水之恩，湧泉以報」，總使我為之熱淚盈眶。想到自己生於二十世紀的海島一隅，無緣親近達摩，或者鑑真，或者玄奘，或者惠能，在師父的身上卻時常看見那些典範的身影，能有緣親近師父，真是人生的幸福呀！這樣想著，就會感念那一場波濤、那一場渡海、那一法船，把五百年才會出現一次的偉大宗教家，送來了台灣。

想到師父到台灣的初期，到處碰壁，最後，被本省籍的老和尚收留，建立了深厚的情誼，對第一位遇到的本省比丘尼就感動不已，可以看見師父確實與台灣有不可思議的因緣，若以因緣觀之，師父與台灣緣深情重，早就勝過自己的故鄉了。

「民國四十一年，我到宜蘭去，今年九十年，呀！整整五十年了！」

越嶺

在我童年時代，許多次跟隨父親步行，從旗山走到大樹，那時的佛光山才開始闢建，父親每每走到佛光山前，都會駐足仰望，用一種景仰的神情對我說：「聽說有一位唐山來的和尚，要在這片山上蓋廟！」

我隨著父親的目光，往上看去，山上是一片蔥鬱，幾乎是無法穿透的密林，很難想像那一片樹林蓋成廟宇的情景。

現在我每次回到老家，一定會到佛光山去走走，站在從前父親仰望的地方——現在是一個停車場——往山上看去，會看見雄偉的接引大佛，就能深深體會到為什麼從前的禪寺叫作「叢林」，也深深理解，為什麼父親會那樣仰望了。

我告訴星雲大師當時站在佛光山下的情景，師父突然問我：「你什麼時候出生的？」

這句問話有點像禪宗的公案：我是誰？我什麼時候出生的？

「我是民國四十二年出生的。」我說。

師父笑了，說：「我到南部比你更早，我是民國四十一年到台灣南部的。」

安靜美好的心靈世界

大師於是談起他初到南部的情景，他準備到大樹鄉開山，經常徒步走到美濃的朝元寺，因為朝元寺裡有兩個學生。

「我從大樹，經過你的家鄉旗山，然後沿著月光山的山邊走到美濃。那時候感覺南台灣真是美呀！特別是山間非常涼爽，隨著山風走在山裡，感覺那就是人間淨土。

有時候看到山裡有一些小廟，天是那麼藍、雲是那麼白，安靜而美好，心裡就會想，如果有這麼小的廟修行就非常好了，廟雖然小，但是心胸如果廣大，世界就有如是廣大呀！」

大師陷入了回憶，不只深山的美令他深受感動，更感動他的是，沿路上不管遇到什麼人，都會對他含笑點頭、合十問候，台灣人民的善良溫厚，不用一句言語，就使遠方來的青年和尚深深感動。

「特別是從旗山到美濃那一段，沿路都會遇到客家婦女下田耕作，很奇怪的是，她們全是穿一樣的衣服，藍布衫、黑褲子，感覺特別樸素。客家婦女的勤勞也使我印象深刻，她們遠遠看到我，總是停下工作，頻頻點頭問候，和善而真誠。我當時就感覺台灣人真有福氣，客家人和客家村很美，樸素、勤勞、和善、真誠都是最美的。」

經常在南台灣鄉間行走，堅定了星雲大師要創建大叢林的決心，他希望更多的人能受到佛教的薰陶，也希望更多人分享安靜而美好的心靈世界。

佛光山就是在這種心情下創建的，在師父的心中，常留著在山間小廟清修的浪漫嚮往，但是他更嚮往在威儀井然的大叢林中，修行人能完全無私無我的分享法味法喜。

佛光山不是一日建成的，在佛光山之前，大師也經歷過許多的曲折。

星雲大師初到台灣時，走過許多寺院，也曾在一些寺院短期居住，但精確的說，他的第一個立足點是在宜蘭。

「民國四十一年，我聽說有些法師到宜蘭，我是第一次聽到『宜蘭』，就問一位法師：『你去過宜蘭嗎？』他的回答是：『你問這個幹什麼？宜蘭在山的那一邊呀！要過幾十個山洞，很落後很偏僻的地方！』我說：『那邊不是有寺廟嗎？』他說：『唉呀！總之是很遠，沒什麼好去！』」

星雲大師與一般人不同，一般人聽到這種描述，大多會打退堂鼓，他卻對宜蘭生起了莫大的興趣。偏僻落後的山那邊，有寺廟，還有人學佛，應該是一個好地方。

當時，他在新竹有一些學生，寒假到了，他希望能找到一個可以讓學生繼續學佛的地方，本來想把學生帶到台北善導寺，當時善導寺的住持是印順法師，是太虛大師的系統，因為星雲不是這個系統，就被拒絕了。但是他總不能把學生丟下不管，聽到「宜蘭」，就想到：「說不定出路就在宜蘭了。」

必定、必定、必定，要去宜蘭

「有一天，中國佛教會開會，遇到宜蘭來的一位居士，他年紀比我大，見到我就禮拜，一看就是虔誠的佛教弟子。他起來後，告訴我：『可不可以請師父到宜蘭講經？』他說，他想請一位法師長期到宜蘭講經，已經跑了很多次，也有請到一些法師，卻只要去過宜蘭一次，就不肯再去。趁著開佛教大會，又從宜蘭跑到台北請法師，聽說我講經講得不錯，特別請我去宜蘭。」

星雲大師回憶起五十年前的那一幕，忍不住開心的笑了，他說：「那位老先生就是李決和居士，也就是慈莊法師的爸爸！」

聽到許多法師去了一次，不肯再去，反而激起了星雲的豪情，他在焦山佛學院已經千錘百鍊，又面對過許多生死的考驗，宜蘭，名字這麼優美的地方，有什麼好怕呢？「我心意已決，必定、必定、必定，要去宜蘭！」

他永遠記得到宜蘭的第一天。

大清早，他坐上開往宜蘭的公共汽車，早上八點鐘開，路經九彎十八拐的北宜公路，一路上都是石子和泥灰，煙塵滾滾、險象環生，足足開了三個半小時，十一點半到達宜蘭。

「到了宜蘭，我匆匆走到雷音寺，進入小小的大殿，一個人也沒有，突然看到一個女眾，她走過來問：『師父是來講經的？』我說：『是，是！』她問完就走開了，也不理我。我在大殿裡轉來轉去，想找一個廁所小便，怎麼樣也找不到，焦急得不得了。突然想到火車站有廁所，立刻從北門口雷音寺再走回火車站。出家人要重視形象、要講威儀，心裡再急，還是要一步一步走，上完廁所，再走回雷音寺，全身從頭到腳全部濕透了。」

宜蘭之行，就是這樣揭開了序幕。

「廁所到底在哪裡？難道雷音寺沒有廁所嗎？」我問。

師父說：「廁所是在雷音寺旁的巷底，但是雷音寺沒有廚房，只有一個火爐，平常廁所門關著，火爐擺在門外，要上廁所，得先把火爐搬開，上完後，再擺回來，怪不得外來的人找不到。人家說外來的和尚會念經，但是外來的和尚有時連廁所也找不到呀！」

雖然開場時不是那麼順利，但是第一天講經，星雲就深刻的感受到宜蘭信眾對法的熱切，只能用「求法若渴」來形容，雷音寺大殿和廣場都是水泄不通。

「我第一次在宜蘭講經，是講觀世音菩薩《普門品》，連講二十天。為了增加大眾對法的興趣，我在每天講經的最後，講一段《玉琳國師》，玉琳國師裡有愛情故事，年輕人喜歡聽，講完後，我說：『欲知後事如何，請聽明天分解。』就這樣，一天比一天熱烈，一天比一天人多，講到後來，轟動了整個宜蘭。」

生趣盎然的宜蘭念佛會

星雲也就在宜蘭安住下來，當時雷音寺是個小廟，除了大殿，一邊的房間住了女眾，一邊房間住了阿兵哥，他只好住在大殿後只容一床一桌的小屋，到了晚上，漆黑一片，只有大殿裡一盞小燈。

「那時候我二十六歲，是第一次使用電燈，當時本來想裝一個電燈，但是那時不是算電費，而是算裝了幾個燈來計費，裝一盞電燈，每個月要十二塊錢，為了省錢，平時電燈掛在大殿，我要讀書寫作時，就把電燈提到自己的房間，但是電線不夠長，只能拉到門口，我就坐在門口讀經。我白天帶領宜蘭念佛會，晚上閉門用功，這樣過了一年多。」

一年多，星雲把宜蘭念佛會帶領得井井有條，聲名遠播，參加的人越來越多，大家才想到念佛會應該找一個會長。

「一天開了大會，推舉會長，有一個居士說，應該推舉當地一個德高望重的國小老師當會長，大家拚命鼓掌，通過了。我心想：怎麼如此奇怪，我是法師，又領著念佛會，當會長不是名正言順嗎？正在奇怪，一個年輕的居士站起來反對：『念佛會應該選一個懂佛法的人，星雲法師把念佛會領導得這麼好，又是真正的法師，應該選他當會長！』大家又拚命鼓掌通過了。更奇怪的是，要把那位國小老師請下台，卻大費周章，他剛剛才選上會長，才一分鐘就被請下來，心有不甘呀！」

雖是這樣一件小事，星雲卻覺得學習了很多，他看到了宜蘭人的單純天真，有時候腦筋不太能轉彎；他也看到年輕人雖千萬人吾往也的勇氣；他更看到了名利雖是夢幻空花，但有的人只要一拿到，就怎麼也放不下了。

在宜蘭，還有更奇怪有趣的事，雷音寺的邊廂住著一戶軍眷，戶長是一位少校，是那種特別剛強難化的人，每次念佛會，少校就穿著一件汗衫、一件短褲，搬一張藤椅坐在廣場中間抽菸，念佛的人只好繞著他行香念佛，他一語不發，也不為所動，等到念佛結束，他的香菸才抽完，搬籐椅回房。

念佛會的信眾不以為然，屢次想派人請他離開，總覺得繞著一個抽菸、穿汗衫短褲的人念佛不莊嚴。

師父說：「你們隨他去吧！把他當成佛來念，總有一天會感化他。」

但是，一直到少校搬走，始終也沒能感化他。

師父回想起這一段也不禁莞爾，他說：「那位少校現在不知道在什麼地方，如果能找到他來一起吃個飯，就好了。」

大師一到宜蘭，就打定主意在宜蘭弘揚佛法，因為這種死心塌地的精神，宜蘭人很快的接納他，由於「星雲」兩字台語不好念，有的人乾脆不記他的名字，叫他「北門口的師父」。

當然，也有一些剛強難化的人，看他只是一位外省的年輕人，竟有如此大的影響力，經常在講經的時候鬧場，他們故意在大殿外喧嘩，星雲也不出面制止，他只是突然把大殿的燈熄掉，一言不發，大殿裡突然的「安靜」，往往把外面大呼小叫的人嚇住，震得他們也安靜了。

創見、活潑、細膩的人間情懷

大師能使佛法在宜蘭廣為弘揚，除了他對佛法的精湛修為與弘法的信心勇氣，還運用了許多方便法門。

例如在講經結束前，開講《玉琳國師》，以增加青年對佛法的興趣；例如在寺院裡開辦作文班，培養佛教青年的素質，吸收一些對文化有興趣的青年；例如為了讓青年安心學佛，開辦幼稚園，使信徒可以一邊教書、一邊學佛；例如每次講經或念佛，晚上都會提著燈籠、敲鑼打鼓的繞街宣傳，使得後來只要雷音寺裡有活動，常常是萬人空巷；例如成立佛教界的第一支歌詠隊，自己作詞，請楊詠溥作曲，讓年輕人不只能在寺裡讀經念佛，還能一起唱歌，結交新朋友；例如成立「光華文理補習班」，為宜蘭當地的清寒子弟，免費補習英文、數學、理化，並輔導他們的心理和生活，培育了許多人才……

這些今天看似理所當然的事，在民國四十年左右，都是革命性的作為，星雲大師創見、活潑、細膩的人間情懷，與廣大深刻、大開大闔的弘法風格，在當時已見端倪。

在宜蘭，星雲大師開始了「高高山頂立、深深海底行」的佛法志業，他不只越過了現實的中央山脈，也越過了佛教與弘法的中央山脈，日後佛光山開辦了許多文化事業、教育事業、慈悲事業，都是在宜蘭埋下的種籽；他的僧才培育、法脈沿承更是從宜蘭開始；他的第一代弟子心平、慈莊、慈嘉、慈惠、慈容都是來自宜蘭，後來對佛教都有偉大的貢獻。

四〇年代，到宜蘭只有兩條路，一條是走九彎十八拐的北宜公路，一條是搭穿過數十個山洞的火車，不論公車火車都沒有冷氣，到宜蘭都要四個小時，每次來回都是全身泥土，灰頭土臉，使住在西部的人視為畏途，星雲大師卻來回奔波，視為樂土，並長駐宜蘭。他使台灣東部的佛法思想開花結果，並且將許多實驗、創見帶過中央山脈，再回到西部，然後帶到南部，使台灣自西至東、從北到南，都得以沐浴佛教思想的光輝。

我從來沒有離開過宜蘭

我問師父，當時的弘法事業那麼忙碌，如何能有那麼多的創見呢？

師父說：「佛不是死的，不是坐在那裡等人拜的；佛是活的，是自己做成的。如果知道佛是活的，一切不就活起來了嗎？」

現在，一般人都將「星雲」與「佛光山」連想在一起，認為「佛光山」是星雲的總本山，但師父並不這樣認為，他覺得宜蘭的雷音寺才是他的「總源頭」「總本山」，沒有雷音寺，就沒有佛光山；沒有佛光山，就沒有遍佈海內外的佛光寺院，以及千餘位的出家眾和數百萬的信徒。甚至，在五十年後，師父還返回宜蘭，重建雷音寺，把當年找不到廁所的小寺院，蓋成美侖美奐、雄偉莊嚴的大道場；五十年後，師父在宜蘭開辦「佛光大學」，成為宜蘭地區的第一所大學。這些，都在在證明，師父與宜蘭深刻的因緣。

當我問及：「師父是哪一年離開宜蘭的？」

「我從來沒有離開過宜蘭，我也不想離開宜蘭，我現在的戶口還在宜蘭呀！」大師笑著說，眼中閃著金光，彷佛穿過了時光隧道，回到二十六歲初見電燈的那一刻。

星雲到宜蘭，是宜蘭人的福報；宜蘭孕育了大師，則是世界的福報。

「宜蘭是我的家。」師父這樣說時，給人無限的溫暖。

師父到今天還時常懷想起，當年在宜蘭礁溪寫《十大弟子傳》，寫完每天的文章都近黃昏了，「我一個人沿著河岸散步，看著世界平靜美好，晚霞璀璨無邊，就會感覺那平靜的河山裡也有廣大的宇宙，這世界是如此美好，佛法又是這麼動人，真希望有更多的人知道呀！」

今天的星雲大師，不管走到世界各地，總是有許多信徒接送，有時排場還超過國家元首，儘管他一再的制止信徒接送，卻言者諄諄、聽者藐藐。大師說：「但是，只有一個地方既不接、也不送，那就是宜蘭的雷音寺，因為是自己的家，不必接送呀！」

想學星雲，從宜蘭學起

星雲大師又說：「現在有許多弟子學生，想要學星雲，就像有一位年長的弟子看到年輕的師弟蹺腳，問他：『你怎麼在這裡蹺腳，一點都不莊嚴？』他說：『大師父也蹺腳呀！』他哪裡知道我是因為腳受傷了，坐下時蹺腳才不會痛呀！想學星雲不能只學一點皮毛，想學星雲，也不是在佛光山裡學，佛光山已經條件太好了，想學星雲，必須要從宜蘭開始學，否則，一點點星雲也學不到呀！」

師父談到這裡，我的腦海裡突然浮現出一個畫面，一個高大挺拔的出家人沿著河岸散步，衣袖飄飄，在萬紫千紅的晚霞中融入了世界，與河山成為一色，隨意點染，處處成春。

那個畫面又和後來的畫面相疊，在美麗的月光山腳，一個黃色的影子從茂林中穿過，站在山間小廟前，在無限的藍天白雲中生起了感動，天藍雲白、綠樹黃袍，織成了繽紛的世界。

星雲，不是在熱鬧輝煌之處，而是在細膩幽微之處。

星雲，不是在五光十色之地，而是在繁華落盡之地。

星雲，不是在政商雲集之所，而是在平淡天真之所。

想到星雲大師當年的身影，不知道為什麼，心裡就浮起他第一次在宜蘭講的《普門品》，其中的幾句：

「是觀世音菩薩，成就如是功德，以種種形，遊諸國土，度脱眾生。」

「眞觀清淨觀，
廣大智慧觀；
悲觀及慈觀，
常願常瞻仰。」

如果不能剝除外在堆積的形貌，去觸及真實、清淨、智慧、廣大、慈悲的本質，那也就在紅塵滾滾中看不到星雲了。

初到宜蘭，星雲是一個籍籍無名的年輕比丘，還沒有世俗外加的許多聲名，所以是更接近於本質的顯現，當師父說：「學星雲，要從宜蘭學起！」

我想到的不是宜蘭的吃苦耐勞、風霜雪雨，那些是自然要學的，我想到的是師父那些優美、清淨、人文、人本的本質，究竟有多少人能知呢？

開。山。

在宜蘭雷音寺步上軌道之後，來追隨星雲的弟子多了，星雲開始思考這些弟子的出路問題，他想到兩個中國叢林普遍會面臨的問題，一是他覺得出家人應該學識淵博，要有修行也要有體證，因此要有一套嚴謹的叢林教育，以雷音寺當時的條件，並無法設立很好的佛學院，只好在別的地方再設佛學院。

二是有一些青年跟隨他學佛出家，雖是美事，但出家人也應該有專業，不能只接受供養，所以，應該有更多的事業。一方面讓他們自給自足，一方面讓他們發展長才。

正好，當時有一些早期佛學院的學生，到了南部發展，星雲時而去探視學生，深喜台灣南部的風土人情，便在高雄的壽山寺闢建了新的道場，設了佛學院和幼稚園。

星雲的魅力太大了，在壽山寺很快又聚集了更多的青年，「為了人才的培育和發展，建立一個永久性的、大型的道場，變得迫切需要。」師父說。

大樹鄉佛光山的雛型，這時已經在星雲的心中隱隱成型。

一念慈悲，買了佛光山的地

但是，真正去佛光山還是很偶然的。

星雲先看中的一塊地，是在澄清湖旁邊，也就是高雄圓山大飯店的現址，當時有三甲地，風景優美、環境清幽，非常適合蓋寺院，唯一的缺點是三甲地嫌小了一點。

師父說：「我考慮再三，雖然土地還不夠大，但是做現階段使用，還是夠的，就決定買那塊地！」

簽約的那一天，星雲在樓上，突然聽見樓下的弟子交談，一位徒弟說：「太好了！我們的寺廟蓋在澄清湖邊，將來蔣總統到澄清湖，一定會順路到我們廟裡走走。」

心裡卡嚓一聲。

「我們辛辛苦苦建寺廟，是為了修行，不是讓政治人物順路來觀光的，蔣總統到了佛光山，我們有什麼光榮呢？應該是總統專程到佛光山參訪，回去以後說：我今天去了佛光山，身心都得到了利益！我應該把寺院蓋在更深的山裡，讓大家專程來參訪，因為我們蓋的寺院要有千百年的基業，政治人物只是一時的！」

當師父從樓上下來，對等候的地主說：「今天不簽約了，這塊土地我們不買了。」地主和弟子都怔在當場。

星雲把原來準備買澄清湖畔三甲地的錢，換了大樹鄉的三十甲土地，建成了今天的佛光山。

從徒弟的一句話，星雲馬上當機立斷，可以看見師父的風格，一般人看到師父與高官巨賈關係深厚，誤以為星雲是「政治的」「商業的」「社會的」，這只是管中窺天，師父的心胸遠遠超越這些，縱使在年輕的時代，就有超越世俗的氣魄，才捨近求遠，創建了今日的佛光山。幾十年過去了，換了不少位總統，物換星移，現在哪一位總統不是專程到佛光山參訪呢？更遑論其他的政治人物了，師父的遠見於此可見一斑。

只是，佛光山並不是一天造成的。

「澄清湖的地沒買成，有一對越南華僑夫婦，透過信徒來找我，他們欠了一大筆債，急著出售大樹鄉十幾甲的山坡地，如果不能賣地還債，夫妻倆只好自殺。我想，生命是何等寶貴，出於一念慈悲，就買了那一塊地。」

除了師父自己，誰也不會來

看地的那一天，星雲租了一部大巴士，帶著弟子和信徒一起到大樹鄉去看地，那片地當時沒有特別的名字，當地人叫「麻竹園」，想必是種了許多麻竹的緣故。

「麻竹園」在想像中還有幾分美感，但是到了現場，大家都怔住了，非但沒有一條像樣的馬路，一路顛躓、煙塵滾滾，到了山下，只見荊棘荒草零亂的長在外圍，內部則是麻竹、刺竹、雜木亂生的山坡。

類似這樣完全沒有開墾的山林，在台灣南部是非常可怕的，不但隱藏了各種毒蛇、蚊、蚋、螞蟻、蜘蛛，樣樣都是會螫人的。隨著星雲來的弟子和信徒，竟然沒有一個人肯下車——想必那時的星雲還是個年輕人，沒有像現在權威，年齡相仿的徒眾和他就像兄弟一般——甚至有幾個人說：「師父呀！在這麼荒僻的地方蓋廟，除了師父自己，誰也不會來呀！」

星雲眼見無人跟隨，只好自己拿了一根竹杖，走進那荒無人煙的山林。

「我走進那片山，就彷彿看見了一個開闊的世界，看見了整好地的密林，如何蓋起廟宇；看見蜿蜒的河水，如何流過麻竹；看見入門最高的地方，站著一座接引的大佛……整個佛光山的雛型，歷歷如繪。我越走越深，到了高處，放眼望去，想到大陸的佛教有四大名山——峨嵋、五台、普陀、九華，哪一個不是處在人跡罕至的深山呢？就是這裡，只要有心，也可以創建出佛教的名山，讓正法弘揚於世呀！」

星雲生起了這樣的雄心，滿心歡喜、面帶微笑的在山裡漫行，不知不覺走了一個多小時，當車上等著的信眾看到他高大的身影從林中穿出，衣服沾滿了泥土、草屑、鬼頭針，全身大汗淋漓，臉上卻掛著微笑，又是一怔一怔，轉念思維：「師父顯得這麼歡喜神祕，一定又是看到什麼我們沒看見的境界了。」

問了師父，師父也不說，只是笑著：「對不起！讓你們久等了。」

信眾們不知道，若以佛教「因果同時」的觀點看來，當時佛光山已經在星雲的心中完成了。接下來的工作，只是把心中的藍圖一塊塊的在林間拼貼起來。

折一段竹枝畫草圖

拼圖可不是那麼簡單！

早期的佛光山，人力財力都十分缺乏，凡事不但師父事必躬親，幾位弟子也都是鞠躬盡瘁，從開山整地開始，人人都投入工作，每天身上帶一些傷痕是很正常的。

星雲的大弟子心平，被師父派去看守山林，住在山上的一間草寮，夜裡沒水沒電、蛇蟲環伺，到山澗挑一擔水就要走三十分鐘，白天整日工作，夜裡巡山，一邊勘察、一邊思維，如何才能把山林弄得平整。

那時候山裡沒有路，連挖土機都上不來，集合所有佛學院的學生把挖土機先推到山上，慢慢的推出一條路來。挖土機工作的時候，心平就在一邊監工，因為挖土機的工資每小時三百元，連一分錢也不能浪費。

早期開闢佛光山的艱苦，星雲的早年弟子都可以說出一本經，每一頁都是非凡動人的，這許多部經縮版成為一片光碟，儲存在星雲的心中，對於弟子的辛勞，他都銘記在心、如數家珍，這是為什麼他常說：「佛光山是大家的，因為每個人都出了力。」

「壽山寺興建時期，有一個水泥工蕭頂順，他沒有讀過什麼書，但是為人實在，又很細心，做事非常牢靠，佛光山的興建他功勞很大。那時候我們沒有請建築師、設計師，我和他到了山裡，就折一段竹枝在地上畫草圖，把高的地方推平，將低的地方填高，順著山勢，怎麼樣把土地整到可以建築。我覺得佛教最重要的是慈悲，所以我們是從大悲殿開始蓋的，從此佛光山的每一棟建築都是蕭頂順和我比手劃腳蓋成的，不久前才蓋成了如來殿。像蕭頂順這樣的人，他不單是最好的泥水工，也是最傑出的建築師，一般的建築師懂的不會比他多、做的也不會比他好！」

星雲把興建佛光山的重要一章給了蕭頂順先生，顯現了師父兩種重要的性格，一是他非常愛才，只要是人才，師父永遠不會吝於肯定與讚美，並賦予更重要的任務。二是他有真正平等的胸懷，在他的慧見裡，傑出的泥水匠的價值並不遜於建築師。

拌著血汗蓋成的殿堂

聽星雲大師回憶起佛光山初建的日子，就彷彿是一部電影的放映，雖然經歷了很長的時間，依然清晰如昔。

「初建佛光山時，南部到夏天經常大雨傾盆，我們經常和豪雨搏鬥，當洪水暴發，依恆總是率先領眾搬沙包，甚至運棉被，以減少水勢洶湧沖刷的力量。往往一場奮鬥結束，終於阻住洪水，這時，起床的打板聲也響了。每每看到依恆遠遠走來，全身上下都濕透了，臉上還掛著微笑，我都為之感動不已。」

「佛光山的地質特殊，乾旱時堅硬如鐵，遇到雨水就成泥漿，隨水而流，因而每次大雨，走到東山，正在填土，觀音放生池畔又在求援。尤其到了夜晚，大地黑暗，電光雷聲，彷佛世界末日到來。有時搶救成功，損失較輕，有時雖盡了全力，堤防水壩全部崩潰，眼睜睜看著辛苦的建設為洪水摧毀，等到天晴，又從頭來過。」

「記得龍亭工程在加蓋屋頂時，已經黃昏，工人都下班了，但是水泥灌漿不能中止，否則將有屋裂漏雨之虞。全山的徒眾接下工人的工作，用兩輛摩托車發電照明，繼續施工。依嚴爬到屋頂上砌水泥，因為屋頂過於陡峭，水泥黏不住，一直往下流，只好用雙手塗平，結果等屋頂灌漿完成，依嚴的雙手早被水泥浸蝕得皮破血流，但他卻不叫苦喊痛。我常對徒眾說：龍亭的屋頂是拌著依嚴的血蓋成的，特別堅固呀！」

「為了節省金錢，我們時常把發包的工程，又包回來自己做，像『靈山勝境』的水泥地、『佛教陳列館』的屋頂、『淨土洞窟』佛陀說法台背後暗溝的大水壩、大雄寶殿前面成佛之道的水泥磚、佛教歷史公園周圍的防水牆等等，都是山上徒眾動手完成的，可以說是一寸建設一寸血、一步道路一腳印。」

星雲大師回憶起佛光山四十年來從未停止的建設，心中感慨係之，認為如果沒有信徒的布施護持，和弟子真心全力的付出，佛光山不可能憑空建成。如今看到佛光山莊嚴巍峨，一般人很難想像建寺的困難重重，大師說：「佛光山的經濟一向都在困難重重之中，真是日日難過日日過，每每在山窮水盡的時候，感謝諸佛菩薩的護持加被，才走向柳暗花明。一九八五年，我把住持之位傳給心平時，我對他說：『真是對不起你，我把佛光山一大堆債務留給你來承擔！』心平說：『師父！您不要這麼說，以後誰要再說佛光山有錢，我正好可以拿這些債務給他們看。』敦厚的心平從來沒有將債務示眾，只是默默挑起了佛光山的重擔。」——佛光山建設的辛酸血淚，使得莊嚴的建築有著更堅實的深度，當星雲大師說「感謝諸佛菩薩護持加被」，確實是每到絕境時，都有人適時伸出援手。

道心與承擔，凡人難及

「最初佛光山辦大專佛學夏令營，學員報到的前一天，連菜錢都沒有，正坐困愁城，來了兩個不知名的鄉下老婆婆，正巧送來兩萬塊錢，否則真不知如何才好。」「第二年辦夏令營，甚至連學生吃飯的餐具都沒有，也是有信徒提供，才能辦起來。」

那些點點滴滴都保存在師父的記憶裡，不管辦任何活動都全心全意、力求圓滿，有許多事看來是無法解決了，但堅持到最後一刻，總能化險為夷，對於這一點，師父的道心與承擔是凡人難及的。他印象特別深刻的是民國六十五年的大專佛學夏令營，三百多位學生已報到完畢，當天抽水馬達卻故障了，他指示當家師找到工人修理，囑咐無論如何要修好，自己就在一旁監工。

「修到半夜一點，還未修好，工人說：『我回鳳山找一個零件再來。』我不放心，叫當家陪他去鳳山，等了很久，他們才回來，眼看他們把馬達修好，開始打水。我不放心，沿著竹林荒草走到水塔邊，好像聽見水聲，還是不放心，緊貼水塔爬到頂端，伸手摸到水，才放下心來！在修馬達的時候，我心裡想：『如果馬達修不好，我願以身體的血液化成清水，讓學員有水漱洗飲用！』現在終於有水了，菩薩保祐。等我從水塔回到地面，天剛好亮了，當家師才跟我說：『剛才工人實在太累了，只是想藉故回去睡覺呀！』」

佛光山就是星雲大師以身先士卒的精神，全山齊心齊力，才逐漸顯現了莊嚴的樣貌，以現今佛光山的規模，在短短數十年間創建的格局，許多歷經百年建設的古剎也為之遜色。

一個理想的佛教世界

但是，星雲大師自豪的並不是佛光山的建築，而是透過佛光山實現了人間佛教生老病死的人生理念。佛光山裡有托兒所、育幼院、普門中學、佛學院、佛光診所、養老院、萬壽園，可以說是人生歷程無所不包。佛光山的創建，也確立師父日後創建道場的宗旨——「以教育培養人才、以文化弘揚佛法、以慈善服務社會、以共修淨化人心」。

到後來，佛光山台北道場落成，師父在開光典禮上，又加了幾個佛光山道場的宗旨：「僧眾與信眾共有、傳統與現代融合、佛教與藝文結合、修持與慧解並重」。今天我們走到世界各地的佛光山道場，都有共同的內涵與宗風，就是當年在佛光山奠定的。

師父說：「我希望把佛光山建為一個理想的佛教世界，因此一開始命名就非常注意，像佛光山的馬路叫慈悲路、菩提路、光明路、智慧路……佛殿叫地藏殿、大悲殿、文殊殿、普賢殿，體現了悲智行願的菩薩精神……男眾佛學院的教室是用八大宗的菩薩命名，像玄奘堂、賢首堂、善導堂……女眾佛學院則是一聖堂、二慈堂、三皈堂、四忍堂、五福堂、六和堂、七賢堂、八乘堂、九品堂、十願堂……有許多建築，我則刻意仿西方極樂世界像七重欄楯、七重行樹、金沙鋪地……我希望一般人走進佛光山，不只看到建築的莊嚴，也能走入一個清淨的佛教世界。」

「我希望把佛光山建成一個賓至如歸的地方，吃飯、睡覺都很樸素舒適，不管任何時間到山上都有飯吃，住的客房有現代設備。像我們認可夫妻可以同住，不像有些佛教徒見識淺陋，夫妻到了佛寺，丈夫帶到一邊，妻子帶到另一邊，佛光山不拆散夫妻，佛陀在世的時候都允許夫妻同修，我們又何必拆散呢？」

「我希望來佛光山的人都能歡喜自在，只要能令眾生歡喜，有些不妨善巧方便，像每年過年佛光山都有燈會、佛誕日有浴佛法會、七月有盂蘭盆會，經過數十年已成為傳統，來山參加的人都心生歡喜，有很多成為佛教的信徒護法。」

在師父的努力開創、弟子信眾的共襄盛舉，佛光山早就不只是一個寺廟叢林，而是一個信仰中心、一個人間佛法的實踐與驗證的地方。佛光山日益興盛、影響力日增，有許多歷史名剎都樂於成為佛光山的派下，可見人間佛法的推動是非常成功的。

星雲大師舉了兩個例子：

「基隆極樂寺的修慧老法師，把寺廟捐給佛光山，一次辦清所有手續，並捐出所有的財產，自己只想做個快樂的佛光人。」

「嘉義的圓福寺，在管理人陳斗淵的呼籲奔走，促使地方一一簽名，把圓福寺無條件捐給佛光山管理，現在已成為嘉義地區佛教徒的信仰中心。」

「人間佛教」最重要的精神，應該是讓人樂於親近佛法，在短暫的人間生活中，能不斷提昇自我心靈，進入更清淨的法界。星雲大師奉行數十年，無怨無悔，追隨他的人，也無怨無悔，這種精神，使我想起盛唐的叢林，現代化的佛光山，其實是頗有古風的。

這不是夢，這是蓮花之國

「佛光普照三千界，法水長流五大洲」，這早已是事實，而不是口號，在佛光山遍滿全球道場的今天，星雲大師最感欣慰的是什麼呢？

師父的回答令人莞爾，他說：「我最感到欣慰的是，佛光山從開始蓋，在蕭頂順居士的領導下，木工、水電工、水泥工、油漆工都是同一批人，都非常順利，沒有任何工程的意外。現在，蕭頂順的兒子念完了建築學位，也到佛光山來建設，每次想到，都感到欣慰！」

我曾多次在佛光山小住，每次住在佛光山都會覺得自己彷彿到了西方淨土。這南台灣的小鄉，原是蠻荒之地，因為有了星雲大師的悲心與願力，形成了一片清涼的國土，這樣想時，都令我非常感動。

最感動的是，夜晚我喜歡在佛光山裡散步，從慈悲路走到智慧路，從菩提路走到光明路，就會感覺自己一步一步在走向更美好的方向、就會感到身心得到了清洗和提昇。

每當我回想，在星雲大師的著作中、言談裡，談到闢建佛光山的艱辛歷程，就會感到這片山林安靜、堅實而開闊，許多人的血汗與山中的林木一樣青翠，許多人的精神與這片山同其不朽。

在佛光山仰頭看天，總覺得天上的明月格外明亮溫柔、星星特別璀璨繁美，使我想到佛經中那遙遠的蓮花之國，恍然若夢。

「這不是夢，這是蓮花之國，這是人間！」山裡的鳴蟲、晚風、青蛙，乃至飄落的葉子都說。

淬煉

車子從高速公路下來，轉入通往西來寺的道路，加州七月的陽光炙熱，彷彿能看見空氣中的熱浪。

很遠很遠的地方，我看見了一個高大熟悉的身影站在烈日之中，身旁的袈裟飄飄，身側還站了一群出家人。

定睛一看，是星雲大師。

開車送我來的黃柏森師兄，驚訝大叫：「大師自己來接了，真是阿彌陀佛。」我忍不住內心湧起的恭敬心，向著師父的方向合掌，默念：「阿彌陀佛！」

時在一九九三年夏天，我應國際佛光會與美國世界書局的邀請，前往美國、加拿大巡迴演講，從洛杉磯出發，路經溫哥華、達拉斯、鳳凰城、舊金山等地。舊金山結束之後，再轉回洛杉磯，為期一個月之久。

在舊金山的時候，時任國際佛光會美國分會的副會長黃柏森告訴我：「回到洛杉磯時，星雲大師想當面謝謝你。」

那一次因為美國分會成立，我到各大城市去為佛光會募款，只是盡做為佛光人的一份棉薄之力，本是理所當然，但聽說大師一直惦記要約我見面，我在美國巡迴演講時，大師是在俄羅斯弘法，繞了一圈，大師恰巧在美國落腳，時機成熟，就約好去見師父。

不該讓大師在路口等候

我們從舊金山一路飛車，沿著海岸公路，開到洛杉磯，原來約好下午兩點，快兩點了，我們還在高速公路塞車，黃柏森用行動電話向大師報告我們可能會晚到，請師父不必等候，師父說：「好！你們慢慢來，小心駕車。」

萬萬沒想到，師父生平最為守時，他常說：「弘法時千萬不能慢一分鐘，如果有兩萬人，就等於耗費了兩萬分鐘。」因此，師父兩點整已頂著驕陽站在路口等我們，旁邊還有慈容、心定、慧軍等法師，也在烈日下等候。

待我下得車來，看到大師額上浮著汗珠，慈眼看我說：「一路上辛苦了！」我心裡想著：「罪過！罪過！不該讓大師在路口等候。」

很想說：「師父！您辛苦了！」

卻終於沒有說出口。

師父先是祝賀我在美加的演講大為成功，並聽取我在各地演講募款的報告，然後閒話家常，以及在莫斯科的種種。

師父說：「從前我們台灣很窮，美國人來辦救濟，只要上教堂就可以領麵粉、奶粉、衣服。現在我們台灣富裕了，我們佛光會到莫斯科，只要來聽經的，就發麵包，每次講經都大排長龍。莫斯科人都說佛教這麼好，能得到心靈的教化，又能得到身體的滋養。」

師父還告訴我們，從前的蘇聯養了許多情報人員，還有一些研究外國的外國組織，有一些人俄文、英文、中文都精通，他正在想辦法把這些人召集起來，希望他們能做佛經的翻譯工作，一來佛法得以弘揚，二來可以善用人才。

師父去了一趟莫斯科，觀察敏銳、思考細膩，有許多旁人難以想到的創見，使我們大為佩服。

師父的談興甚濃，但旁邊的侍者提醒我們：「師父應該休息了！」

我正打算告辭，師父突然問黃柏森：「林居士為我們講了幾十場演講，我們應該表示一點謝意呀！」

黃柏森一陣愕然，回過神來，說：「師父！您放心，我有準備。」

我們向師父告辭，師父再度送我們上車，直到車子開遠了，還看見師父的身影在晚風中，格外的瀟脫出群。

當夜，我夜宿西來寺，第二天，柏森兄特地找來一支萬寶龍的金筆送給我，說：「我答應師父了，向你表現一點謝意。」

我和柏森兄經過美國繞半圈，已經很熟了，就開玩笑說：「要不是師父開了金口，你還捨不得送金筆呢！」

這是玩笑話，柏森兄在迪士尼樂園旁邊開了一家大飯店，別說是一支金筆，一百支也不算什麼，他反過來幽了我一默：「我是真的早有準備，本來要送你一支派克筆，師父一說，連夜去換了萬寶龍。」

到現在，我還是用那支萬寶龍寫字，每次都會聯想到大師站在路口迎接我的畫面，使我內心感動不已，總會想起泰戈爾在《漂鳥集》裡的詩句：

「人越謙遜，就越接近崇高。」

「您笑著對我不發一語，而我卻覺得為此已等候許久。」

「把燈籠提在身後的人，將影子投射在身前。」

「卓越並不獨行，它總是伴隨一切而來。」

不發一語，已經千言萬語

想到我能有機會皈依師父，還經常有機會親近師父，這是何等的福報！這福報是，我每次見到師父總能得到學習和啓發，特別震撼我的是，師父的徒弟遍及世界，是當今世上數一數二的大和尚，但他總是那麼謙遜、那麼體貼、那麼慈悲、那麼智慧、那麼誠篤力行、堅守信諾！

還記得一九九一年五四文藝節的時候，中國文藝協會在台北市立圖書館辦一場演講，講題是「禪與文學」，邀請了星雲大師和我同台，各講半場。我能與師父同台，倍感榮幸，自然用心準備，但是在演講前一星期，突然接到中國文藝協會的電話，說是師父在浴室不慎跌倒，摔斷了腿骨，演講恐怕要由我一人獨撐大局，也有可能取消。

我為大師的腿傷感到憂心，又過了幾天，負責的人再度致電給我：「明天的演講還是如常舉行，大師說安排了那麼久，如果不來講，舉辦單位白白辛苦一場，聽眾也會感到失望！」

演講如期舉行、分秒不差，當星雲大師坐著輪椅被推進場，全場歡聲雷動，所有的人都起立致敬鼓掌，久久不息，有許多人跑到台前頂禮膜拜，有許多人熱淚盈眶。

我也深受感動，流淚不止，這正是一位大修行者的威儀攝受，即使不發一語，就已經是千言萬語，在沈默中就有無比的力量。

掌聲足足響了十分鐘，大師開始演講，他説腿傷斷骨，體力不佳，只能以幾首禪詩來和大家分享。

師父講了幾首大家都耳熟的禪詩，像布袋和尚的「手把青秧插滿田，低頭便見水中天；心地清淨方為道，退步原來是向前。」像無名比丘尼的「盡日尋春不見春，芒鞋踏破嶺頭雲；歸來偶拈梅花嗅，春在枝頭已十分。」像柴陵郁禪師的「我有明珠一顆，久被塵勞關鎖；今朝塵盡光生，照破山河萬朵。」

那是師父的演講中最疲憊、聲音最低微的一次，卻不知為什麼，我感覺師父一揚眉一瞬目、一投足一言笑，都充滿了禪的風光、道的華采。

大師講到白居易去向鳥窠禪師請教，寫了一首詩：

「特入空門問苦空，
敢將禪事問禪翁；
爲當夢是浮生事，
爲復浮生在夢中？」

鳥窠以偈回答：

「來時無跡去無蹤，
去與來時事一同；

何須更問浮生事，
只此浮生是夢中。」

文學是在生滅與去來之間，體會浮生如夢、夢如浮生的道理，禪宗沒有生滅與去來，不必去問、去認知，就好好活在這浮生的夢裡。

星雲大師演講完先離開了，大家又站起來鼓掌，歷時十分鐘之久，一直到師父走遠了，大家才有些不捨的落座。我隨後做了半小時的演講，我說，詩人寫詩到很高的境界，會有禪意，是「萬法歸一」，用美好的語言去接近那無言的化境；禪師開悟之後也寫詩，境清意淳，是「一即萬法」，雖已無言，仍化為言句，希望天下人也能品味禪意的優美。詩人之詩與禪人之詩看來無異，但詩家與禪家本質不同，詩家必以花繁葉茂示人，禪家則以本來面目示人，故詩家以春華秋實為美，禪家則是「春有百花秋有月，夏有涼風冬有雪；若無閒事掛心頭，便是人間好時節。」

我的結論是「高大的樹木因風摧折，還是一樣的美麗；偉大的修行人偶然跌斷腿，依然是那樣莊嚴呀！」

有著非我不可的心

我想到，每次看到大師，都是那麼神采奕奕，一般人會以為師父的身體很好，但師父的身體並沒有想像中那麼好，年輕時因為弘法而得了風濕，長年為糖尿病所苦，心臟動過好幾次大手術，每年在地球上環繞好幾圈，有一次我忍不住問師父：「師父是不是有著超強的意志呢？」師父說：「並不是意志力，只是有著捨我其誰、非我不可的心，知行合一、躬身實踐佛法罷了。」

每次見到師父的種種感動，使我想到一些無知的人對師父的批評，正如麻雀批評孔雀的尾羽太巨大，不知道美麗的尾羽是為了展現法的美好；正如夏蟬批評黃鶯的歌聲太婉轉，不知道黃鶯的好聲音源於自然；正如狐狸批評六牙香象負重渡河，不知道對岸有許多嗷嗷待救的眾生……

師父的舉手投足、一點一滴都是真正的修行呀！

講到修行，依佛教的說法，像星雲大師就是「宿具慧根」「善根深厚」的，他出生在江蘇北部一個神佛信仰虔誠的家庭，自幼受到濃厚的宗教薰陶。

「我小時候住在外婆家，外婆從十八歲就開始茹素念經，嫁給外祖父之後，依然精進修持。外婆的信仰是神佛混合的，每天清晨就起床做功課，她原本目不識丁，卻能背誦《阿彌陀經》《金剛經》等等經文，由於身體起了許多奇異的反應，外婆自以為修得神通，更加精進修持。」

星雲大師回憶起童年時期與外婆同住的歲月，他記憶最深刻的有兩件事，一是從三、四歲就和姊姊比賽持齋，以討外婆的歡心，所以自幼吃素成為習慣。

「還有一件是，每到半夜三更，外婆就起床靜坐，她打坐的時候，肚子就發出翻江倒海嘩啦嘩啦的巨響，我常從睡夢中被吵醒，就忍不住問：『外婆！外婆！您的肚子叫聲怎麼如此大呢？』外婆總是得意的說：『這是功夫，是修練以後的功夫。』我年紀小，深以為然。」

生長在宗教氣息濃厚的家庭，星雲從小就接觸到普遍流行於民間信仰的巫術、神道、扶乩、觀亡靈、走陰司等習俗，心裡雖然半信半疑，卻並不強烈排斥，這使他出家後，對民間信仰抱著一份寬容，對迷信的神道也不失敬重。

一九三七年，星雲的父親到南京經商失蹤，兩年後，十二歲的星雲隨母親由江都到南京尋找父親。

「在前往南京的途中，當時和平軍剛成立，正在一個廣場操練，我感到十分好奇，跟著人群去看，正看得入神，後面突然來了一個和尚，問我：『願不願意到棲霞山當和尚！』我不假思索說：『願意！』不久，棲霞山寺的住持志開上人派人來找我說：『聽說你願意出家當和尚，拜我做師父好啦！』當時母親萬般不捨，因為丈夫生死未卜，兒子又要出家，一直勸我回家鄉，但是我認為已經承諾師父，絕不能輕易食言，就上了棲霞山，母親則孤單落寞的返回家鄉。」

如果不是宿世因緣，怎麼可能一句隨意的問話就改變了星雲的一生呢？想到師父在十二歲時就如此重然諾、講義氣，隱隱有大丈夫志，就令人肅然起敬。而師父人格的養成、修行的體驗，在青少年時期的叢林生活就已經成型了。師父常說：「寧帶一團兵，不帶一團僧。」優秀的軍人訓練是非常嚴格的，要養成優秀的僧人，訓練猶有過之。

棲霞山的早年生活

對於在棲霞山的早年生活，雖然已經過了一甲子，星雲的記憶依然清晰，歷歷如繪：

「我有一位偉大的師父，他是南京棲霞山寺的住持——上志下開老和尚。但是他這位名聞遐邇的名山住持大和尚，對我一點幫助也沒有。我在外參學，幾年也見不到他一面，更遑論親近請益。即使偶爾見面了，家師和其他師長對待晚輩一樣，對我不是兇吼一頓，就是指責一番，從來不曾問我短缺些什麼？十年之中，師父只給我兩套衣服，我也不敢向父母要錢做衣服，每次寫信回家，總是報喜不報憂：『師父待我很好，我日子過得很好，請你們不要掛念！』

有時想寫一封信回去給母親報告平安，信寫好了，卻沒有辦法投遞。甚至去年寫好的信，等到今年都寄不出去，原因是連一張郵票的錢都籌備不起來。有時衣服破了，就用紙縫綴一下；鞋子壞了，甚至連鞋底都沒有了，就用硬紙墊補一番；襪子缺了，就撿拾別人的破襪子，因為不容易撿到相同顏色的緣故，記憶中，我腳上所穿著的兩隻襪子，總是深淺不同。

我的身體還算粗壯，在我十年的參學生活中，得過兩次病：一次的牙齒蛀壞了，吃飯時，不小心飯粒塞進蛀洞之中，刺激了微細敏感的神經，痛徹心肺。雖然如此，但是一直忍耐了兩年，都不敢要求看醫生，每天吃飯，不敢細細咀嚼，深怕觸及痛處，總是囫圇吞下去。

又有一次，得了瘧疾，寒熱煎迫，極為難受。但是在叢林裡，得了疾病，也不准請假，仍然要隨眾參加早晚功課。我每天支撐著虛弱的身子，隨著大家作息，大約折騰了半個多月，瘧疾終於好了。不知怎麼的，得病的消息傳到了家師的耳中，當時他在某個佛學院當院長，遣人送給我半碗的鹹菜，我接到這半碗鹹菜，感動得不能自己，含著滿眶的熱淚把它吃下去，心中立下志願：『偉大的師父！您知道我有病呀！我永生永世跟定了您，誓必使自己不辜負您的願望，把色身交託給佛教，把生命奉獻給眾生。師父！我一定要把出家人做好！』

物質充裕的現在人來看，半碗鹹菜算得了什麼？但是在我看來，那是一碗充滿關懷、愛護、溢於言表的師恩。從小我就有『滴水之恩，湧泉以報』的個性，別人對我有一點小恩惠，總想以生命相獻來報答他。

數十年前的中國社會，經濟沒有今日的發達，寺廟裡也沒有富足的生產，加上粥少僧多、物質奇缺。當時我掛單的寺院，一共住了四百多人，由於經濟拮据，半個月才能吃到一餐乾飯，並且還是摻雜著雜糧煮成的。每天早晚吃的稀飯非常的稀薄，和水一樣的清淡。

下飯的菜、配料的油水欠缺，不是豆腐渣，就是蘿蔔乾醃成的東西。蘿蔔乾裡面，經常看得到蛆蟲，在那裡蠕動爬行；豆腐是留給客人食用的，豆腐渣才是我們參學的雲水僧配食的菜餚。由於沒有油，豆腐渣也不放在鍋子裡炒煮，吃不完的就拿到外面曝曬，曝曬時，麻雀們飛來分享一點，飽餐一頓之後，還不忘留下他們的禮物——糞便，每天我們過堂吃飯時，菜擺在面前，還沒有下嚥，念供養咒的時候，就聞到陣陣刺鼻的臭味，我們總是屏住呼吸吞食下去。

所喝的菜湯，清澈見底，拿來洗滌衣服也不混濁。有時菜湯上面漂浮著一層小蟲子，底下沈澱著一些蝸牛、蜈蚣、蚯蚓，我們只好閉著眼睛喝飲下去。這樣的生活經年累月，根本談不上營養，更遑論美食。但是不可思議的是，不曾聽說有人因為營養不良而害病，什麼胃腸病、感冒等病狀，也少之又少。照常理，以我們那樣的飲食，既沒有營養，又不注重衛生，但是同參道友，都長得健壯高大，其原因何在呢？我想和吃飯時念誦供養咒有很大的關係，念供養咒可以袪除病魔、保持健康。

有一天你會了解我的心意

那種貧苦的生活，給予我日後心志的磨鍊、生活的淡薄，有很大的助益。譬如台灣盛產水果，許多人飯後有吃水果的習慣。我雖然知道水果香甜可口，由於過去叢林的生活，不曾聽人提過水果這個字眼，沒看過水果這樣東西，當然更沒有吃過水果的經驗，因此在我的生活裡，養成沒有吃水果乃至一切零食的習慣。現在有時信徒送我一些吃的東西，我總是轉送給大家結緣。我這種食但求充饑，不必瓊漿玉液，甚至不得飲食也泰然的性格，得力於從貧苦的參學生活中，養成了不好吃的良好習慣。俗話說：病從口入。現在有些人的疾病，起因於過度的營養。不好吃的習慣，維護了我的身體健康；不好吃的習慣，使我節省精力、時間的浪費，而從事弘法利生的事業。

叢林參學的生活，三餐已經難以溫飽，更沒有餘錢可存放於身邊，由於沒有錢，因此也就沒有購買的習慣。我不購買東西，並不是著意持戒、矯枉過正故意不買，而是身無分文，自然養成習慣。即使現在接受一些供養，也沒有儲蓄的習慣，我認為私人儲蓄金錢是一件痛苦的事，因此只要身邊有一點錢，並不想把它儲存起來，而是趕快用出去，用在興建佛教事業的用途上，因此假如我對佛教能夠提供微薄的貢獻的話，我想是貧苦的參學生活，使我養成個人不蓄錢財、佛教需要淨財的認識。

我在參學中，有一次受到某一位師長的責怪，家師知道我受了委屈，心想我是否承受得了難堪？有一天差人叫我去見他，開導了我一番之後，問起我的狀況，然後端起桌上的茗茶說：

『你以為沒有錢，向我訴說，我就會給你。明白告訴你，我把喝茶的茶葉錢省下來給你花用，你也用不完。但是我就是不給你，什麼道理？現在你不懂，不過，將來有一天你會了解我的心意！』

我當時聽了，表面上不敢反駁，內心卻不以為然的嘀咕著：『幾年來我窮得身無分文，您不給也就算了，何必說些冠冕堂皇的話呢？……』隨著年歲的增長，現在我終於懂了，我覺得師父是真正愛護我的，如果他給我錢財的話，我可以過得舒服一點，他內心一定很歡喜，但是他不希望我養成『富歲子弟多懶』的揮霍惡習，他為了訓練我在艱苦的歲月裡也能夠堅持下去，培養我吃苦耐貧的精神，忍受著內心的痛苦，以看似無情、卻是有情的大慈悲來調教我，養成我日後對物質生活不知希求的性情。我常常覺得和顏悅色、愛護一個人容易，而疾顏厲色教誨一個人，如果沒有強大的力量、深廣的愛心，是很困難的。」

回憶著六十年前的情景，星雲大師說：「從前大陸的寺廟雖然比不上今天的台灣寺廟，有這麼好的生活條件，卻因為嚴苛的規矩，培養了無私的態度、磨鍊了入道的信念，使整個生活與思維都是修行。」

這是為什麼大師常說：「寧可在大廟裡睡覺，不在小廟裡辦道；寧可吃萬家飯，不願吃一家飯。」出家人經過嚴格的叢林訓練，吃飯睡覺都能無所罣礙，吃飯睡覺也就無不是道了。

保持反思與創新的觀點

少年星雲雖然在棲霞山受到淬煉與琢磨，卻並不認為叢林裡一切都好，而是一直保持著反思與創新的觀照。

「我十二歲出家、十五歲受戒，家師可能認為我年幼出家，將來是否禁得起考驗，不變初心，把出家的路走好？為了讓我安住於佛門，於是請戒師燃燒戒疤時，把我的戒疤燒大一點，以留下明顯的印幟，讓社會上的人一看，就明瞭這是個曾經出過家的人，而杜絕我立足於社會的念頭，使我『置之死地而後生』，死心塌地的做個出家人。

燒香疤的老和尚聽到家師這麼説，當香珠燃燒至頭頂骨的時候，他就用力在我頭上一吹，香珠的火一旺盛，把我的頭蓋骨燒得凹了下去，十二個香疤連結在一起，彷佛下陷的盆地一般。這一燒不打緊，不僅把頭骨燒出個窪地，並且破壞腦神經細胞，原本伶巧的小孩子，竟然從此失去了記憶力，變得笨拙不會念書，但是佛學院的老師，功課又逼迫得很緊，每天要背誦文章經典，為了避免受到處罰，拚命的用功。

由於記憶奇差，過目即忘，於是趁更深人寢的時候，躺臥在棉被裡頭，偷偷的背誦著白天的功課：『歸去來兮，歸去來兮……』反覆不斷的念著，好像記住了。再背下一句：『田園將蕪胡不歸……』重複不停的默念一百次，似乎牢記在心頭了，再回憶前面所背的，卻早已忘得一乾二淨。心想：完了，腦筋退化得和白痴一樣的愚笨。記憶實在不好，記不住課文，老師於是處罰我跪在人來人往的走廊上背誦，以示警誡，雖然如此，腦袋偏偏不合作，搜遍枯腸，仍然無法背好。

老師於是拿起戒尺，笞打我的手心，一面笑嘻嘻的責罵：『你這個傢伙！怎麼不會背啊？太傻了，你要拜拜觀世音菩薩求智慧啊！』說完『啪！』又打了下來。我聽了戒師父的話，手上的疼痛早已忘到九霄雲外，心中一點也不感到難過，只覺得眼前展現無盡的光明，充滿了無限的希望！『啊！禮拜觀世音菩薩，就會有智慧嗎？太好了，從今以後，我要好好的禮拜觀世音菩薩！』

在佛教僧團裡，一切生活起居，要隨著團體進退作息，個人不能隨便活動，即使拜佛也有一定共修的時間，不可以自由隨便。為了求智慧，我總是等到大家都熟睡了，才悄悄的起床。在月黑風高的深夜，叢林深山古寺裡，四周闃靜無聲，連蟲兒都屏住了呼吸，只聽到自己如雷鳴的心跳聲。我躡手躡腳走到殿堂，埋頭就禮拜觀世音菩薩，口裡念著：『悉發菩提心，蓮花遍地生，弟子心朦朧，禮拜觀世音。求聰明，拜智慧，南無大慈大悲救苦救難廣大靈感觀世音菩薩！』我彷彿失怙的孩子，重回慈母懷抱，摯誠懇切的稱念著菩薩的名字；如同遭難的舟船，找到了明燈，拜下了我的赤忱。

我每天虔誠的禮拜菩薩，大約連續了兩個月，雖然沒有菩薩摩頂授記、甘露灌頂等等感應，但是卻有另一種不可思議的感受，我這個愚笨的頭腦不但恢復過去的記憶，並且比過去更聰明，學校的功課，背誦純熟，過目不忘。明天要考試了，其他的同學認真的準備功課，我仍然照常玩耍，只要晚上稍微看一下，明天就能倒背如流、應付自如。」

禮拜觀世音菩薩的感應與體驗，使星雲又回復了聰明，但他也反省到當時由於宗教慧解不足，以為求菩薩是為了求聰明、會讀書，讀書既不成問題，菩薩也不需夜夜禮拜了。師父感慨的說：「當時，如果有一位大德能指導我、鼓勵我，讓我了解菩薩的悲心，教我繼續拜下去，必然會有很大的效果呀！」

實質上完成了什麼？

例如當時叢林裡時興過午不食，少年星雲有一段時間也過午不食，但是時間久了，日漸消瘦，終至支持不住。這也使他有了更深的思維：「佛陀未成道之前，經過六年日食一麻一麥的苦行生活，最後卻體悟到苦行的不究竟，因此揚棄沒有意義的苦行，接受牧羊女的供養，恢復了體力，終於在金剛座下證悟了真理。佛陀的偉大事蹟早已啓示我們：學道不在吃得多少，而在合法與否？因此日食一餐，甚至餐風飲露的人，如果對弘法利生的事業，沒有絲毫的貢獻，也稱不上為高僧大德。如果對佛教能提供偉大的貢獻，雖然日進三餐，仍不失其崇高的風範。因此修行並不在形相上樹立了什麼，而是實質上究竟完成了什麼？

有些人以為日食一餐，甚至不食人間煙火，只喝水充饑，或者以水果裹腹就是有修行。這種作風，佛陀早已批評過並不是如法的行為。如果摘食野果、啃嚙綠草，就是有道的修行者，那麼山林間的猿猴牛羊，不都成道了嗎？如果喝水就是學道的表徵，那麼江海中的魚蝦水族，不都已登地入位了嗎？《佛遺教經》上說：『如蜂採華，但取其味，不損色香。』所以，只要如法的飲食，提起正念進食，食物正是我們的良藥，有的人不在正念上用功，而以過午不食顯示自己的道行，為了你過午不食，重要的會議開到一半，不得不停止下來準備進午餐，以免誤過了中午的時辰；晚上為了你不吃飯，只喝牛奶，別人還要特別為你泡一杯牛奶，增添別人的麻煩。像這樣，道行還沒有修持，卻已經損減許多的福報。因此我個人以為修行不在著意於某一種法門，培養一顆篤定踏實的平常心更重要。」

少年時代的反省，使得後來星雲大師的佛光山系統，格外重視「藥食」，食物簡單味美、營養豐富，大師經常下廚房指導，甚至為了簡便多樣而自創「飛機餐」，這個道風，使佛光山派下的寺院，更符合人性，並使大家在進食時都感到歡喜。

又例如，在棲霞山佛學院時代，學生一犯錯，常被處罰到佛像前拜佛，或者念經多少遍。少年星雲心想：「念經拜佛這麼好的事，怎麼可以用來處罰呢？」

等到自己辦學院，學生犯了錯，他處罰學生不准拜佛、不准做早晚功課，處罰學生睡覺到早課結束才可起床。過了幾天，准許拜佛念經時，學生往往拜佛拜得痛哭流淚，感激、歡喜、懺悔，百感交集，這時候，在拜佛念經得到的啓發比被處罰去拜佛要深刻得多。

佛法不能離開生活

「早年在寺廟裡，我年紀小，並沒有太多機會聽經，有時看到師兄去聽經，回來我就問他們：『師兄！上哪兒去啊？』師兄說：『去聽老和尚講經！』『講得怎麼樣呢？』『講得好極了！』『怎麼個好法呢？』『聽不懂啊！』我覺得很奇怪，講經講到聽不懂，怎麼會好呢？」

這個疑團，使星雲大師後來不管講多麼深奧的經，務求深入淺出，讓人能夠了解，他說：「講得聽不懂就是好，聽不懂的佛法再奧妙，只不過是束之高閣的裝飾品而已，對我們的生活一點也沒有幫助。我不喜歡談玄說妙，更不喜歡故作神祕，說些別人聽不懂的話，不論佛法中多麼難解的教理，我總是深入淺出，讓大家很容易的了解。就是談空論有等形而上的問題，也要設法和日常生活印證。因為佛教一旦離開了生活，便不是我們所需要的佛法，不是指導我們人生方向的指針。佛教如果不能充實我們生活的內涵，那麼佛教的存在是沒有意義的。佛陀的教化，本來就是為了改善我們的人生、淨化我們的心理、提昇我們的生活，因此佛法是離不開生活的。」

在智慧初萌的年紀，星雲接受了十年最傳統的叢林生活，這種生活是從唐宋就流傳下來，幾乎沒有什麼改變，他在裡面養精蓄銳、養深積厚，打下了一生修持的基礎，他過午不食、刺血寫經，拜菩薩得到極大的感應，念佛、拜佛、打坐、靜心，成為一生的習慣，可以說整個生命都融入於修行之中。

更難得的是，他把叢林教育不合理、不符合人性與潮流的規矩，一一銘記在心，作為自我修證、自我檢驗的基礎，也成為日後他倡行生活佛法、人間佛教的發端。

修行是明心見性的功夫

十二歲出家，參學七、八年後，青年星雲第一次回到家鄉，他立刻趕去看經常思念的外婆。回憶當時的情景，他說：

「當時已經抗戰勝利，回到家裡，外婆正坐在一棵樹下做針線，我坐在她的旁邊，不由憶起兒時情形，心想：外婆的功夫是肚子能發出巨響，但是幾年來，我遍參不少才德兼備的高僧大德，卻不曾聽說肚子會叫的，今天要藉此機會向外婆說法。於是，我打開話題說：『外婆！您的肚子還會發出響聲嗎？』

『這種功夫怎麼可以缺少呢？』老人家信心十足的回答。

『這肚子的叫聲，究竟有什麼用呢？譬如汽車的引擎、飛機起飛的聲音，比起您肚子的聲音還大，它們也只不過是機器發動的聲音而已。您肚子的聲音對於人類的道德，並不能提昇；對於生死的解脫，並沒有助益！我在外參學，見過不少有修行的高僧，可是從來沒有人肚子會叫的呀！』

年過古稀之齡的老外婆，聽了之後，很嚴肅的愣了半天，才說：

『那麼，修行應該怎樣才正確呢？』

『修行應該從人格的完成、道德的增長做起；修行是明心見性的功夫，而不在於肚子是否能發出聲音。』

她聽了這一席話之後，以慈祥的眼光，靜靜的注視我良久，但是我心裡卻難過起來。唉！老人家勤奮修行了數十年，甚至修練到具有異人功夫的境地。肚子會叫，對生命的昇華雖然於事無補，但是因此使她對宗教產生堅定的信仰，是不容否認的。我這一番話，使她對自己數十年的修持，產生了動搖，失去了信心。我看她若有所失的樣子，實在於心不忍，後來雖然又談了不少話，但是外婆那悵然若失的神情，至今猶存腦際。就在那一天，她當面囑咐我：她過世以後的百年大事，兒媳不得過問，一切交給我處理。外婆在她有生之年，最後仍然選擇了正確的信仰。」

沒有想到，過了不久就到台灣，星雲不但沒有機會處理外婆的百年大事，甚至外婆過世時，都不在身邊，一想到這裡，他就感到深深的歉疚，但是想到外婆修行數十年，聽到「修行應該從人格的完成、道德的增長做起；修行是明心見性的功夫，而不在於肚子是否能發出聲音」，立刻若有所悟，在深深的歉疚之餘，也有些許安慰。

此真吾師也

聽師父娓娓道來，說起少年時期的修學經驗，有一段使我大為感動：

「我十五歲受戒，戒期五十三天，本來十五歲的男孩子，正是精力充沛、好奇心強烈的時候，對於身旁的事事物物，難免好奇的看一眼；聽到一些風吹草動的聲音，有時也興致勃勃的聆聽著。而戒場的引禮師父們看到了，就揮動手中的竹籐，狠狠的打我一頓說：『小小年紀，兩隻眼睛不老實，東瞟西看的，哪一樣東西是你的？』『小孩子，聽一些閒話做什麼？把耳朵收起來！』挨了戒師一頓打，心想：這戒常住棲霞叢林裡的一草一木、一磚一瓦，哪一樣是我的東西？既然沒有一樣東西是我的，我怎麼可以貪婪的觀賞呢？戒常住的事情，豈是我們小孩子可以隨便插足的呢？因此五十多天的戒期，我把眼睛緊閉起來，不看外面紛紜的世界，而返觀內在平靜的世界；我把耳朵堵塞起來，不聽塵囂的喧嘩聲，而聆聽心靈深處的幽谷跫音。」

戒視、戒聽、禁語，一直到戒期將盡，他偶然在走廊經行，眼睛一睜，驀然發現，山、水、花、樹，一一宛然，美不勝收。

聽師父的少年往事，使我想到師父不僅是慧心早萌，而且維持了六十年，花樹依然青翠如昔。

想起在西來寺與大師會面的一幕，與師父少年時代在戒場裡低頭沈思的一幕，兩相交疊，感覺師父並沒有什麼改變，從小師到大師，依然一樣赤忱、謙遜、重諾、篤行！

不管是站在師父面前，傾聽教言；或是站在遠遠的人群中，仰望大師；有一句話總會從我的心頭浮起：此真吾師也！

從揚州渡海的年輕和尚，為了弘揚佛法，千里迢迢渡海前來，為斯土斯民播下佛教的種籽。

星雲大師為佛教的弘揚馬不停蹄的走遍世界各地，千處祈求千處應，苦海常作渡人舟。

星雲大師為佛教所做的努力，不僅讓佛教人間化，更使佛教在台灣全民化，深入每一個角落。

在宜蘭雷音寺，星雲大師在人力物力貧乏不堪的情況下，一手將宜蘭念佛會帶領得聲名遠播、馳名全國。

五十年後，星雲大師更是在宜蘭開辦了第一所大學「佛光大學」。

佛光山開辦的許多文化事業、教育事業、慈悲事業，都是在宜蘭埋下的種籽；星雲大師的僧才培育、法脈傳承更是從宜蘭開始的。

「宜蘭？總之很遠，沒什麼好去。」有人對大師這麼說，但大師認為：「宜蘭！名字這麼優美的地方，有什麼好怕呢？我心意已決，必定、必定，要去宜蘭。」

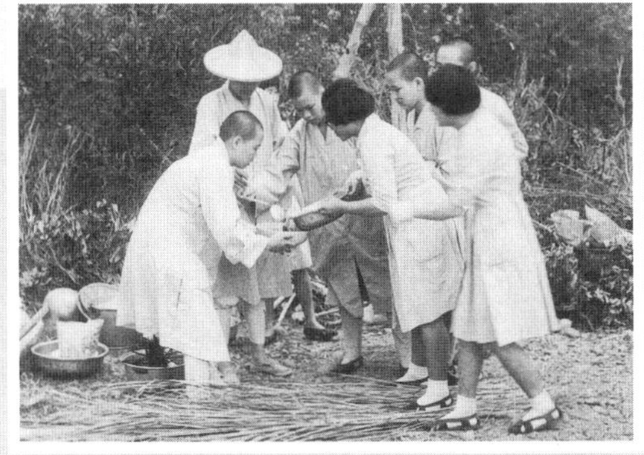

從開山整地開始，人人都投入工作，每天身上帶一些傷痕是很正常的。

在佛光山仰頭看天，會深深的感受到：「這不是夢，這是蓮花之國，這是人間淨土！」

佛光山的一點一滴，都是大師和弟子們胼手胝足、不畏艱險，用雙手打造出來的。

大師說：為了人才的培育和發展，建立一個永久性的、大型的道場，變得迫切需要。

早期的佛光山，開蠻荒，闢草萊，不但星雲大師事必躬親，幾位弟子更是鞠躬盡瘁。

大師即使受了傷、身體不適，為了不讓信眾失望，仍然進行預定好的演講。

「並不是意志力，只是有著捨我其誰、非我不可的心，知行合一、躬身實踐佛法罷了。」在師父的舉手投足、一點一滴都是真正的修行呀！

為著佛法的傳揚，星雲大師以畢生的精力與心血灌溉在台灣的每個角落，將此身心奉塵剎，令彼蓮花處處開。

大師說：佛法是不能離開生活。他倡行的人間佛教，就是要將佛法用最平易近人的方式深入每個人的生活，讓生活時時有佛。

困境。

去台北道場拜見星雲大師，請他談談這一生所遇到的困境，他說：「面對別人的譭謗，自己要灑脫自在，不但要灑脫自在，還要從譏謗中學習莊嚴福慧。」

大師說在《成實論》裡有幾句話：「惡口辱罵小人，不堪如石雨鳥；惡口罵詈大人，不動如華雨象。」意思是說小人在遭到辱罵時，就像在亂石飛擊的雨中鳥，是不堪忍受的；大人君子被譏謗時，就像花雨落在大象身上，增加了大象的莊嚴。

他引用了彌勒菩薩的詩：「有人罵老拙，老拙只說好；有人打老拙，老拙自睡倒；有人唾老拙，隨他自乾了；我也省力氣，他也少煩惱。」大師說：「唾面自乾，這是何等灑脫自在，這樣才算達到上乘的忍耐功夫。一個人要成其偉大，一定要能忍受很多譏嘲譭謗，所謂『譽之所至，謗亦隨之』，譏諷譭謗只能打倒庸懦無能的人；譏諷譭謗打不倒一個有理想、有抱負、有熱情的人，試觀世界上偉大的聖賢，哪一個不是從譏諷譭謗中成就出來的呢？」

大師正說得精采，慈容法師開門進來說：「請師父先過去看一下。」

這蠟像和我不相干

原來，有藝術家發心為大師雕塑蠟像，現在蠟像已經做好，要請星雲大師過目，並做細部的修改，大師邀請我們也過去看看。

星雲大師的蠟像果然唯妙唯肖，幾乎纖毫不差。大師看到蠟像，開懷笑得像赤子一樣，還站在蠟像旁，學蠟像擺樣子，讓藝術家拍照、丈量，以便做細部的整修。

大師問我們，覺得那蠟像做得如何？

志忠兄說：「外表已經很像了，但是師父的柔軟與仁慈沒有表現出來，看起來有點硬。」

我說：「感覺很像，沒做出來的是智慧與活力吧！」

大師笑了，說：「這蠟像和我不相干！」

我們都忍不住大笑。

大師隨緣開示：「就像面對譏諷譭謗，別人罵的不是真正的你，而是罵一個他自己的蠟像呀！」

看了那尊星雲大師的蠟像，坐定後，大師對我們說起佛陀雕像最早的典故，記載在《增一阿含經》和《大唐西域記》：

有一年夏安居的時候，僧團中不見了佛陀，佛陀到哪裡去了呢？大家都不知道這個謎。很多的弟子請問阿難尊者，阿難尊者也不知道，不過，阿難尊者介紹大家去請問天眼第一的阿那律尊者。尊者入定以天眼觀察後，告訴大家說，佛陀上昇忉利天宮為聖母摩耶夫人說法。

佛陀為什麼不告而別，要到天宮說法？一、是為了報答聖母養育之恩。二、是因人間有些大眾不樂聞佛法，因為佛陀常在身邊的緣故。三、是因為教團中多爭，佛陀離開一下，使好爭者能夠幡然悔悟。

教團中大眾知道佛陀到忉利天後，最想念思慕的莫過於拔蹉國的優填王。優填王起初受王妃的感化皈依以後，對佛陀就生起無比的恭敬供養之心。現在聽說佛陀上昇天宮，多日不見，他竟因思念之切而生起病來。

優填王病後，大臣們商量治療王病的方法，一致通過建議優填王請有名匠工雕刻佛陀的聖像，以便於朝夕瞻仰禮拜。優填王大喜，當即商請神通第一的目犍連尊者，以神通力，接工匠上達天宮，親觀佛陀的金容妙相，雕刻五尺高的牛耳旃檀聖像。目犍連尊者接送工匠往返三次，旃檀聖像方才雕刻完成。優填王因此病癒，其歡喜自不用說。

佛陀在忉利天宮說法，大約是三個月的時間，三月後，佛陀下降人間，旃檀聖像，竟起立迎接佛陀。佛陀微笑著對聖像安慰道：「你教化辛勞了嗎？末世的眾生，實在要靠你開導哩！」

業障現前與境界現前

大師的博聞強記，聽得我們目瞪口呆，他說自己一向不喜歡被攝影、被畫畫、被雕塑，因為感覺那都是表象的東西，就好像趙州禪師一樣，有崇拜的弟子畫了一幅唯妙唯肖的畫給禪師看，禪師說：「如果這一幅畫像是我，就把我殺了；如果畫像不是我，就把畫燒了。」弟子只好把畫像燒了。

但是，星雲大師比較圓融，他用的是佛陀的方法，佛的弟子給孤獨長者請求佛陀應許鑄造聖像，以維繫教團的感情，並解弟子的空虛之感。

佛陀聽了，慈悲的允許：「你為了佛法，這樣的請求很好，我允許你。」

給孤獨長者進一步要求：「我們想在聖像之旁，安插旛蓋、香花供養，也望佛陀允許。」

「這可以隨各人的心意。」佛陀說。

星雲大師說：「每次有弟子要繪圖、攝影、雕塑，我也是一樣，隨你們各人的心意吧！如果能給人歡喜，何樂而不為呢？從我的角度看來，一塊布如果做成帽子就可以戴在頭上，如果做成鞋子就穿在腳下，布是沒有貴賤的，但是從信徒的眼中看，印了師父的像或印成連環圖，同樣是一塊布，感覺卻是不同的，這是『唯心所現』，為了不要讓徒眾傷心，也就隨緣了。」

師父觀照事物總是能從更超越的角度看，就像他看見自己的蠟像，思維的不是逼不逼真，而是眾生會不會歡喜、佛法能不能流通。

我們的話題又回到生命的困境，大師說：「我自己的遭遇實在談不上什麼困境，所有的困境，事後想起來都不算什麼，而且佛教裡說凡是困境就是『業障現前』，也稱之為『境界現前』，沒有通過的困難就是『業障』，困難通過了，得到學習、得到智慧，那就變成『境界』了。」

大師認為自己的困境沒什麼好談，那是由於「仰止唯佛陀」的結果，與佛陀一生的困境相比，人間的困難實在不算什麼，以佛陀那麼偉大的人格、圓滿的修證、完全的清淨，都無法免除人世間的災難，何況是我們呢？

「佛陀的一生，都受到妒恨他的提婆達多與外道的突擊和傷害，隨時隨地有性命之憂；又受到魔王波旬的不斷誘惑、破壞、挑戰，僧團毀壞危在旦夕；生前又親眼看見自己的民族釋迦族遭遇滅族之禍；與這些苦難比起來，我們個人的毀譽起落、波折困難實在算不得什麼！」

對於佛陀的苦難，星雲大師順手拈來，就是洋洋灑灑：

進趨真理的逆增上緣

佛陀在行路的時候，曾遇到兩次災害，一次是行走軻地羅山的時候，被有名的佉陀羅毒樹的木刺把足刺傷；一次是在耆闍窟山下經過的時候，為提婆達多從山上推下的巨石，擊傷右腿流血。佛陀又有兩次對大眾宣佈他患病的消息，一次命名醫耆婆為他調下痢的藥服用，而後病癒。一次背痛命阿難尊者到村中乞求牛乳，命大迦葉尊者為其誦念七菩提分，所得病苦消除。佛陀又有兩次為飲食而遇到困難，一次是在婆羅村安居的時候，適逢饑饉之年，在三個月中，每日唯食馬麥充饑；一次出外乞食不遇，空缽而還，只有餓著肚子等待明天。

佛陀受到來自外道的迫害也很多。有一個年輕貌美的女郎名叫戰遮，為外道所買通。有一天趁著佛陀登座說法時，把自己扮成孕婦，企圖破壞佛陀的名譽。講堂內大眾正鴉雀無聲、聚精會神地聆聽佛陀演說妙諦，戰遮女突然站起來，嗲聲嗲氣地指著佛陀說：「釋迦！你滿口的慈悲道德，但是我肚子裡的孩子，你打算怎麼辦？」深信的弟子們一聽驚慌失色；信心不堅定的弟子，開始動搖起來。但是佛陀神色不變，心平氣和繼續說法。戰遮女一看佛陀如如不為所動，於是跳跳嚷嚷，想要擾亂清靜的道場。就在蹦跳之間，藏在衣內、綁著小盆子的繩子斷裂，小盆子咚咚咚地滾了出來，惡毒的計謀暴露無遺，戰遮女羞慚地抱頭鼠竄。

外道一看陷害佛陀的伎倆失敗，仍然不死心，又慫恿一個名叫孫陀利的女子，經常出入祇園精舍，以誣害清淨的僧團。孫陀利甚至為外道所殺，嫁禍於僧團，但是佛陀以大智慧，使得原兇就擒，洗除了冤枉。

在種種艱難困厄之中，讓佛陀最為傷感的是跟隨他出家的堂弟提婆達多，為了爭奪僧團的領導權而公然背叛佛陀，破和合僧。事實上提婆達多認識不正確，佛陀是以他那如明月般的聖潔道德來領導僧團，不是任何暴力或權勢所能取代的。

提婆達多自己背叛了佛陀，並且惡毒地對佛陀的弟子發出宣言：「你們跟隨佛陀出家，現在佛陀已經漸漸老了，佛陀的僧團，苦行色彩越來越淡薄，不認真修習苦行，怎能成道？我有阿闍世大王的護持，要苦行、要物資都比佛陀方便。」一些信仰不堅定的弟子，禁不起提婆達多的誘惑，也背叛佛陀，見風轉舵投到提婆達多的團體。一心一意致力於組織清淨無諍的僧團，維繫諸佛慧命於不墮的偉大佛陀，遇到這樣的事，怎不傷懷？但是佛陀哀而不怨，靜靜地開示弟子們說：「芭蕉的心如果長實了，就容易倒塌；騾馬如果懷孕了，離死期就不遠；小人如果得到太多的供養，享受的物質太豐富，道業就容易消失，失敗就迫在眉睫了。」

跟隨提婆達多的弟子，兇惡地發出狠話，要加害佛陀。跟隨佛陀的弟子趕快準備棍棒，以保衛佛陀。佛陀一看弟子們要動武起來，莞爾一笑，告訴大家說：「你們太傻了，成了佛陀的人，還要用棍棒來保護嗎？收起來，大家靜坐念佛念法念僧。」佛陀的大弟子舍利弗，於是到提婆達多的地方，展開無礙的辯才，把背叛佛陀的弟子，甚至提婆達多的弟子說服過來，投歸佛陀。佛陀看到迷途知返的弟子，不嗔不喜，只是淡然地說：「只要回頭就是彼岸，大家精進，切莫放逸！」

即使到了晚年，父王淨飯王、姨母大愛道的涅槃、弟子舍利弗的去世、目犍連的為教捐軀，老成凋謝，甚至釋迦族的被滅，都使佛陀為之憂慼填膺。自覺圓滿的佛陀，充滿著人間的感情，面對著生死無常，不是如草木般枯槁無情，只是佛陀證悟真理，是了脫生死的聖者，他早就徹悟人生有生老病死、分段往還，而法是恆常不變。一切的攻擊傷害，對佛陀而言，都是進趨真理之途的逆增上緣。

活在人間就要面對困難

寫過《釋迦牟尼佛傳》的星雲大師，對佛陀的生平事蹟可以倒背如流，佛陀是那樣活生生的面對了自己的生活與苦難，這也是星雲大師「人間佛教」的根據，「活在人間就要面對困難，佛陀也不例外」「菩薩有隔陰之迷，羅漢有入胎之悶，何況是我們呢？」

「但是，偉大的佛陀，一生也不斷的困厄，遭受那麼多災害，無法了解其中深意的眾生，是不是很容易生起疑惑呢？」我們忍不住問。

大師說：「憍薩彌國的國王波斯匿王，也和你們一樣問過同樣的問題，不同的是，他直接問佛陀，他問道：

『佛陀！您的金容相好、品德威嚴，這是天上人間所沒有的，我們對此心已決定，沒有所疑，但佛陀傳播真理的生涯中，為什麼會有那些災害呢？』

佛陀回答道：

『大王！諸佛如來的永恆之身是法身，為度眾生，才應現這些災害，那些傷足患背、乞乳服藥，乃至涅槃，以其舍利分塔供養，這都是方便善巧，欲令一切眾生知道業報不失，令他們生起怖畏的心，斷一切罪，修諸善行，獲證永恆法身，壽命無限，國土清淨，不要留戀娑婆世界、有為色身！』

波斯匿王聞後，疑雲頓除，歡喜踴躍，他不但認識了佛陀的金容，他更體會到佛陀甚深的大悲心！」

談過了佛陀的災難與困境，我還是懇請大師談談自己的困境，我說：「師父如果能談談自己困境的突破，對於身陷困境苦難的眾生，必會有很大的啓發。」

星雲大師說：「先說說突破困境的方法，就是菩薩的悲、智、行、願，對於那些器量狹小、保守僵化的人來阻礙，我們要慈悲以對，去感化和包容；對於那些不合理的、不正義的事情，要用智慧去轉化和開啓；如果慈悲智慧都使不上力，也要行無畏懼、心不顛倒；最後要發大願，困境就像石頭一樣，如果我們的願力小、容器小，很容易滿溢；如果願力如大江大海，再多的石頭也不能阻礙前進呀！」

師父說，他在青年時代，被共產黨抓去關了十天，被國民黨關了二十三天，時時都有性命之憂，慈悲、智慧、願力都使不上力，當時的心境就是無畏，自己沒有罪，所以不害怕，最後終於化險為夷，還把天天來談天說地的獄警感化出家，因為那個警察被出家人的大無畏精神感動了。

「初來台灣的時候，到處吃閉門羹，求助無門，甚至連吃一頓飯、睡一夜覺都不可得，有一些同修道友就覺得出家人太苦了，連一頓飯也沒得吃，乾脆改行。有的人從軍了，有的人還俗做別的事業。就曾有一個軍官對我說：『以你的資質才華，如果改讀軍校，十年內一定可以升到將軍。』但是困難並沒有讓我動搖，我常想到，玄奘大師到印度取經，有一次途經八百里流沙，烈日當空，已經沒有半滴飲水，眼看生命危在旦夕，但是玄奘大師一點也沒有退轉，反而發下堅宏的誓願：『寧向西天一步死，不回東土一步生！』靠著願力度過難關。我也學習玄奘大師的願力，不畏艱辛，不計利養，後來得到妙果老和尚的收留，在中壢圓光寺住了下來，才結束那一段艱難的日子。」

用智慧轉化困局

星雲大師回憶起初到台灣時，政治情勢非常嚴峻，風聲鶴唳，黑函滿天飛，有一次，他被黑函檢舉是匪諜，「白天扮和尚，夜裡為匪宣傳」，被抓去關了一陣子，出來之後，每天有便衣警察跟蹤，大師心想：「清者自清，濁者自濁」，也不理他們，照樣做自己的弘法工作，沒想到那些便衣跟監久了，都很佩服他為教為法的精神，皈依了佛教。

「當初傳教是很困難的，那時候沒有言論自由，也沒有集會結社的自由，有一次在講經的時候，跑來一個警察，那時我正在講台上，他站在旁邊叫：『你下來！你下來！』我只好下台問他：『幹什麼？』他說：『你現在立刻宣佈解散！』我說：『這個我辦不到，這些人來聽講經，而且是我請他們來聽經的，現在我叫他們解散回去，這我做不到，要宣佈解散，你去宣佈！』那個警察怕觸犯眾怒，也不敢宣佈，我就繼續講經，這就是用智慧轉化困局呀！」

星雲大師不只用智慧轉化自己的困境，也常為別人解決類似的問題，當時有個林宗心居士，長得一表人才，又是日本通，很得日本人的敬愛，卻因為政治問題，無法一展長才，星雲大師就為他進言說：「還有誰比林宗心更適合派到日本呢？」最後林宗心才被派去日本從事外交工作，可惜英年早逝，沒有做多久就過世了。大師不勝唏噓：「有多少人才都是莫名其妙被耽誤了！」

「還有一位曾在日月潭電力公司服務的陳秀平先生，因為身上帶有一張匪諜嫌疑犯的名片，被臨檢的警員搜到，從此以後就身負匪諜嫌疑。

他剛到宜蘭的時候，無論走到哪裡，都受到警察嚴密的監視，行動極不自由，連到宜蘭念佛會都會被干涉，縱然有幸能來參加念佛，也免不了警察的跟蹤盯梢。

當時國民政府播遷來台不久，由於局勢不安，到處都是風聲鶴唳、草木皆兵。我雖自身難保，但是身為師父，看著皈依弟子有了苦難，內心真是不平與不安，於是自告奮勇、挺身而出，向刑警隊長說：『我要帶陳秀平外出弘揚佛法。』

『不行啊！他有匪諜嫌疑，怎麼可以呢？』刑警隊長大驚。

『匪諜做壞事，破壞國家社會安寧，於法不容，現在我帶他外出弘揚佛法，利益大眾，難道也不可以嗎？到底要怎麼樣才可以呢？不能勸善做好事，那還是讓他去做壞事好了。』我理直氣壯的說。

『那你要負責喔！』

『當然負責。』

承擔一切的責任，我每次出外弘法時，必定帶著陳秀平先生一起前去，如此過了好幾年。當智光商工學校成立時，我推薦他擔任副校長。」

在五〇年代到六〇年代，這種弘法的困境真不少，除了政治因素，還有社會因素，佛教的寺廟、法師並不受到社會的重視，也常常成為被壓迫的對象。

「高雄的壽山寺剛蓋好的時候，還沒落成，突然接到一張高雄要塞司令部的公文，說壽山寺的高度超過限制，要拆掉第五層。這沒有道理，蓋的時候沒問題，蓋好了怎麼能拆！我自己跑到要塞司令部，問：『到底誰決定要拆壽山寺？誰負責的？』有一位上校出來，態度非常傲慢的說：『是我！是我要拆壽山寺！』

我告訴他：『這樣做可不得了呀！你拆壽山寺等於拆到佛教徒的家，結果會怎麼樣，我也不敢保證，不久之前，越南的吳廷炎總統不准人掛佛教旗，最後被推翻了，這種事如果鬧開會很嚴重。像現在文革時共產黨毀佛拆廟，你也來拆廟，中外記者一拍照登上報紙，旁邊寫一行字「中華民國也毀佛拆廟」，這與共產黨有什麼兩樣？到那時候誰來負責呢？』

那個上校聽了大為恐慌，一直問我：『那怎麼辦？』

我說：『你再下一個公文，說不拆不就好了！』

他聽了，連聲道謝，送我到門口。

你看，這樣智慧一轉，廟也保住了，又免得上校造惡業，不是兩全其美嗎？」

壽山寺落成之後，因為從壽山公園入壽山寺的路口，有幾層階梯，車子無法開到寺門口，星雲大師就叫人把階梯用水泥補成斜坡，以利信徒進出。過了幾天，管區警員跑來干涉：「誰把階梯填平，立刻敲掉，恢復原狀！」大師聽到信徒報告，立刻跑去找那位警員，對警員說：「聽說蔣夫人宋美齡，過幾天要到山上的婦聯會，萬一蔣夫人來了，車子開不過去，要下車爬山，又聽說前幾天車子還開得過來，現在卻只能爬山，怪罪下來，誰要負責？」警察聽到蔣夫人的名字，嚇得不敢過問，後來就沒有再來嚕嗦。

大師說：「既然大家都怕政治，就用政治的智慧來轉化，效果特別好呀！」

越是打壓，越激發志氣

但是，弘法真正的困境並不是來自外力，而是佛教界裡面的自我消磨，來自佛教界內部的譭謗、排擠與鬥爭。

「早期台灣的佛教界不團結，就像一盤散沙，從前，聽大醒法師演講，他說：『中國佛教徒，只要有十個人團結合作，中國佛教就有希望了！』我心想：『法師有沒有講錯？十個人團結還不簡單！』後來才知道，沒有利害關係，是可以團結的，一旦牽涉到利害，團結就很困難。

舉個例子說，大家現在提議『我們來團結！』好，來團結！一百多位同學組織一個台灣環島弘法團，大家團結，一齊去佈教！『好！團結佈教！』首先選一個團長。『選哪一個做團長呢？』大家考慮，團長一選，至少有十個人不服氣。『哼！他當團長，我不參加。』已經有十個人退下來不去了。交通工具，目前本院有兩部車子，大車子一部、小車子一部，一齊去環島佈教。『哼！他們為什麼可坐大車子，而我們要坐小車子？我們十個人該倒楣啊！算了！我們不去！』又減少了十個人。到了台東，要上台演講了，可是沒有講台，怎麼講演？『喂！你們十位先去佈置，抬桌子、搬凳子、準備麥克風，現在我們要佈教了。』

『嘿！為什麼只有我們做啊？大家都是同學，我們該倒楣啊！我們是來做奴才的，是來搬桌子的，你們才是講演的法師！不幹了！』又少了十個人。這樣一直減少下去，還沒有到台北，統統都散了。你們看！利害關係來時，要團結很難啊！」

大師說得活靈活現，使我們都忍不住大笑，但是，有比不能團結更可悲的，就是佛教團體的嫉妒心、嗔恨心太重，看不得別人好，總是互相譭謗。

「佛教不能復興的癥結是嫉妒人才，譬如說你很會講經，照說是人才了。可是在佛教裡，有人就會說：『只是一張嘴會說，有什麼了不起！假和尚說法能說不能行，光是會說，沒有修行沒有用啊！』這一聽，『對的！我光是會說，不能行，好！修行！』閉關、禁足、持午，有修行了。馬上又有人說：『那個傢伙，光是閉關、持午，這有什麼了不起啊！你看他，他能辦事嗎？如果有個寺廟給他管的話，那就糟糕了，那個寺廟馬上就會有問題了。』『啊！我不會辦事？好！我來學習辦事。』好了，會辦事，講也會講，修也會修，事也會辦，總是個人才了！但是，在佛教裡，還是不被認定是人才，馬上又有人說：『那個傢伙，一天到晚，就是說說，和一點小小的修行，一句英語也不會說，看到美國人來，簡直像啞巴一樣！日語也不會說，看到日本人，簡直不知如何是好。今天的佛教要的是國際人才啊！』一聽！這話也不錯！趕快學日文，趕快學英文，以後遇到外國人就說幾句英語；嘿，馬上佛教的人又要講話了：『那個傢伙！不好好安守本分住在寺廟裡，一天到晚，好攀緣、好在外面跑，一見到外國人，就像個神經病、像個瘋子，他簡直忘記了自己的國家、忘記了自己的立場，把外國人看作自己的老子一樣！』這又完蛋了！

如果你以為那罵你的人多了不起，就大錯特錯了，他沒一樣會，既不會英語，也不會日語；既不懂修行，也不會辦事；既不會誦經，也不會說法；但他就是見不得別人好，恨不得別人和他一樣無知無能、不知上進、同歸於盡，但是在佛教界吃飯、廝混太容易了，他可能當上佛教會的理監事，或占了寺廟的住持，他自己不上進，也不要別人上進；他自己不肯發展，也要阻礙別人發展。」

星雲大師語重心長的說：「我這一生發展佛教事業，最大的阻力就是來自佛教界，想起來實在很悲慘，還好，他們越是打壓、阻撓，越能激發我的志氣和力量，現在看起來他們的阻難是最好的逆增上緣。」

大師回憶起最早在佛光山辦「東方佛學院」，本來是很好的事，中國佛教會竟特別為此開了一次會，討論的主題是「如何消滅東方佛學院」，竟然大部分與會的人士都贊成使這個佛學院辦不下去，幸好有一位理事仗義直言、據理力爭說：「天主教、基督教辦了那麼多大學、書院，我們都不講去消滅了，我們佛教自己辦了佛學院是值得讚歎的事，怎麼反而要消滅呢？」最後案子才沒有通過。

凡是認同星雲的，就被排擠

談起這一段往事，星雲大師感到悲哀，他悲哀的不是自己的佛學院，因為無論什麼壓力，他都會辦起來，他悲哀的是那種「見不得別人好」「希望同歸於盡」的居心，他說：「當年的情況，你們很難理解，例如有一間寺廟鋪了磁磚地板，佛教界的人會罵：『又不是舞廳，鋪什麼地板！』有一間寺廟裝了抽水馬桶，他們也看不慣，說是『奢侈浪費』！那時就是那麼恐怖。佛光山在邁向現代化的過程，面對的譭謗與阻力是可以想見的。有一天，我的老同學煮雲跑到佛光山找我，不是來看我，直接衝進我的房間，因為他聽說我的丈室裡多麼豪華、床多麼大、鋪了什麼地毯、燈光多豪華，說什麼也不肯相信，特別跑來查證，看了忍不住失笑，對我說：『我現在知道了，那些人沒有一個來過佛光山！』」

「早年，中國佛教會那些把持的人，簡單的說，就是自我享受、自我權威、自我敗壞。為了把持佛教會，整個制度是不民主的，選舉是舞弊的，選前一個月名單就定了，例如全國三十五省，大陸早就丟了，他還是每一省設兩個代表，採通信投票，就和早期的萬年國會一樣，本省法師沒有一個選得上，把持的人個個是理事，像光是一個十普寺，掃地的、煮飯的、什麼都不會的，也全是理事，佛教怎麼會有發展？簡直可恥、可惡、可恨、醜陋！」星雲大師以罕見的嚴厲口吻說。

由於星雲大師一生追求民主化，反對權威；追求現代化，反對保守；追求國際化，反對僵化；在「中國佛教會」那個權威的、保守的、僵化的社團裡，被視為眼中釘，幾乎不管做什麼事都會受到刁難，回想起那一段，他說：「中國佛教會可以說是佛教進步的最大阻力，白聖老法師把持了四十幾年，成為萬年理事長，只要稍有意見，就被排除在外，到了最後，凡是反對星雲的，就可以當理事，凡是認同星雲的就被排擠，像有一次我在國父紀念館講經，某法師來參加，致詞時為我講了一句好話，他的常務理事馬上被拿掉，後來只好向他們懺悔說：『我下次不敢為星雲講好話了。』常務理事才恢復。還有，像會性法師、祥雲法師在公開場合說了幾句我的好話，理事馬上被拿掉，而且永不錄用。反過來說，如果你常常罵星雲，很快就可以當佛教會的理事。」

我開玩笑的說：「我看在座的人沒有一個有機會當佛教會的理事了，因為我們說了太多師父的好話！」

師父聽了開懷大笑，他說：「當不當理事是事小，更可惡的是，他阻止人才的發展，當年按照政府的規定，僧侶要出國，必須先得到佛教會的准許才能送內政部。我為了弟子的進修，希望讓他們到國外留學，慈惠、慈莊、慈容、依空出國的資料送到中國佛教會，放在抽屜裡一年都不肯批，我跑去爭取，他們也不理，最後我到中央黨部去抗議，在中央黨部的壓力下，他們才把公文送出來。真是可恥！像依空法師，到日本留學，先是抽屜裡放一年才批下來，他在日本念書的時候，因為父親過世，回來奔喪，要再出去，又不肯批了。幸好，這時開放觀光，不再需要他們批准了，依空法師第二次去日本，就是以觀光的名義出去的！」

「他們不希望年輕的出家人求學上進也就罷了，甚至還不准別人傳戒。民國六十六年，我們在佛光山傳戒，他們不准，只准自己傳戒，這是沒道理的，按照佛制，三皈五戒，天天都可以傳戒的，他們不准許傳戒，我照傳！現在每一家寺廟都可以傳戒，也用不著佛教會批准，可見當時是多麼無理！」

對無理事物據理力爭

由於星雲大師對無理事物的不肯妥協、據理力爭，使他往往能突破重重的限制，也使那些壓制他的人往往敬畏三分。他說：「這幾十年來，在佛教會開會，我每次站起來發言，立刻就鴉雀無聲，大家都屏息聽我說話，那是因為他們不知道我接下來要說什麼。我不管說什麼、做什麼，都沒有私心私念，我的風格就是從這裡來的。」現在事過境遷，星雲大師說：「我現在很感謝中國佛教會，還有其他壓制我們的人，因為是他們的無理，才成就了我們。」

星雲大師舉了幾個例子：

剛來台灣的時候，他就深刻感覺到，佛教如果要有前途，一定要帶領青年參與佛教，可是要吸引青年就不能用老年人的方法，當時也是青年的星雲就想到：利用參觀寺廟郊遊，順便與青年接觸，帶領他們進入佛教。

「記得第一次舉辦，我們連租車的錢也沒有，請年輕人各自前往圓通寺，在圓通寺門口集合。當時有一批台大的年輕人，像吳怡、張尚德、王尚義都來參加，我帶了一些餅干、糖果請大家吃，聊得很開心。後來，一起回到善導寺解散，被善導寺的當家法師看到，把我叫去，警告我說：『星雲！我警告你，以後不許你帶青年到寺廟裡來！』我心裡感到疑惑：不許帶青年來，難道只能帶老年人嗎？佛教本來就是青年的宗教，釋迦牟尼佛青年成道，所有的菩薩也沒有一個長鬍子的，佛教為什麼不接引青年呢？正遲疑時，突然看到周宣德居士走到善導寺門口，我一個箭步追上去拜託他：

『以後，這些佛教青年就交給你了！』周居士當時是台糖人事室主任，人很熱情，說：『好！你交給我吧！』後來，周宣德居士成立了『大專青年獎學金』『慧炬學社』，全心推動青年工作，使大專青年參與佛教蔚然成風。」

「我深感青年工作的重要，希望能在學校、軍營、社會、監獄，讓更多年輕人學佛，那時也是困難重重，例如我有一個弟子鄭秀雄，他是慈嘉法師的弟弟，當時在師範學院念書，請我去演講，海報都貼出去了，某年某月某日星雲演講，演講的前幾天，中央黨部打個電話來，說不准出家人演講，竟然就取消了。例如要到軍中去演講，根本不可能，我們就組織了勞軍團、表演團，中間穿插一點佛教。」

儘管困難重重，星雲大師總是不棄不捨、堅持到底，到後來，成為學校、軍營最受歡迎的演說家，也成為監獄囚犯最敬仰的佈教師。「全台灣每一所大學、每一個監獄，我哪裡沒去講過呢？甚至最保守的軍方，我後來每週在政工幹校講課，海陸空軍都去演講，金門的擎天廳也講了許多次，甚至東沙群島、南沙群島都去講過。」

「有一次，我在擎天廳演講，講完後辦皈依大典，金門的軍人全部穿著軍裝皈依，使我又感動、又感慨，想起四十幾年前，我在宜蘭高中做了一次演講，調查局和警備總部調查了一年多將近兩年，真是不可同日而語呀！如果不是一開始受到那麼大的壓力，我們也不可能那麼全心全意的去做，也不會有後來的成果了。」

即使是蔣夫人，也要抗議

還有一個困境是「電視弘法」，台視剛剛開播的時候，星雲大師就洞燭機先，知道電視一定會帶來巨大的影響，他對弟子說：「我們平常講經，了不起一、兩千人聽，如果能在電視上講經，一次就有幾百萬人聽，即使把寺廟賣了，也要在電視台做節目！」

於是，他找到台視經理劉震慰，談妥買下每週一小時做佛教節目，沒想到臨開播前，節目被取消了。他親自跑到台視抗議，台視的人也很無奈說：「是蔣夫人說佛教不准上電視，所以不准，並不是我們要刁難你！」

星雲大師感到忿忿不平，說：「即使是蔣夫人，我們也要抗議，因為我們對信徒沒有交代呀！」

台視怕事情鬧大，只好答應每週播一集「錦繡河山」，播出大陸寺廟的影片，裡面也有許多佛教的介紹和故事，完全免費，算是給星雲一個補償，也對信徒有了交代。

星雲大師回憶起那段往事，不禁莞爾：「後來，我很感謝蔣夫人，因為那時急著做佛教節目，沒有想到以我們的人才和能力，根本做不出什麼像樣的節目，『錦繡河山』拍得不錯，又是免費，多麼好呀！感謝蔣夫人出面，公案才了，解決了我們的困難。」

大師以幽默來反觀困境，更凸顯出當年政治力對佛教的壓制，台視節目無法播出，只好等待因緣。不久之後，中華電視台開播，星雲大師也跑第一，那時候電視台半小時節目要價十二萬，在三十年前是一筆大數目，半小時節目扣掉九分鐘廣告，實際上只有二十一分鐘。

星雲大師說：「電視台這麼坑人，條件這麼苛，但想到弘揚佛法，我也不惜一切，就規劃了一個節目『萬家生佛』，卻不准，因為有個『佛』，我改名為『無盡燈』還是不准，最後改成『甘露』，准了，說好二十五日星期五播出。我們興高采烈，發信給各界，還刊登啓事，沒想到當天早上，華視打電話來，說不播了。唉呀！那一天我不知道怎麼度過的，面子、信譽都掃地了，我到處請託，請立委去關說也沒用，最後找到蔣緯國將軍，我親自去拜託蔣緯國，他對我說：『星雲呀！電視裡怎麼由得你講話呢？電視的影響力大到不可想像，你一開講，大家不都信佛了嗎？』我對他說：『我是想提倡一些現代的宗教觀念，譬如說不殺生、拜拜時用鮮花四果等等。』」

「後來，經過許多努力，華視終於給我們播出，播了三個月，莫名其妙又停播了，我再去奔走，一下子改成半夜十一點，真是吃人！但是，我有一個信念，就是不能小看電視的影響力，經過不斷的努力，我們在三台都做了帶狀的節目，而且都是免費的。」

聽星雲大師談到把佛教傳播給大眾，不論如何都要做電視的往事，我彷佛看到一個和尚，寬袍大袖的穿梭奔走，在電視台力爭、在將軍的官邸遊說、在學校的講台侃侃而談，內心的澎湃洶湧是很少人知道的，大師說：「那時候憑藉的是滿腔的熱情啊！」

別人害我，是在成就我

中國佛教會對星雲的打壓，使他回想起來也充滿了感謝，因為那時如果走進佛教會去改革佛教，路只有越來越窄，正因為與中國佛教會「道不同不相為謀」，才走出了開闊的道路。

以「世界佛教徒友誼會」為例，這個世界性的組織，在第二屆時，邀請了章嘉大師和星雲大師，公文送到中國佛教會，星雲的名字被剔除，以後，每一屆都邀請星雲大師做代表，中國佛教會每一次都剔除。到了十四屆，星雲在國際佛教界已名聞遐邇，「世界佛教徒友誼會」特邀他為「貴賓」，即使是「貴賓」，中國佛教會的魔爪還是阻止星雲出席。

一直到一九八八年，第十六屆「世界佛教徒友誼會」，星雲大師透過個人關係，在洛杉磯西來寺主辦，一共花了一千多萬美金，不只是第一次在亞洲以外辦大會，也被認為是最成功的一次大會。從此，星雲大師與這個世界組織結了深厚的法緣，經過他的介紹，十七屆在韓國舉辦、十八屆到台灣佛光山舉辦、二十屆又到大師主持的澳洲南天寺舉辦，連續主辦三屆大會，被「世界佛教徒友誼會」推舉為「永久榮譽會長」，受到的尊崇可見一斑。二〇〇〇年十二月五日，泰國總理特頒「對世界佛教最有貢獻獎」，肯定星雲大師對世界佛教的努力與貢獻。

中國佛教會為了打壓星雲，也排擠佛光山派下的法師與寺院，聽說在十幾年前，只要有國外的佛教團體來台灣，要求參觀佛光山，佛教會的人總是說：「你們去佛光山幹嘛？佛光山很小的，你們去了，他們連茶杯都不夠！」

有一次，「世界佛教僧伽大會」在台灣舉辦，是中國佛教會辦的，有一個「參觀寺廟」的行程，竟然安排這些高僧去參觀木柵指南宮，使外國和尚都忍不住問：「你們台灣沒有佛教寺廟嗎？」其中，有一天的行程在高雄，也沒有安排去佛光山，有人提議說：「佛光山是最大的佛教道場，為什麼不去參觀？」佛教會的人竟說：「不可以！因為佛光山是星雲的！」

與會的開證法師仗義直言：「為什麼不可以！這次大會星雲捐了兩百多萬元，佛光山也是南部最好的道場，有什麼不可以呢？」

中國佛教會拗不過去，就說：「可以是可以，但是沒時間，連吃飯參觀只給兩小時。」

星雲大師說：「兩小時也有兩小時的辦法！」

他派了十六個會英文、日文、韓文的出家眾，親自到高雄圓山飯店把五百位各國出家人接到佛光山，一部遊覽車一位導遊，沿路向他們介紹做簡介，上了佛光山，先參觀大雄寶殿，然後用齋，他以最隆重的佛教儀式來供養這些出家人，使大家賓至如歸。

經過多少年後，參加過那一次世界佛教僧伽大會的和尚，都念念不忘佛光山和星雲大師。

沒想到這也引來中國佛教會的不滿和譭謗，他們說：「我們花了多少人力財力辦世界佛教僧伽大會，好像是專門為星雲辦的，光采都被他占盡了！」

星雲大師也不以為意，他說：「我只問能為佛教做什麼，只要真心為佛教，別人中傷我也是在成就我。」

自己的榮辱成敗，在所不計

星雲大師一生受到的打壓、困境、阻難，幾乎沒有停止過，但是時間證明了他總是走了前瞻的路，那些壓制他的人則走了倒退的路，那些人在幾十年後看起來，非但沒有留下什麼可資稱道的思想和功業，他們的道場與徒眾也因日益萎縮，幾乎不存在了。

正如一九七八年籌設洛杉磯西來寺時，先在美西落腳的宣化法師，不但不支持，還寫信到處告狀，千方百計阻撓星雲大師建寺，到最後美國政府官員實在看不下這種行徑，還反過來安慰星雲大師：「建不建寺是美國政府管的，不是宣化法師管的。」後來，佛光山的寺院在美國各處興建，法緣大盛，各人的因緣實非誰能左右。

星雲大師說：「宣化比我們早到美國一、二十年，如果心胸開闊一些，說不定可以攜手共進，創造佛教在美國的新世紀；可惜他好講神通，又心胸不夠寬闊，好講神通的佛法不長久，心胸狹小的佛法不廣大，自然就日益萎縮了。」

正因為星雲大師的一生遭遇許多困境，所以他對別人遭遇困境能感同身受，並且常以大慈悲、大智慧，助人突破困境，對自己的成敗榮辱，在所不計。

一九八八年，中佛會護教組的昭慧法師，帶領佛教信徒抗議國立藝術學院演出「思凡」，甚至到基隆文化中心抗議，教界人士並不支持，到最後關頭，得到星雲大師的義助，使得事件得到圓滿解決，為日後藝術團體公演侮蔑佛教戲碼立下了一個新的里程碑，令他們知道佛教的力量而不敢造次。

一九九四年，台北新生南路七號公園裡有一尊楊英風的作品「祈安觀音」，即將被市政府拆除，保護觀音人士發起「觀音不要走」的大集會，星雲大師不但發動信徒去護持觀音，甚至親自去為集合的群眾打氣加油，但是，台北市政府仍不為所動，堅持要拆觀音，當時護像的昭慧法師與立委林正杰發起絕食，甚至打算與觀音像共存亡。星雲大師聞知，立刻宣佈「如果觀音像拆除，將發動三百輛遊覽車參加公園開幕」，一方面與黃大洲市長展開談判，最後，市政府終於讓步，才留下這一尊美麗莊嚴的觀音像。

一九九九年，星雲大師病體初癒，正在美國療養，聽說國內推動促成國定佛誕紀念日，義不容辭的擔任總召集人，並發動佛光山信眾十幾萬人連署。返國後，他親自帶領「佛誕放假運動」的青年法師，馬不停蹄的拜會行政院長、各部會首長與各宗教領袖，尋求支持，終於使得佛誕成為國定假日的提案，在立院一致通過，政府明訂「農曆四月初八佛誕為國定紀念日，得調移至週日放假」。

再如二〇〇一年三月，他聲援「八敬法運動」，肯定比丘尼與比丘有平等地位，並籲請南傳佛教、藏傳佛教恢復比丘尼戒。

二〇〇一年五月，他支持宗教團體法的制定。

這些事件，使得無役不與的昭慧法師盛讚大師「俠情正氣，沛乎蒼冥」，他說：

「大師平日矢志『給人歡喜，給人信心』，願做眾生『不請之友』，自然流露的是極其寬大、慈和、溫煦、雍容的氣質，但是在幾次大師義助護教的事件中，對應於其他諸多教中名僧的涼薄、怯弱、退縮、把持私利、諂媚官方、落井下石，筆者更見證了大師的另一面，那就是『時窮節乃見』的風骨，是生命深層無比的正氣俠情，相信那應是源自於對佛法的敬信與忠誠，也源自於對一個晚輩無條件的慈憫護念！」

確實，大師是以慈悲、智慧、無畏、廣大而突破了重重的困境，正如大師喜歡的一首詩：

「千錘百鍊出深山，
烈火焚燒莫等閒；
粉身碎骨全不惜，
留得清白在人間。」

星雲大師在橫逆中開創新境，在挫折中鍥而不捨，成就了非凡的道業，可能是平常人一輩子也不會遭逢的，也可能是一般人難以達到的，但只要體會大師的勇氣與承擔、熱情與無私，對平常人也都深有啓示的吧！

千錘百鍊，成功了一尊佛像

回家的路上，我穿過陰暗的馬路，想起剛剛看過的師父的蠟像，突然想起師父講過的一個故事：

佛殿中供奉著一尊大佛，是銅鑄成的；放在佛桌旁的大磬，也是銅鑄成的。

有一天，大磬向大佛提出了抗議，說道：「喂！大佛啊！你是銅鑄的，我也是銅鑄的，大家的身價相等，可是，當信徒來參拜時，他們都拿著香花、水果供養你，並且向你虔誠的頂禮膜拜，為什麼他們不供養我、不禮拜我呢？」

大佛一聽，沈思了一下，微笑著說：「大磬呀！你不知道是什麼道理，讓我告訴你吧！當年我們從礦山被開採出來，都是同樣的一塊銅，可是當雕塑師開始雕塑時，我忍耐了很多的苦痛、歷經了很多的煎熬，譬如說：當他們發現我的眼睛太小了，就拿起鐵鎚猛打猛挖；發現我的鼻子太大了，就又敲又鎚，常常痛得我難過，可是我毫無怨言，因為我知道雕塑錯了，必須再加以改正，就這樣經過千錘百鍊，我終於成功了一尊佛像。而你呢？不加修飾的捏凹了就鑄成了大磬，稍稍在你身上敲一下，你就痛得嗡嗡大叫，所以沒有人供養你啊！」

當我們「以色見」「以音聲見」「以眼耳鼻舌身見」，確實會看到星雲大師遭遇種種橫逆與困境，但從無為無作、無形無相、無去無來、無始無終的法身看來，那些困境也無非是「隨緣赴感」的蠟像，也無非是「仰天而唾」隨風落地的塵埃，更無非是「方便善巧」給眾生的一些啓示吧！

我想到《華嚴經》裡的偈子：「若人欲識佛境界，當淨其意如虛空。」「大海之水可飲盡，剎塵心念可數知；虛空有量風可繫，無能說盡佛境界。」

陰暗的馬路中有微風吹拂，使我感到清涼，這微風，是從虛空吹來，還繫著虛空裡的一些消息，彷佛風箏，在線的那一頭，繫著難以測度的光明，雖處黑暗，亦能感知！

死。生。

在對日抗戰到國共內戰期間，蒼生可憐，人命不如螻蟻。少年到青年時代，星雲正生處這樣惡劣的環境，所以從小他就對兩件事情看得很平淡，一是死亡，一是苦難。

「我可以說是從小在死人堆裡長大的，戰爭最激烈的時候，常常在路上看到倒臥的死人，到後來一點也不害怕，還在死人堆裡玩遊戲、數數兒，看看這一邊打死多少人，那一邊打死多少人。有一次和我的大姊素華到路上去數死人，走來走去，還迷了路。有時候不巧碰到兩方交戰，趕緊躺到死人堆裡裝死，以免被子彈射中。」

星雲大師回想起童年的情景，嘴角泛起了天真的笑容，但是，在死人堆裡遊戲，聽起來真的很不可思議，難道不害怕日本兵嗎？

「聽大人講日本鬼子很可怕，但他們也不愛傷害小孩子，大概小孩子沒有威脅性，我們有時看到日本兵，就遠遠跟著，看看鬼子在做什麼？他們也知道我們跟在後頭，有時候還咧開嘴回頭對我們笑，我想：日本兵也是人嘛！沒什麼了不起，可是為什麼如此殘暴，隨便就把我們中國人打死呢？」

重新思維死亡的涵義

看了那麼多的死人，少年星雲覺得死亡也是自然的，凡是人都會死，只是不知何時會死、何地會死、用什麼方式死罷了。

「這種對生死的淡然處之，使我做了一件到現在還感到汗顏的事，有一天聽到自己的一位長輩過世，家中的親屬都很傷心，但我聽到了卻說：『死了？死了就死了吧！』家人都感到愕然。我後來回想起來，這樣確實過分了一點。雖然一樣是死，陌生人的死和親人的死是不同的，就像我們不能為親人的死去數數兒，卻無感於心；再深一層說，親人的死和自己面臨死亡也是不同的，同樣是死，卻有許多不同的層次和感受，所以，那個長輩的死亡，也使我重新思維了死亡的涵義。」

聽星雲大師說起死亡的層次，使我想起《阿含經》裡，佛陀說世間有四種善根深厚的人，第一種是聽到遠方有人死亡，就生起覺悟修行的心；第二種是聽到認識的人死亡，就生起覺悟修行的心；第三種人是遇到親友死亡，就生起覺悟修行的心；第四種是父母子女骨肉至親死亡，才生起覺悟修行的心……「死亡」實在是生起覺悟修行最有力量的元素，佛教也是為了解決生死解脫而設教的。

「我這一生看過的死亡很多，小時候有一個情景，使我難以忘懷。有一天下了大雪，雪地裡有許多屍體，用各種姿勢躺著，一團一團，黑黑的。我站在雪地裡很難過，心裡念著：人是多麼可憐呀！他們躺在雪地裡會冷嗎？家裡的人知道嗎？還在等著他回家嗎？特別是想到自己的父親，是不是也是如此可憐，僵臥在大雪裡，心裡感到無限的淒涼。認識的人突然死亡的也很多，國共內戰的時候，我在白塔國小當校長，白天國民黨軍隊來搜，晚上共產黨的土八路來搜，遇到可疑，人就那樣被捉走，再也沒回來過。在白色恐怖時期，我被誣告關在牢裡，每天都有人被拉出去槍斃，個個都是有去無回。在那樣的時代裡，人真的很可憐，修行再高也沒有用，和我同時被抓去關的慈航老法師，死後肉身不壞，修行很好的，一樣也是飽受種種的折磨。」

那些在大時代中死去的可憐的人，使星雲念茲在茲，覺知到蒼生的可憐，發起了解救眾生於水火的雄心，也滋養了他「人間佛教」的信念，他希望佛法帶給人此生此世的幸福快樂，並帶著這種幸福快樂去諸佛淨土，而不是在飽受折磨、痛苦難當的生活中，把淨土當成空中的樓台。

像星雲這樣的大師，生死的考驗不只發生在他的身旁，他自己也多次在生死邊緣中掙扎。

第一次與死亡為友

「我第一次的死亡經驗，是在六歲的時候，當時是臘月快過年，哥哥從外面進來，說：河上都結冰了，可以走路呢！我一聽很感興趣，說：我去走走！我一出門，哥哥把門關上了。我跑到河上走，遠遠看到一個圓圓白色的東西，以為是鵝蛋，想過去撿，靠近才知道是冰裂開了，整個人就掉到結了冰的河裡。到現在我也不知道為什麼沒死，也不知道我怎麼回家的，只知道哥哥一開門，看到我全身都是冰柱子，喝了一點薑湯也就好了。奇怪的是，我怎麼樣想也想不起來，是怎麼能從河裡爬上來的。我小時候，這種怪事很多的。」

「生長在我那個年代的人，比較不怕死，因為死是那麼普遍，經常在身邊發生，當時的醫藥也不發達，孩子要養到成年，真的很不容易，像我的大舅養了七個孩子，沒有一個活過三歲，說起來很奇怪，小孩子就莫名其妙的死了。死亡是那麼自然，生病也是自然的，我們小時候要幫忙家務，所以總希望能生點小病，這樣就可以休息，不用工作。當時也沒有看病的觀念，生病是自然的，好了也是自然的，好了就好了，不好就死了。小時候我算過，牙疼三天就好，感冒七天就會好，害眼睛也是七天就好了，得了瘧疾，一天打一次擺子，來的時候寒熱交加，打八次、最多十次也就好了。我把它稱作『時間治療』，只要有意志激勵自己，小苦小難小災小病都是逆增上緣，時間就會站在自己這邊，病就好得快。如果意志差，一蹶不振，苦難病痛無非是業，時間就會站在病魔那邊，病就好得慢，甚至好不了。」

「古代的大德說：修行人要帶三分病，才知道發心，並不是說把自己的身體弄差，而是要與疾病為友來堅固自己的道心。」

師父送來的半碗鹹菜

星雲大師印象中最深刻的兩次病，一次是十五、六歲時，在佛學院害了牙疼，但是因為沒有就醫的習慣，佛學院管教又嚴厲，一直不敢告訴師父。吃東西時非常痛苦，一旦米粒塞進牙縫，就會痛徹心扉，於是，不管吃什麼東西，都是用吞的，不敢用牙咀嚼，這樣吞了兩年多，寫在日記裡，才被師父發現，師父帶他到南京去看牙，才解決了牙痛的問題。

「到南京去看牙齒，心中真是無限溫暖。那一段長時間的牙痛，使我鍛鍊了非常堅強忍耐的意志。甚至因為吃東西用吞的，腸胃也變得特別好，我這一生最好的器官就是腸胃，徒弟常笑我連石頭也能消化，我想是少年時期牙疼，腸胃自立自強的結果。」

牙痛好了不久，星雲在十七歲得了第一次瘧疾。瘧疾是奇怪的病，夏天以前得的容易好，秋天以後得的很嚴重，會死人，當地叫作「秋老虎」，遇上秋老虎的人，死了，抬出去燒，在叢林中是很平常的。

星雲得了秋天的瘧疾，重病垂危，內心正在無限感傷，如果就那樣死了，不是很可憐嗎？道業未成，又沒有人關心，正在感傷的時候，師父遣人送來半碗鹹菜。

「平常叢林裡，連鹹菜都吃不到，師父送給我半碗，裡面有著深刻的關懷。我一邊吃著鹹菜，一邊流淚，想到師父對我的恩情，忍不住涕泗縱橫的發願：『慈悲的師父呀！弟子這麼有福報跟您出家，將來一定努力弘揚佛法，報答師父的大恩大德！』那半碗鹹菜真是勝過百萬黃金。記得我過三十歲生日，孫立人將軍的夫人執意要為我慶生，餐具是兩大箱純金碗盤，我忍不住現出不悅之色對孫太太說：『如果再用這種排場，以後我不和妳來往了。』看了滿桌金盤金碗，我就想起師父送的半碗鹹菜，所以，人生最美好的，不是物質，而是心靈。那一次瘧疾對我的一生太有幫助了！」

如果不死，總有一天會好吧！

到了二十歲，星雲得了一種怪病，全身上下都長滿了膿瘡，只有臉上沒有。因為流膿，衣服都粘在身上，連洗澡都不能洗，卻又不能長時間不洗澡，光是脫掉衣服，慢慢解開、慢慢解開，就要一、兩個鐘點。一旦脫下衣服，皮都給衣服扯去，身上幾乎沒有一塊完好的皮，就像是剝皮一樣。

星雲大師說：「這種病也不只是我一個，其他許多同學也有這種情況，後來我研究了半天，知道這是業障。民國二十六年的時候，日本人大屠殺，空氣和水都被屍體污染了，影響到人也受這個業報。後來有人製造出一種藥，專治這種病，叫『消痔龍』，一瓶二十粒，吃了就好了，但不久又長出來，為什麼呢？因為只有一套衣服，還是穿原來的衣服，又感染了。後來買不起藥了，只好隨他去，我心想：如果不死，總有一天會好吧！」

「病得嚴重時，兩腳長膿瘡，走路都不能走，有一天，無法去排隊吃飯，只好留下來看寺院，坐在凳子上，突然看到一對夫妻帶一個孩子走路，他們看我坐著不動，走過來問我：『小師父！今年幾歲了？』我猛然一想，那一天是民國三十六年七月二十二日，正是我的生日，我就回答說：『我今天二十歲！』說完後，一片茫然！呀！我二十歲了。」

「我在還沒有出家之前，還有一件蹊蹺的事，每年的七月十五日、冬至啦！一些重要的節日，別人在祭祀的時候，就會頭暈得不得了，必須躺下來睡覺，一睡到晚上才會起來，一起來就好了。」

我對師父說：「可能師父從前的許多弟子都在祭祀您呢！台灣人有一種說法叫『飽年飽節』，每到節慶的時候吃不下東西，是因為從前的子孫在祭拜，肚子自然就飽了。」

師父說：「說也奇怪，頭暈的毛病，一出家就好了。後來到台灣，也經過許多病痛，慢慢學會『以病為友』，像對待朋友一樣的照顧疾病，久了，它也會對我們好一點。民國四十四年，我們環島佈教募款影印大藏經，當時有一個大錄音機，很貴重，我一路抱在腿上，從台東到屏東在石子路上顛簸，雙腿疼痛不堪。環島回來，雙腿得了急性風濕炎，醫生說一定要鋸斷雙腿，不鋸斷會感染，我一聽，心想：鋸斷也好呀！我還可以在家裡寫文章度眾生嘛！心中泰然安穩，不覺得有什麼恐怖。但是，徒弟們不肯讓我鋸，還要找別的醫生來看，我也不看，痛痛好好、時痛時好，這樣痛了好幾年，整年穿著棉毛長褲，連夏天也穿棉毛褲，不知什麼原因，也就好了。」

這一生伴隨星雲大師最久的病友是糖尿病。三十年前，他在檢查身體時驗出有糖尿病，但是他並沒有吃藥，也沒有打針，只是飲食控制、作息正常、配合運動，三十年來竟與疾病和平相處，一直到一九九一年不慎跌斷腿骨，才在榮總蔡世澤醫師的建議下，開始施打胰島素。大師引用蔡醫師的話說：「糖尿病患者，像極了走鋼索的人，步行在七十到一百血糖值的鋼索上，一邊是致命的休克，一邊是逐步接近的病變，在過程中，不容稍有閃失，想想看，我在鋼索上與『平衡』相伴，竟也走了三十年。」

面對疾病要灑脫一點

星雲大師說：「我這一生如果沒有糖尿病，可以說什麼病也沒有，因為大部分的病過了就好了，好了就會變成趣談。大約在一九八〇年，我到榮總檢查身體，有七、八個主任圍著我會診，看到這麼多主任，一方面是表示我小有名氣了，一方面是表示可能病情不輕，我看到一個主任低著頭，垂頭喪氣的說：『嘿！胸前怎麼有一個大黑點呢？』另一個主任說：『您明天再來一次，重新檢查。』我說：『我明天沒時間，因為我明天要到宜蘭，替一位比丘尼做告別式。』他說：『那後天好了。』我說：

『後天也不行，後天我要去南部，早就預定好了。』」

「那醫生一聽生氣了，說：『你自己的生死，不能這樣不要緊呀！』我說：『我有時間會再來。』然後我去了南部，竟然忘記了這件事。半個月後回到台北，普門寺的法師說：『師父呀！不得了了，榮總的醫生一次一次打電話來催，您趕快再去檢查！』我說：『好呀！既然來催了，就去吧！』又去了榮總，這邊照照，那邊照照，還切片檢查，這是我第一次聽到『切片』這兩個字。回到普門寺，徒眾問我：『師父！今天檢查得怎麼樣？』我說：『做了切片！』他們又問：『什麼是切片呢？』我開玩笑說：『切片呀！就是把肉切成一片一片！』大家聽了都嚇壞了，我覺得也沒什麼可怕。」

後來檢查結果出來，原來是兩年前的颱風，大師為了扶正一棵樹木，撞到了欄柵，有一塊肌肉纖維化了，痛過一陣子，便好了，在身上留下了一個黑點作紀念。

「所以，我常對徒弟說，面對疾病要瀟灑一點。疾病怕三種人，有抵抗力的人、瀟灑的人、心力旺盛的人。經過這麼多病痛，我深信精神力可以抵抗疾病。記得我跌斷腿那一次，原來約好到日本國會演講，因為跌斷腿了，一直拒絕，他們堅持要我去講，只好去了。到了日本國會，他們連殘障的坡道都沒有，結果幾個日本人抬著我上講台。我向來很討厭日本人，因為他們侵略中國，那時覺得給日本人抬上講台，心裡覺得很過癮，連跌斷腿都忘記了。可見不管生什麼病，精神力是很重要的。」

星雲大師認為，生、老、病、死既然是人生的必然，該來的時候就坦然以對、歡喜以對。

對大師而言，一切都是雲淡風輕的，但是對大師的弟子來說，一九九四年四月卻是漫長而難熬的日子，因為師父的心臟有三條冠狀主動脈嚴重阻塞，在榮總做開心的大手術，整整在醫院住了一個月。

讓生病的人痛得心安理得

心臟開刀過後不久，星雲大師寫了一篇〈榮總開心記〉，發表在講義雜誌。我讀這篇文章時，感動得熱淚盈眶，感動於師父的學習精神，他說：「我自覺是個學生，來到另一個世界，是心臟病敲開了這個新世界、新學校的門，我是個一年級的新生，高度的求知欲，使我幾乎忘了自己是個病人。」

感動於師父的心細如髮，他慧心柔軟的記錄了自己從進醫院一直到出院的每一個細節，裡面無罣礙、無有恐懼、遠離顛倒夢想，對於那些與病苦搏鬥的病人和他們的家屬，都會有非凡的啓示。

感動於師父的直心無偽，有一位年輕的醫師在手術前問他：「大師，您怕死嗎？」

師父說：「死倒不怕，怕痛！一個人健康的時候，行如風、坐如鐘、臥如弓，說起話來威儀安詳有序，一旦倒了下來，病了，尤其是痛了，難免要叫出來，唉！這個時候連個狗熊都不如了。」

醫師說：「大師！請別這樣說，健康的人固然有健康的尊嚴，但是對於生病的人來說，哭、叫、喊痛……這些都是病人的尊嚴！」

師父聽了大為讚歎說：「讓生病的人痛得心安理得，這一份溫暖體貼；對病者人性化的關懷，正是我要提倡的人間佛教啊！」

更令人感動的是，在開刀的過程，師父一直有感恩的心，看到自己身上插滿管子，他說：「最初發明這些管子的人，值得我們頂禮三拜。」對護士小姐的關懷探問，他深懷感恩：「好像黑暗中的一座燈塔，帶來了光明。」對於主刀的張燕醫師和醫療小組，師父覺得有「再造之恩」。

人間曉語

最讓我們感動的，是師父即使在生命的生死一線之間，也能不失正念、心懷眾生，對人間佛教有更深的體會。在手術枱上與療養室中，大師把這些體會一一寫下，稱為「人間曉語」：

一、不知是福

開過刀，很多人非常關心的問我：

「傷口痛不痛？」

「不痛，一點都不痛！」

「隨便割破一小塊皮都很痛，腿上劃開了五十幾公分的傷口，割斷了靜脈，又鋸開了胸腔骨……這一切，難道真的不痛嗎？」

「因為，痛的時候我不知道啊！尤其我一生最怕插管子之類的東西，在恢復室二十四小時，總共插了七、八根管子。但，等我知道的時候，管子已經拿掉了！」

張燕醫師為我「開心」那一段時間，對我來說，是個全然的「不知」。人間許多事情，在你「不知」的時候，便沒有所謂的「痛苦」。

這時候我領悟到世間的許多苦惱，都是從「知道」來的。人的一生，許多痛苦都是經由見聞覺知，把「痛苦」這種訊息送入心中，由於「我執」而成為「自我刑罰」。譬如：見到一個仇人，看見不悅、哀傷的情景，一瞬間的事情，往往刻下一生痛苦的記憶。聽見了一句譭謗、冤屈的話，聽見了不幸的消息，從此陷入悲傷的泥沼，難以自拔。

尤其還有另一種情形：你看了不該看的事情、聽了不該聽的話，你知道了一些不該知道的機密，如：為秦始皇造墓，墓地完成了，這些參與造墓的人也從此失去了消息。為過去的宮廷建造機密寶庫，等到庫房完成，這批人成了「知者有罪」。世間許多事情，因為你「知道」了，才惹禍上身。

「不知」，有時是一種幸福；「不知」，是世間的另一種美。

這種「不知哲學」，乃是人間佛教的要點之一。

二、功能特異

我開始做深呼吸訓練的第一次，吸一口氣，顯示器直上四五〇〇ml的頂點，護士小姐驚異之下，問我是不是有些「特異功能」？是不是深諳「吐納」之術？

我沒有特異功能，也沒有吐納之術。

但是我回想起少年出家至今，從早晚課誦到各種佛事，處處都需要誦經，我每次都很用心用力的念誦。到後來一口氣可以誦完一卷般若心經，一口氣可以誦完一卷大悲咒。

出聲誦念經咒可以養氣，氣足而力充，氣足而壽長。「氣」和「力」有著密切的關聯。所謂的：「佛靠一炷香，人靠一口氣。」先要能長「氣」，然後而能生「力」。

這種「功能」，並無「特異」之處，只是平時、平常多一分的用心用力而已，這也是人間佛教修行的特色之一。

三、生命時鐘

從恢復室來到了加護病房，醒來之後的第一個知覺：我看見了牆上的一面鐘，指針是六點。

我閉上了眼睛，良久，睜眼看一下鐘，才六點零五分。

我又閉上了眼睛，好久、好久，好像過了幾天，再睜開眼睛看鐘，才六點十分。

時鐘好美，時鐘好可愛。由於時鐘上面秒針與分針明顯的移動，它們證明著我的存在、證明我與這世界有著關聯。指針的移動，使我心安！這面時鐘，在這一刻，對我來說就是整個的世界、整個的生命。

這些年來，我環繞著世界幾次了，多少的山川美景，多少的名勝古蹟，我無暇訪遊，也無意觀賞，誰知在這特別的時刻，一面時鐘勝過山河大地，真是「一沙一世界，一葉一如來」。

人間，如果沒有「時間」這樣東西，痛苦、憂傷、煩惱永遠不會過去，既沒有未來，也沒有希望。人間佛教要能在「時間」這種深邃又平凡的事情上去參悟：迷惑的時候，時間會使你失去一切；了悟之後，時間就是你的一切。

四、我要回家

我在加護病房的第二個知覺就是：「我要回家！」好不容易，等到醫生來了，我趕快告訴醫生說：

「我要下床！」

「我要回家！」說完，我自己也覺得茫然。我生病住院，回家？回到哪一個家呢？

對了！回家，就是回到我與徒弟們朝夕生活的佛光山。山上的一草一木、每一棟建築，都是我熟悉的。我與徒眾們互相噓寒問暖、互相關懷，但是我們之間不需要刻意的客套。

記得小時候在外面受了委屈、摔跤了，往往哭著說：「我要回家！」現在我開刀住院了，身心都有幾分不適應，就像小時候在外面受委屈了一樣。原來，「家」就是安全、和平、溫馨、關懷的地方，只要一回到家，天大的煩惱、委屈，立即消失了！

「家」，對於人生，是多麼重要的一個地方。

我們提倡人間佛教，首先要注重維護每一個人的家庭幸福，才能談到開展人間的淨土。目前社會上問題叢生，往往都是肇因於家庭。

人間佛教的要點：首先要建立幸福的家庭生活，然後能貢獻於國家、社會、全人類。

五、忍辱可度

我在復健跑步的時候，氧氣每次都是從九十七、八開始，逐漸上升至一百，與一般人漸次下漸相反。護理人員問我，是不是練過氣功？或是練過什麼少林功夫？

我沒有練過氣功，也沒有少林功夫，但是有一點「佛光功夫」。

記得我十二歲出家當沙彌，十五歲受戒，頭蓋骨燒得凹了下去，同時也失去了記憶。當時許多老師、師兄、同學，常常指著我的鼻子罵我：「你要有出息哦，太陽都從西邊出來了！」我沒有難過、沒有怨天尤人，也沒有自怨自艾。因為我當下承擔了這句話。

我心想，有沒有出息，並不急於一時分辨，時間會給我力量，二十年、三十年後，誰知道呢？「總有一天」我會突破自己，走出自己的路來的！

現在回過頭來想想，當年是什麼給我這些承擔的力量呢？是佛法。雖然當時還不懂得什麼生忍、法忍、無生法忍，至少還懂得「忍辱波羅蜜」。所謂「波羅蜜」就是「度」的意思。忍辱可以「度」過煩惱，忍辱可以「度」過傷害，忍辱可以「度」過挫折。

由於我從小就善於接受，而且能於「轉化」，可以將煩惱轉化成力量，由此養成內心越挫越勇，發揮到體能上，也可以越走越有力量，這也是人間佛教修行的重點。生活中，時時都有相反的挫力，可以令人懊惱，也可以令人增長力氣。希望每個人心中都有這樣的「佛光轉化器」，時時都能在生活中練習轉化。開發潛能也就是這樣來的！

我也鼓勵天下所有患病的人，身體上的疾病比較免不了，而每個人的病情輕重不一，但是千萬不要讓自己的心靈生病。心中有病，生理上的病就會更加嚴重，甚至難以挽回可貴的健康。也不要對生命、前途氣餒，再苦的事情，時間都會公平的推動它、沖淡它！

我不服其老

當師父恢復了健康，他說：「這一場與時間競賽的馬拉松賽跑，所有關心我的人都是觀眾，我希望為所有的觀眾跑贏這一場競賽。」「但願由於我的病，使一切眾生可以少受病痛的折磨，但願每一個人都能打開心門，接受光明的照耀，成為能帶給他人歡喜的，一個『開心』的人。」

對於病痛的瀟灑，與對於老化、死亡的瀟灑一樣，大師也一貫幽默的說：「早在二十年前，有人遇到我說：『你一點也不顯老嘛！』我就知道老已經來臨了。後來每次有人這樣說，我就說：『我哪有時間去老呀！』確實，如果你擔心老，老就站在時間那一邊，如果你不介意，時間就站在你這邊了。最近，北京大學的陳恭讓教授對我說：『大師，只要您健康、活著，就是弘法！』我聽了很感動，其實，我不服其老。」

星雲大師從前是不過生日的，因為他認為生日就是「母難日」，一直到六十歲，才第一次過生日，因為「老了，大家都要我過生日，力量太強大，我只好答應」，於是，他找了一千三百六十位同是六十歲的壽星，一起在佛光山過生日，表示「六十歲沒什麼了不起」「人人都會六十歲」！

我看著師父那天真的表情，想到像師父這樣的人天師範，就像佛陀一樣，青年時代因為德高望重，往往使我們忘記他的年紀；中年之後，老而彌堅、老當益壯，也常常讓我們忘了他的年歲；老了，只是歲月與外表的刻痕，對於智慧弘深的人，歲月正是最美麗的花環。

大師說：「老是漸進的，只要活著，就會老；更可畏的是死，死是突然的，不只發生在老人身上。」

星雲一生有許多突然的瀕死的經驗，二十歲時，他到宜興白塔山大覺寺，任白塔國小校長，當時是一九四七年國共內戰最激烈的時候，白天的時候，國民黨闖進寺廟；夜裡，共產黨闖進寺廟，看到人就抓去，有的被誤為間諜，就槍斃了，有的被抓去當兵。

槍斃的時間到了

「有一次，衝進來一批共產黨，在廟裡到處搜，不知道從哪裡翻出一大包國民黨的宣傳資料，以為我是國民黨特務，就被捕了。其實，我根本不知道那些東西為什麼放在廟裡，可能是白天來的國民黨留下的。被關進去的時候一片茫然，心裡並不害怕，因為我沒有罪，所以不怕。」

「關了幾天，有一天黃昏，一個兵進來，對我說：『喂！你出來！』我心想：大概槍斃的時間到了，心裡一片空白，走出牢籠，正是夕陽將下，想到『夕陽無限好，可惜近黃昏』的詩句，為自己感到可惜，想要弘法利生、振興佛教的心願未了，難道就這樣死了嗎？覺得美麗的夕陽變得格外刺眼。這時候，端槍的士兵把我押到遠一點的地方，說：『你可以走了！』我還以為走遠了，他會對準我的背後開槍，就一直往前走，卻沒有開槍。走遠了再回頭，那個兵也不見了，我就那樣一路走出了鬼門關。」

談起那一段曲折的經過，師父的臉上流露出當時看見夕陽時，一抹悠遠的神情。到後來他才知道是學校的老校工為了營救他，傾盡積蓄、四處借貸，買通了看守他的共產黨，悄悄把他放了。為了報答老校工的情義恩德，星雲回鄉探親，還特別去墳前祭拜，並且一直照顧老校工的後人。

一九四七年被共產黨逮捕，隔了兩年，一九四九年卻在台灣被國民黨逮捕，入獄二十三天，生死的感受還是一樣。大師說：「我沒有罪，所以不怕，只可惜弘法的心願未了。」這一次，營救他的是孫立人將軍的夫人孫張清揚，為了感恩戴德，在孫夫人過世後，大師將她的骨灰迎入佛光山，永久供奉。

「那個時代，抓到一個人，不管是共產黨或國民黨，也不需要什麼原因，說槍斃就槍斃了，人命不值錢呀！但是我們被關在牢裡的時候，中壢圓光寺的法師到處奔走，請吳鴻霖先生幫我們辦身分證，又請孫夫人援救，因此，釋放以後，我很感謝寺裡的救援，只好用勞動來報答，買東西、挑水、砍柴，什麼事都做。做得太多了，一些外省的法師討厭我，罵我是『投降份子』。我們思想不同，我是為了報恩，哪裡分什麼本省、外省，我覺得這樣心胸太狹隘，就和他們分道揚鑣了。」

沒到死的時候，就死不了

「平常，從圓光寺到市區買菜，要拉三輪板車，路途很遠，也很辛苦，為了節省時間，我叫他們每個人出一塊錢，共十四個人，花十四元買了一部腳踏車，唉呀！腳踏車這個東西太好了，我很快就學會騎腳踏車，很瀟灑呀！有一天，要到大崙去買東西，圓光寺到中壢比較遠，路比較大；到大崙的路小，但是比較近。」

「我和一位性如法師，一人騎一部車，騎在小泥土路上，遠遠的看到兩位小女學生，性如法師一路大喊：『讓開呀！讓開呀！』女學生趕緊立正靠路邊站著，我心裡動了一個念頭：『這小學生好乖呀！』只是這樣一動念，就騎著腳踏車憑空而下，掉入三、四層樓高的田溝裡，頭朝下，直直的撞上一塊大石頭，應該是會腦花四濺，但是我只有金光飛散，當時我想：『糟糕！我死了！』然後就不省人事。」

「不曉得經過多久，我醒了，發現自己還能動，是在天堂，還是在地獄呢？嘿！怎麼都和人間一樣呢？有黃泥、土地、草木、河流、石塊，再後來想想，我沒有死，這不是我的頭、我的手嗎？那麼，我那貴重的腳踏車呢？往四周一看，腳踏車碎了，好可惜呀！這些鐵還可以賣錢呢！我把腳踏車的碎片捆起來扛在肩上走回去，心裡還想著：『來的時候，我騎車；回去的時候，車騎我。』還惦記著：『我還有一個同學，性如呢？』原來，他以為跌那麼深必死無疑，怕有什麼糾紛，只在那邊看了一眼，就獨自回去了。」

「非常奇妙的是，跌了三、四層樓高，又撞上大石頭，我身上毫髮無傷，連一塊皮也沒有受傷。和我小時候掉入冰河的情景一樣，我覺得是很奇妙，所以死亡不必太害怕，還沒有到死的時候，就死不了。」

對於死亡的經驗，星雲大師認為正如中國人形容的，「人死猶如油盡燈枯」，《勸發菩提心文》中說：「人死如生龜脫殼」，那並非是「死亡」的本身辛苦，而是面對死亡的疼痛與恐懼，那些痛與苦，並非死亡。

不講生死，而講死生

「我經常用睡覺來觀照死亡，有時候睡下去，很舒服，沒有知覺，和死亡沒有兩樣。我也經常用休息來觀照死亡，太累了，該休息了，放下吧！那和死亡也沒有兩樣。就像不久前我到榮總檢查身體，推入一個箱子，說是核磁共振，我覺得很舒服，就睡著了，做完檢查，我也醒了，醫師說：『奇怪！怎麼會這樣？要重做一次！』我想到做一次還要錢，趕緊說：『我動也沒動，睡著了！』」

做了幾次核磁共振，大師說，他在那個時候觀照死亡，核磁共振是一個密閉的箱子，形狀就是一個棺材，裡面什麼都沒有，也沒有燈光、沒有聲音、沒有顏色，在那個時候，大師說：「我入滅了！」

「入滅是那樣，出來就昇華了，所以，我們不要講生死，而要講死生，不只是生了才會有死，而是死才會生，『生死學』應該改成『死生學』，死亡才是開始，生才是未來。」

當師父講到「生死」應該改為「死生」，聽到的人無不拍手叫好，想到師父一生面對老病死生的瀟灑泰然，使我想起禪師的句子——「任性逍遙，隨緣放曠，但盡凡心，別無聖解」。

生活。。

「既然死是生的開始、生是死的未來，接下來，請師父為我們談談生活吧！」談過了生死，我向師父請法。

我想請師父談生活，基於兩個原因：一是大師的一生都是在倡導、實踐「人間佛教」，既是人間，就離不開生活，「人間」是「生活」，佛教是「修行」，因此，「生活的修行」對人間佛教而言，是契理契機的。

二是學佛修行的人很多，但是其中有一部分人是不懂生活的，有的是生活的失敗者，因而遁入空門，有的是一邊想往生淨土，一邊生活過得亂七八糟。

大師笑了，他說：「佛教裡講三千威儀、八萬細行，這威儀與細行，講的就是生活，如果連生活都不能管理，就不能講修行了。」

星雲大師認為一個人的生活觀，與生長的環境、人生的態度很有關係。

「我小的時候，沒有機會上學，十歲的時候聽到隔壁讀國民小學的孩子在念書，讀到兩句：『短衣短褲上學校，從不遲到半分鐘』，當時心裡非常震撼，這是多麼了不起的語言啊！我就對自己說：這輩子不管做什麼事，都不要遲到半分鐘。」從此，星雲把「不遲到半分鐘」當成人生的圭臬，很專注的去實踐。六十幾年來，星雲大師的準時是出了名的，他對時間的把握很嚴厲，講經說法一定準時開場，他說如果有三千人，遲到一秒鐘，就等於遲到五十分鐘，遲到一分鐘就是五十小時，那還得了！

天有天理，人有人理，物有物理

由於對時間的重視，他認為忽視時間就是「得罪了時間」，由於時空可以轉換，得罪時間就是得罪空間，如果時空與別人有關，進一步也得罪了人間，「時間、空間、人間誰得罪得起？得罪了沒什麼好處的！」

這一生，星雲大師都非常忙碌，加上嚴守時間，使他的「生活」比一般人長得多，也創造了恢弘的志業，大師自豪的說：「我提倡過三百歲的人生，一般人聽了都覺得不可能，並不是說真的活到三百年，而是充分利用時間，別人花一小時，我花三小時，如果同樣活一百歲，我就有了三百歲的人生。時間就是時機，時機就是機緣，人生有許多可成就的機緣，一旦失去，剎那之時，永不再復，不重視時間的人，就會失去先機！」

「對時間的重視並不是天生的，而是訓練、養成和管理，就好像我們到老字號的餐廳，你看人擺碗筷，咻咻咻，幾十個碗筷擺得一絲不苟，又快又精確。再看人倒茶拿個大茶壺，壺嘴那麼長，只看茶壺在動，水像線一樣射入杯中，每杯都是七分滿，倒的人不動、茶杯不動、客人也不動，滿堂的茶水很快就倒好了。再看那神廚，從刀工開始，到爆炒起鍋，簡直是神乎其技。無知的人會想：喔！那個是天生來擺碗筷的！那個是上輩子就是倒茶水的！那個是生來命中要當廚師的！那就錯了！是因為有的人練了，而且通了，在沒練的人看來就很神了。」

星雲大師認為，不論小事大事，道理都是一樣的，所以早年他在叢林時，師父就常說：「有志無志，就看燒火掃地。」如果連燒火掃地都做不好，談什麼承擔如來家業？

「我這一生恰巧就是從燒火掃地開始的，一生從未討過巧，譬如在三寶殿擺蒲團，我擺了幾十年啊！擺得多快呀！多巧妙呀！例如掃地好了，我也掃了多少年，別人才掃一角的時間，我可以掃一大片，為什麼我能掃得多呢？因為動腦筋、有巧妙，像掃到一條溝，裡面只有幾片葉，有的人就拚命扒、拚命掃，就是不肯彎腰，我彎了個腰撿起來，不就好了。還有，有的人拚命把樹葉多的往樹葉少的地方掃，那多麼花力氣呀？如果把樹葉少的往樹葉多的掃，就省很多力氣了。」

星雲從這些小事得到一個啟示：「天有天理，人有人理，物有物理，以理而行，事半功倍。」所以從小就喜歡以理來盤算，像行堂的碗筷，不是一個一個擺，而是一次擺開，一次就完成了。像吃飯的碗與杓子的大小先算好，一杓一碗，一次就做好，既準確又公平。甚至於像「坐在什麼位置可以聽經聽得清楚，站在哪一個角落比較涼快，坐在何處行堂的添飯才會比較快添到」等等，都是有理的。

「像一般人住房子，喜歡看地理、講風水，這也是物理，物理是有的，堂堂正正、光明磊落、空氣流通、風景優美，那就是好地理好風水，如果說怕相剋，把屋子蓋得斜斜的，或者弄得很奇怪，那就違背物理，不會是什麼好風水。再講到人理，有的人信了佛、吃了素，身體變差了、生意潦倒了，就說吃素沒有用、佛也不靈，這種說法就不合人理，平時不注重運動、不重視營養、不懂得修持，身體怎麼會好？自己不擅經營、不勤勞、不奮鬥，事業怎麼能順利呢？地理不如人理，人理不如天理，什麼是天理呢？就是『天理昭彰，報應不爽』，就是因果，因果觀念就是世上絕沒有僥倖的事，如果所做的事都合乎天理，不但自己會平安幸福，也會使眾生平安幸福。」

先要處理人生三間

「我們談到生活，先要處理人生三間，就是時間、空間、人間，認識到時間失去了，時間不會再來！空間失去了，空間還有別的用途！人間失去了，人間不能回復！接著要重視人生三理：地理、人理、天理，若能處處用心，就會通身是手眼，志業開闊，生活自然就平順了。」

星雲大師談到對生活的管理，他舉了一些例子：「就好像舞蹈老師教學生跳舞，一開始是學舞步，亦步亦趨；等到會跳了，一邊惦記舞步，一邊可以用心體會；到完全純熟，根本就忘了舞步的存在，只是歡喜的跳舞；人生也是這樣，學東西只是方法，不是生活的本身，要懂生活的人要會悟，悟了以後，人生的舞步就通了，也不會隨著別人起舞了。」

「又好像是做菜，上等的廚師，薪水一個月二十萬，因為他一次可以管六個鍋；二等的，一次管四個鍋，薪水十萬；三等的，一次管兩個鍋，薪水五萬，這很公平呀！上等的廚師也是從一個鍋學來的，只是他有悟，進展就快，例如，他會悟到煮菜時開水最重要，一進廚房，毛巾一披、帽子一戴，先燒一大鍋開水，這就省了多少時間？因為如果每次下鍋都是冷水煮開，就太慢了。他會悟到全心投入，所以一進廚房，烹小鮮如治大國，全心全意，因為他有廚師的尊嚴和價值感。他會悟到時間的重要，同樣一個大白菜，如果有一個小時，可以拿來燉；如果三分鐘要出來，就用炒的……這樣不斷的悟，就變成上等廚師；那些不會悟，願意聽師父話的，成為二等廚師；那些既不會悟、又不會聽話的，就成為三等廚師。」

我覺得每次聽師父開示，都令人目瞪口呆，他總是信手拈來，舉出讓我們難以思議的例子，師父講佛法自是當行本色，講廚藝也是因為自己有好手藝，但是，師父沒有跳過一天舞，怎知道舞蹈的事呢？更令人驚奇的是，他說：「就好像做一個上等的太太，也需要悟，先生的客人要來做客，也需要管理。客人來之前，一切都弄好了，自己漂漂亮亮的和客人一起用餐，而不是客人進門了，說『大家坐，我正在忙』，自己弄得蓬頭垢面，客人也不自在。上等的先生，也需要悟，每天除了賺錢回來，還帶點幽默回來、帶點愛回來、帶點讚美回來，不只是賺錢，光會賺錢不是好丈夫。」

這些人間世事，大師都能用心思維、體驗，那是由於他心念眾生，對眾生的生活與心行都有甚深的觀照。

深入那寶貴的時刻

「時間、空間、人間都需要創造，時間的創造是要懂得哪些是有價值的、哪些是無價值的，在有價值的事物上多花時間，深入那寶貴的時刻。例如念佛念得正好，進入了一種甚深的狀態，這時不要停，不管吃飯、休息都不要停，因為你要吃飯的時間一定會有，你要休息，總有一天會永遠休息，可是心行處滅的境界就很難再有了。其次，要懂得善用零碎的時間，我在忙的時候，連散步、走路都在辦公，車船、飛機都是我的辦公室，讀書、看信、思考，這樣零碎的時間整合起來，就變成許多時間了。」

「空間的創造，有兩個方法，一個是一心一境，心裡空間不怕大；一個是一心多用，能量的發展不怕多。一心一境在修行上，是『心中有事世界小，心中無事一床寬』，就好像修行者閉關與囚犯坐牢不同，前者因為有內心的空間，世界就自由自在了。在生活上，是『人生可以自己製造快樂』，吃飯、喝茶裡都能自創樂趣，像冬天時，冷飯泡熱茶；夏天時，熱飯泡冷茶；自己可以製造一些溫暖和清涼。如果能一心一境，不論修行或生活，一個人有一桌一椅一床，就樂趣無窮了。一心多用，則是認識到一切眾生的事情就是我的事情，不但要修行弘法，還要利益眾生、心憂國事、排難解紛、奉行環保、教育文化、人道主義，要做的事情可多了。這六十年來，我一人做五人的事，從未停止，這是一心多用。『一心』是不管怎麼用，還是赤子之心，這是個人的密行，沒什麼可誇耀的，但是禪者如果有了功力，用在各個層面都會是一念三千、法輪大轉，空間就會變得更大、更多、更美、更好了。」

「再講到人間，人我之間是最難的，但是化繁為簡就容易了解。我先說一個故事，有一個小孩子和人吵架，自己滿肚子怨氣，跑到山谷裡，對著山谷大叫：『我恨你！』結果，山谷傳來回聲：『我恨你！我恨你！我恨你！』他非常傷心，回家告訴媽媽：『媽！這整個世界都恨我呀！』媽媽問明了原因，帶他回到山谷，教他大叫：『我愛你！』山谷傳來回聲：『我愛你！我愛你！我愛你！』媽媽對他說：『你看，整個世界都很愛你呀！你要記住，以恨只能換得恨，用愛才能贏得愛呀！』」

「這人間就是這樣，對別人尊重，回來的就是尊重；對別人感恩，換來的就是感恩。因此，一個人要光明磊落、坦誠無私、與人為善、從善如流，心胸要像日、月、星給人溫暖，行為要像陽光、空氣、水給人利益。自己給人的，要『君子施恩，不望報答』；別人給我的，要『滴水之恩，湧泉以報』。這個道理非常簡單，就是與人相處，要充滿正向的能量，這不只是人間的生活，也是通向聖者的境界。」

阿羅漢與菩薩的特質

星雲大師舉了「阿羅漢」與「菩薩」的特質，來說明內心的光明。

阿羅漢有三種特質：

一、**光明如日月**：證得阿羅漢果的聖者，智慧現前，內心斷盡了煩惱，如烏雲被沖散，顯現了太陽的光明。阿羅漢的光明正如日光朗照，處在萬里無雲的晴空中一樣。

二、**不染如蓮花**：證得羅漢果的人，他的說話、他的行事，不會再犯威儀。雖然在沒有捨報之前，仍然生活在世間，但是，心不貪住，意不執著，不入於色聲香味觸法的六塵境界，即不受雜染的環境所熏變。如蓮花生長在淤泥中，而仍能保持微妙香潔。

三、**安住如大地**：證得阿羅漢果的聖者，有大禪定、大智慧，身心已安住在微妙的正法之上，寂然不動如同大地一樣。大地常受世人踐踏、耕種、挖掘，甚至堆積垃圾等穢物，但是，大地卻分毫不動。證阿羅漢果的聖者，在接觸六塵境界時，不論合意的，或是不合意的，都不會再起貪瞋之心了。一切毀譽得失，他都再不會動搖了。

傲。

菩薩則有十種特質：

一、若聞譏毀，心能堪忍：完全能夠忍受別人的譏諷、侮辱，毫不生恨。

二、若聞稱讚，反生慚愧：有人稱讚你，心裡感到慚愧。

三、修道歡喜，自慶不傲：自己慶幸自己修道、利他的成就，但卻不因此感到自傲。

四、人之慚恥，不為宣說：對於別人感到慚愧羞恥的事，不加以渲染。

五、不為世事，而做咒術：不要為了世間上的事情，去懷恨、咒罵別人，或者怨天尤人、施放法術。

六、少恩加己，施欲大報：別人對我有些許恩惠，心中念念不忘，所謂「滴水之恩，湧泉以報」。

七、怨恨己者，恆生善心：對於怨恨自己的人，要常想方法對他好，以慈善之心待他。

八、見有罵者，反生憐憫：別人罵我們，不但不因此生氣，反而要憐憫他的無知衝動。

九、視諸眾生，猶如父母：對一切眾生，都能如同父母兄弟姊妹般看待。

十、擁諸所得，樂於助人：將自己所擁有的，歡喜與人共享。

到了佛的境界，則是「萬德莊嚴，內外明徹」了。

大師說：「聖者的光明境界和凡夫有高下深淺大小之分，本質卻是沒有差別的，因此，保有內心的光明特質是修行者在生活裡最重要的。」

星雲大師回想起多年來，曾經在監獄弘法佈教，內心時常生起無限的悲憫，他感慨的說：「作惡的人在社會上往往不能安身立命，最後不是在牢裡，就是下場悲慘，這是什麼道理？我們可以說這是因果，也可以說是天網恢恢，但是更重要的原因是失去了內在的光明，就像小孩子對山谷叫『我恨你』一樣，如果一個人總是怨恨整個世界，恨意只會不斷的加深，到後來縱使天地無限廣大，自己也就寸步難行了。」

中道在不苦不樂之間

「在人間生活，如果能常常思維『你大我小，你多我少，你對我錯，你重要我不重要』，不但自己能安身立命，在大眾裡也能隨喜無礙了。」

基於對生活無非修行、世間不離佛法的信念，星雲大師有廣大圓融的見解，他斬釘截鐵的說：「小乘出家人的思想，並不適宜在家大眾的佛教，人間的、生活的佛教裡，兒女不但不是討債鬼，而是法侶道親；夫妻也不是冤家聚頭，而是同修因緣；黃金不是毒蛇，而是利益眾生的資糧；富貴也不是罪惡，反而是布施的功德、福報的聚集。所以，我們信仰佛教的生活是幸福的生活、快樂的生活、有希望有未來的生活。幸福、快樂、希望、未來的最終極目標就是解脫之道，解脫則是來自中道，所以，佛教徒儘管心中快樂無限，生活還是要合乎中道，這才是佛的教化。修樂行的人，生活熱烘烘；修苦行的人，生活冷冰冰，熱烘烘與冷冰冰都不合乎中道，中道是在不苦不樂之間，因為苦樂都會束縛我們的身心呀！」

「如何才能不被苦樂所執著和束縛呢？」我問師父。

大師說，數十年來，他把生活的佛法化繁為簡，大約可以分成五點：

一、以退為進

平常我們總以為前進顯耀的人生，才是光榮的，而不知道後退的人生，另外有一番風光。我們尋幽訪勝，遼闊無垠的曠野，有時候失之於平淡；峰迴路轉的溪壑，也別有洞天，所謂「山窮水盡疑無路，柳暗花明又一村」。前進的人生，是一半的人生，加上另外一半後退的人生，才圓滿無缺。

我們為了跋涉更遙遠的路途，需要休息、養精蓄銳；我們為了完成更繁重的工作，需要含藏、養深積厚。飛機、船舶如果不藉著引擎排氣時所產生的反彈力量，則無法前進；農夫插秧，一排一排的退後，退到最後，終於把滿畦綠油油的秧苗插好。因此真正的進步是由能退之中養成的。

後退並不是畏縮不前，也不是消極厭世；後退充滿著謙遜忍讓、積極進取。我們駕駛汽車，碰到紅燈，不知道停車，只有人車俱毀。人生道路上，橫衝莽撞，不知懸崖勒馬，只有殞身斃命。有時候慢半拍忍讓一些，停一步再想一下，許多不必要的紛爭，就化為烏有。所謂「退一步海闊天空，忍三分何等清閒」！

退步的人生更廣大、更自在，因此古德有詩說：「有求莫如無求好，進步哪有退步高！」退步的人生寬廣灑脫，但是並不是任何事都後退不管。譬如看到正義被摧殘塗地，應當挺身而出、維護真理；看到佛教被破壞，不可退避三舍、袖手旁觀，即使肝腦塗地，也要捨我其誰、護教衛法。所謂後退的人生，是對個人功名利祿的追求當退則退，而為教為道的維護則當進則進。退步的人生，並不是要我們懈怠不勤、退失道心，而是在退讓之中，培養堅韌的耐力、精進勇猛的忍辱道行。所謂「常樂柔和忍辱法，安住慈悲喜捨中」。

二、以無爲有

平常人的觀念總以為「擁有」才是富裕幸福，有錢財、有名位、有權勢、有妻兒，人生才美滿無憾，事實上，擁有了田園美眷的同時，也擁有了牽掛、有限，沒有的世界更灑脱、無限，譬如無官一身輕，功名富貴、官運亨通雖然稱心如意，但是仕途上的波譎雲詭、變幻莫測，有時也讓人身敗名裂、傷神勞心；沒有了官位，則可以享受陶淵明「採菊東籬下，悠然見南山」的情趣。

社會上的大眾，擁有了家庭，一天工作結束了，一定要回到自己的家庭安息，不可以投宿別人的住居。而出家人割愛辭親，沒有眷屬，沒有自己的住屋，但是「出家無家處處家」，不管林下水邊、古剎新寺，都可以棲止，何等的自在逍遙！「一缽千家飯，孤僧萬里遊」，出家人沒有自己的親人，所有的眾生都是他的眷屬；出家人沒有自己的房舍，山河大地都是他的床蓋，因為「無」反而擁有更多。

道樹禪師和一位道士同住在山林裡，道士看到別人來了，就使出神通蠱惑，嚇唬他人，而道樹禪師則以平常心來接待請法的人。禪師在巖洞裡修行，一住就是十年；

道士最後終於黔驢技窮，落荒而逃。道士雖然有神通，而神通有變化，有變化則有窮盡，當神通使用盡淨的時候，就無法懾服人。而禪師以「無」——不變來應萬變，不管什麼樣的情況，都能處變不驚，因此「有」是有限，「無」才是無限。

我們常常為了追求有形的東西，而把自己搞得焦頭爛額，反被物役；為了錙銖小利，而汲汲於道路之上，疲於奔命，而不知道享受「無」的妙趣。太陽是無主的，任何人都可以得到它的溫暖；月亮是無主的，任何人都能夠受到它的照拂。冷氣機雖然舒服，但是只能裝設在特定的地方，並且要付出昂貴的電費，尤其能源缺乏的現在，更不是一般家庭所能使用。而清涼的和風，不需要付出一分一釐，隨時隨地讓我們享用不盡。我們雖然沒有洋房汽車，白雲青山任我們遨遊；我們雖然沒有錦衣玉食，但是明月清風隨我們品茗。能夠超越有形有相，在「無」上細細咀嚼體味，人生將更擴大、更多采多姿！

唐朝的智藏禪師，有一天，來了一位居士向他請教佛法說：「請問禪師，有沒有天堂地獄？」禪師回答說：「有呀！」

「有沒有因果報應？」

「有呀！」

「有沒有佛法僧三寶？」

「有啊！」不管居士提出什麼問題，禪師總肯定的回答：「有！」這位居士聽了之後，仍然百思不解的說：「可是我前日請教徑山禪師同樣的問題，他卻回答說：『無呀！』你們兩位，究竟誰的話才對呢？」禪師於是反問說：「你有老婆嗎？」

「有呀！」

「你有金銀財寶嗎？」

「有呀！」

「你有房舍田產嗎？」

「有呀！」

「徑山禪師有老婆嗎？」

「沒有呀！」

「他有金銀財寶嗎？」

「沒有呀！」

「他有房舍田產嗎？」

「沒有呀！」

禪師正色的說：「所以我對你說有，而徑山禪師對你說無呀！」

這一段公案裡，徑山說「無」是指覺者禪悟無限的世界，智藏說「有」是指吾人虛妄有限的世界，能夠泯除對待差別的假有的現象界，真實不變的妙有世界才能呈現，不要而有，才是實至名歸的真有！

三、以空爲樂

人生活著最大的目的是追求快樂，而快樂的來源有很多種，有人以感官的享受來娛樂自己；有人以從事藝術、文字的創作為人生樂事；有人以追求人類性靈的顯露、真理的證悟為最大安樂。感官的享樂，來自外在，有窒礙性，容易產生副作用；藝術文字的創作，是嘔心瀝血的感情的流露表現，但是多情反被情傷，不如太上之忘情；證悟的快樂是有情而不為情役、閒雲野鶴的禪悅、是物我兩忘般若空的快樂。

空的快樂是廣大無邊的，宇宙虛空都涵融在寸心之中，眼不必看而洞悉一切，耳不必聽而徹知一切，這是內證真如的快樂。空的快樂是永恆的，世間上的事相，如夢幻泡影，瞬息即逝，而虛空不滅；人生上的恩怨情愛，會離我而去，而虛空不變，若能與虛空契合，則快樂綿長不斷。世間的快樂有對待、不究竟；而空的快樂是超越有無、多少、苦樂的究竟常樂。我們口渴了，喝一杯水，如飲甘露，繼續喝第二杯、第三杯，不但不樂，反而痛苦。世間上的快樂是伴隨著痛苦的短暫快樂；空的快樂是隨緣不執著的快樂、是解脫不企求的快樂。

有了空的快樂，人情的冷暖淡薄，不能動其心；物質的匱乏貧困，不能挫其志；身體的疾痾衰朽，不能傷其情。空的快樂至大至剛、無限富有，擁有了空的證悟之樂，即獲得了全宇宙，生命的內涵必能無限的擴大、無限的深厚！

有時候我們替別人服務，假如我們心中存著希望對方報答的念頭，而對方沒有回報的時候，一定會耿耿於懷、不能釋然。我們希望生活上享受羅綺玉食、亭台歌榭的歡樂，當環境不能盡如心意時，種種的煩惱必隨之而至。我們企盼得到某人的青睞，而沒有辦法得到對方的感情，一定會陷入痛苦的淵藪。如果我們能夠體認諸法的虛妄、體悟三輪體空的道理，就能從一切的煩惱、痛苦之中超拔出來。《心經》上說：「照見五蘊皆空，度一切苦厄。」能空一切假相，因此能得到菩提的快樂。

世間的快樂是愛著、執迷、貪求的快樂，空的快樂是無著、無住、無求的快樂。以空為樂的人，施恩於他，不求回報，因此別人不報答，也不會耿耿於心。以空為樂的人，以虛空為住，三衣一鉢不少，巖穴澗旁不差，茅茨土階如瓊樓玉宇一樣的舒適安然。以空為樂的人，不企盼他人的愛護、關懷，而只想將溫暖、慈悲布施予人。心中本來無求，因此不曾失去什麼，縱有所得，也是多餘的幸福。

空的快樂，並不是要我們矯情排斥一切，如槁木死灰般的生活，而是依然看花賞月，不為花香所眩、月華所迷。所謂「百花叢裡過，片葉不沾身」。以空為樂的生活是「猶如木人看花鳥，何妨萬物假圍繞」。欣賞一切，染而不染的禪的灑脫生活！

四、以衆爲我

人是群眾的動物，不能夠離群索居，一旦離開了社會，我們的生活所需，馬上發生困難。經上也常常告訴我們說：「佛法在眾生中求。」修道的人，要以眾生為我們修行的道場，從和大眾的接觸之中，培養忍辱行、增長慈悲心。如果和大眾能夠和睦共處、水乳交融，建立美好的人際關係，當下就是極樂淨土。因此過去有人問：「淨土在哪裡？」其實眾生就是淨土。

世間上的許多爭亂，最根本的原因是自我中心太強，每個人一味希望大眾為我，把自己重要化，凡事只要我快樂，不惜把快樂建築在別人的痛苦之上。學佛的人，要重新以佛法來淨化世間，心中存著：你大我小、你樂我苦、你有我無、你好我壞的念頭，退讓一步，自然能免去爭執、改善人生；凡事以大眾的利益為前提，自然能促進社會的和諧！

根據佛陀的教示：萬法眾緣和合。宇宙是一個整體，我們只不過是宇宙中的一粒小砂石而已，每粒小砂石和諧的融合在一起，宇宙才能成其大。我們要把自己投入大宇宙之中，不可以和宇宙分離開來，宇宙為宇宙，我為我。佛陀常常強調說：「我乃眾生一員。」每一個人都是團體的一份子，離開了團體，就沒有個人。好比眾緣如果不聚集，諸法則散滅，因此我們和眾生不可分開、和世界不可分割。而愚痴的人，總是人我對待，和社會大眾對立，原因是不能了解「一多相容」的道理。

過去叢林裡，舉薦住持的時候，端看這個人對大眾有沒有供養心，而是否有出類拔萃的才華還在其次。因為叢林道場是大眾修行辨道的地方，一個住持如果慳吝刻薄，不能護持大眾安心辨道，縱然有過人的才幹，也不是適當的住持人才。在禪堂裡，懸掛有「大眾慧命，在汝一人，汝若不顧，罪歸汝身」的警策板，這是警惕維那師父主持禪堂的儀禮要如法，不可驚動道者平靜的心，所謂「寧動千江水，不動道人心」。由此可見，佛教尊重大眾，以大眾為中心的思想。

五、以教爲命

我有一位同學塵空法師，有一次對我說：「今日真的佛教青年，不要想佛教能給我什麼，而是要想，我能給佛教什麼？」我聽了非常感動，終生都奉行這句話。

數十年來，我都秉持「非佛不做」的原則，不論做什麼，都是以佛教為出發點，只做與佛教有關的事業，一切都要與佛法相應為原則。

有的人感到很驚奇，我是不是有什麼特別的祕方，能創建這麼大的佛教事業，其實，我的祕方就是「以教為命」，我常說「有佛法，就有辦法」，我們不惜一切，要使佛法邁向現代化、國際化、人間化，做事全力以赴，結果隨緣無求，生活盡量簡單，心志無限廣大，許多原來認為不可能的，也就變為可能了。

有一句話說「寧叫老僧墮地獄，不拿佛法做人情」，我對這句話深有體會，由於童年的叢林生活，我對佛法很了解，知道佛法的界限在哪裡，在生活裡不會跨出那個界限，所以，我從來沒有離開過佛法一步，為了佛教的復興，我赴湯蹈火、在所不惜呀！

唐朝的龍潭崇信禪師，跟隨天皇道悟禪師出家，數年之中，打柴生火、挑水做飯，不曾得到道悟禪師的一句法要。

有一天，他忍不住對師父說：

「師父！我跟隨您很多年了，一次也不曾得到您的開示，請師父慈悲，傳授弟子法要吧！」

道悟禪師說：「你跟隨我出家以來，我沒有一天不傳授你法要呀！」

崇信感到非常訝異說：「弟子愚笨，不知道師父什麼時候傳授過我法要？」

「你端茶給我，我就喝；你捧飯給我，我就吃；你向我合十，我就回禮；我從來沒有一天懈怠，每天都在指示心要呀！」

崇信禪師聽了，當下頓然開悟。

只要一心不離佛法，搬柴運水、喝茶吃飯，都是在指示法要，一旦心裡離開了佛法，縱使念經打坐，也是與佛法無涉呀！

人間佛教不離開生活

星雲大師說：「人間佛教是不離開世間、不離開生活的，在日常生活中的點點滴滴，如果有悟，無一不是明心見性的資糧，我們讀古代大德的傳記，讀的不是神蹟，而是以生活為道場的心路歷程。生活中的佛法，是將寂靜的禪定功夫，攝入日常作務，而達到動靜一如的境界。是從瑣碎的事務中，也能以整個身心去參透宇宙的無限奧妙，是融偉大於平凡、化高深於平淡的修持。」

聽了師父的開示，使我想到從前讀師父的著作、聽師父的說法，總是可以看到師父嚮往的人物與道風，是那麼活潑那麼真實而有偉大力量，那麼平淡那麼平常而有非凡德操，像「菩提在世間，不離世間覺」的惠能、像「行住坐臥，無非是禪」的道信，像「一日不作，一日不食」的百丈、像「神通並妙用，運水與搬柴」的龐蘊……我忽然覺得，在那些大德的身上，可以看見星雲大師的影子，而在大師的身上，也看到古德的心跡，他們都是「正法以為身，淨慧以為命」，正法遍一切時處，生活中也無不是正法的道場。淨慧是無量無限，生活的細微處，有了清淨的慧觀，也充滿了無盡的智慧。

我也想到，有一句諷刺的話：「信佛一年，佛在眼前；信佛兩年，佛在西天；信佛三年，向佛要錢。」那是因為如果佛只在供桌上，而不是化入生活，只會離佛日遠，若依循大師的教示，在生活習慣中深入佛法的體驗，深信「人人皆有佛性」，能

「自依止，法依止」，那麼時時刻刻佛都會在眼前。

「生活的佛法，就是不斷開發自己的能量、認識自己的本性。」星雲大師如是說。

諸惡莫作，衆善奉行

「師父！是不是有最簡單的可以終生奉行的生活原則呢？」我問道。

大師舉了一個故事。有一天，白居易去向烏窠禪師請教佛法大意。

烏窠禪師說：「諸惡莫作，眾善奉行。」

白居易說：「這個三歲小孩也曉得呀！」

烏窠禪師說：「三歲小孩也曉得，八十老翁行不得。」

星雲大師說：「烏窠禪師這句話，出自『七佛通誡偈』：『諸惡莫作，眾善奉行，自淨其意，是諸佛教』，這就是生活佛法最簡易的原則，從前的佛都是依這個原則成就佛道的，只可惜一般人不能在生活裡付諸實踐，如果一生不覺不行，就錯失了自己的人生！」

當我告辭師父，走出台北道場時，才發現今天和師父談了整整十個小時，時光如箭，恍如一眨眼，想到大師所言，時間、空間、人間當好好珍惜，地理、人理、天理應時刻存心，內心湧起了濃濃的感動，回望台北道場宏偉的建築，看到一輪明月高懸，想到自己是多麼幸運，在青年時代初聞佛法，就讀到星雲大師的著作，確信了學佛的人應該體會人生的幸福、創造生活的快樂、開展精神的愉悦、尋找未來的光明；

也確信了，佛教雖然揭示了「一切皆苦」的實相，並不是要讓我們在生活裡受苦，而是要尋求解決人生痛苦的根本方法；更確信了，佛教是講求自力的宗教，一個平凡人也可以用自己的手、自己的眼、自己的心去創造更長遠究竟的幸福。

隨喜、隨眼、隨口、隨手、隨心、隨時隨地，如果身心不離佛法，處處都是功德，時時都是布施呀！

抬頭望月，月是多麼柔美光明，一陣風吹過，啊！這人間的風多麼清涼！使我想起「菩薩清涼月，常遊畢竟空」的句子。

文心

四十五年前，兩位身材高大的和尚，在台灣的鄉村與城市中佈教，他們不辭辛勞，深入最偏遠的山區，只為了將佛法帶給窮鄉僻壤的村民。

有一天，他們到南投的魚池鄉佈教，熱忱的鄉民招待他們住在靠近山邊的農家。以前鄉村的農家，缺乏衛生設備，為了方便，也為了儲存肥料，有的會擺一個尿桶，有的甚至會在角落挖一個洞，作為存放屎尿的地方。

兩位年輕的和尚，進入屋裡，立刻聞到一股尿騷味，由於他們在叢林裡受過嚴格的鍛鍊，在弘法中也遇過許多惡劣的環境，早就養成隨遇而安的性格，對屋內的尿桶也不以為意，就和衣躺下，準備睡覺。

沒有想到的是，當他們放鬆身心之後，臭味卻越來越濃，熏得實在沒辦法睡覺。

「喂！煮雲！我睡不著，你講個故事來聽聽。」一位和尚把煮雲法師搖了起來，煮雲向來多聞善記，又會說故事，滿腹的佛教軼事、典故趣談。

煮雲揉著惺忪的睡眼說：「星雲呀！你怎麼這麼遲還不睡覺呢？」

「我正在奇怪，這味道那麼臭，你怎麼還睡得著？」星雲說。

「是很難聞，不過，你勉強睡吧！」

「我已經勉強了好幾次，都無法入睡，你講個故事好不好？」

「好吧！我來講玉琳國師的故事好了。」

煮雲法師開始為星雲講玉琳國師的故事，因為故事太精采了，一開場，尿桶的臭味就隱沒消失了。就這樣，兩個人坐在魚池鄉農家的尿桶邊說了一夜的故事，直到天將泛白，故事才說完。

星雲大師聽了非常感動，對煮雲說：「我一定不辜負你講故事的辛勞，會把玉琳國師的故事寫出來發表，與大眾共享。」

然後兩個人步出農家，相偕走向新的一天、新的弘法之路。

為佛法立心，為眾生立命

素以文才見長的星雲，不久之後伏在雷音寺的舊裁縫機上，把玉琳國師的故事增添了情節和血肉，在「人生」雜誌上連載，後來還出版成書，啓發了大眾，幾十年後甚至改編成電視連續劇，轟動一時。

聽星雲大師談起《玉琳國師》的寫作因緣，彷佛隨著星雲大師回到魚池鄉農户的現場，使我十分感動。從作家的角度看來，星雲大師從一個鄉村尿桶都能啓發靈感，裡面有敏銳的文心，這是一個天生的作家才有的特質呀！

過了兩年，星雲大師借住在宜蘭礁溪的圓明寺，每天專注的寫《十大弟子傳》，一天至少一萬字。每天寫完一萬字，差不多是黃昏時分，他會停筆休息，沿著冬山河的河邊散步，他一面看著流動不止的河水，想到「兩次伸足入水，已非前水」；一面看著橙紅的落日，靜靜的滑落山谷，想著「生如旭日輝煌，死如夕陽安靜」，內心感到無比的優美。想到佛陀的十大弟子，他們精采耀目的人生、幽遠深切的修行，正是佛法在人間最好的註解。

對著長流的河水與美麗的落日，星雲想著：「短暫的人生也如日昇日落，只有文章才能長遠流傳，不只這個時代、這個區域的人可以感同身受，甚至千萬年後，其他星球的眾生也可以從文章接觸到佛教的偉大思想。」

我們隨著想像，跟隨師父回到當年的礁溪河岸，仰望夕陽，俯視河水，想到師父「為佛法立心，為眾生立命，為往聖繼絕學，為萬世開太平」的心情，就能深刻體會到星雲大師內蘊的不只是佛心，也是文心，是傳統知識份子的「士不可不弘毅，任重而道遠」的「士之心」。

所以，星雲大師不只是宗教家，也是文學家、文化人，如果貼近他的平生功業，文學與宗教幾乎同時萌芽，也形成兩個主軸，貫穿了他的一生。

回憶起第一篇文章發表的情景，星雲大師還覺得歷歷如在目前。

「我十一歲的時候，中日戰爭爆發，父親在經商的途中失蹤，我跟隨母親四處尋找，都沒有消息。十二歲的時候，我出家了，出家以後，失怙的陰影一直籠罩在我幼小的心田，蘊藏形成一股巨大的能量。十六歲那年，我將思念父親的心情寫成一篇作文『一封無法投遞的信』，當時教我們國文的聖璞法師閱畢，在評語欄上寫著：『鐵石心腸，讀之也要落淚』，並且花了兩個鐘點，在課堂上念給同學們聽，大家聽了都很感動。我對老師的厚愛，也感激不盡。更沒想到的是，過了半個月，老師神采飛揚的拿一疊報紙給我看。原來，他把這篇文章謄寫在稿紙上，親自投郵到鎮江的『新江蘇報』，竟獲連載數日。老師之所以沒有事先告訴我，是怕萬一不被錄用會傷害到我的自尊。」

這篇文章的刊登，使星雲感動不已，也更確立了他要以文字弘揚佛法的決心。

以文字促使佛教復興

三〇年代，白話文學興盛，誕生了一批優秀的作家，像巴金、冰心、老舍、魯迅等，也有許多知識份子寫的文章帶來巨大的影響，像胡適、蔡元培、羅家倫、徐復觀等等，因此，中國興起了一股文藝復興的熱潮。當時最有影響力的不是別的，正是書籍、報紙、雜誌，星雲在熟讀當代作品之後，更興起了以文學改革佛教陋習，促使佛教復興的想法。

在這個時期，星雲與同學智勇法師創辦「怒濤」月刊，自任主編，一共出版了二十幾期；又為「徐報」主編「霞光副刊」，發表一些佛教的新思想，例如改良拜拜的習俗、擬定宗教管理辦法等等。自己還抽出時間為「鎮江報」撰寫「新聲」和「頻伽」兩個專欄，可以說把自己的才華和熱力發揮到極限。如果沒有發生戰事，星雲應該會走向「文字弘法」「佛教文學」之路。

隨著因緣變遷到台灣之後，一有時間，他就執筆寫作，當時佛教的文章很少，有文學性的更少，星雲在「覺生雜誌」寫文章，感動了許多人。

「有一次，我發表了一篇小說〈茶花再開的時候〉，中興大學的錢江潮教授讀了非常感動，特地與幾位同事從台北到中壢來看我，現在交通便利，台北到中壢不算什麼，當時可說是路途遙遠；現在讀佛教文章受感動也不算什麼，當時寫文章並不受重視，佛教也常被看成迷信，高級知識份子讀了佛教文章受感動是很稀有的。因此，當他們告訴我讀了那篇小說很受啓發，我的內心比他們更感動。」

不久之後，星雲又發表了一篇小說〈真正的皈依處〉，恰巧被常覺法師讀到，特地從香港買了一支派克K金鋼筆送給星雲，以為鼓勵，希望他寫出更多的好文章。

星雲大師回憶說：「當時物資缺乏，派克金筆是非常寶貴的，更寶貴的是裡面的隆情厚誼，我更發願要加倍努力寫作，不要辜負大家的期望。」

幾乎在同一個時期，他被妙果老和尚派到苗栗法雲寺去看守山林，在林間住了三個月，他等於是閉關獨居，每天寫作不輟，完成了《無聲息的歌唱》，這本書也感動了許多人，有些信徒一買就是一千本，挨家挨户的送給別人，請人閱讀。

這許多來自各處的感動與回響，更增強了星雲的文字法緣、文學布施。一九五一年，他受東初法師的付託，主編「人生」月刊，為了弘法及閱讀的需要，他放下了對日本人的敵意，開始學習日文，一年之後，他翻譯了《觀世音菩薩普門品講話》。也是在這一年，他開始撰寫《釋迦牟尼佛傳》，一九五五年正式出版。

《釋迦牟尼佛傳》的出版，在四十五年前曾轟動一時。這本傳記的文筆優美，充滿了文學性，為當時沈悶呆板的佛教帶來新的啓迪；這本書的印刷精美，是佛教書籍第一本精裝書，而且是在書局正式出售，與一般印刷粗糙的善書不可同日而語，儘管經過這麼多年，重讀《釋迦牟尼佛傳》還是令人感動。

星雲大師說：「當我寫到佛陀的修行堅毅卓絕、度化眾生用心良苦，往往被感動得淚流滿面、不能自己。常常寫到深夜時分，我走到佛陀面前頂禮膜拜，一方面希望仰賴加持的力量，能將諸佛菩薩的慈心悲願廣為宣揚；一方面立誓效法，唯願自己也能生生世世來此娑婆，度化眾生。」

革命家的熱情與文學家的願力

在這樣宏偉的願力下，接下來的十年，星雲大師把心力全部投入佛教文化的弘揚。

一九五七年，「覺世」旬刊創刊，任總編輯。出版《玉琳國師》。

一九五九年，在三重設立佛教文化服務處。出版《十大弟子傳》。

一九六〇年，出版《八大人覺經十講》。

一九六一年，擔任「今日佛教」發行人。領導宜蘭青年歌詠隊出版台灣第一套佛教唱片六張。

一九六二年，接辦「覺世」旬刊，任發行人。

一九六四年，出版《海天遊蹤》，編印中英對照的佛學叢書。

一九六五年，出版《覺世論叢》。

這些條目看來極為簡單，裡面卻飽含了為法為教的心血，星雲大師說：

「我主編『人生』月刊，一編就是六年，風雨無阻，又編又寫，而且準時交稿。當時交通、郵寄、電信都不發達，出刊時，我總是親自帶著稿子從中壢到台北北投交給東初法師，有時候連飯都沒吃，到北投已餓得發昏，老法師也不會叫我吃飯，但是我不叫苦，也不叫累，只是想著：將來如果我有寺廟，一定要普門大開，不讓為佛教做事的人餓著了。我又想：只要是對佛教有益，我吃苦又算什麼呢？那時我編的刊物有「人生」「覺世」「今日佛教」，每一種一期至少寫兩篇稿子；另外，還為四個廣播電台寫廣播稿，刊物都是編輯、印刷、發行一手包辦，可以說為了佛教的復興，赴湯蹈火、在所不惜。」

在早年那種保守、冬烘的佛教環境，星雲所散發的是革命家的熱情與文學家的感染力，如果不是全心全意的為法為教，是不可能做到的，因為這些書藉的出版、雜誌的編輯都是義務的奉獻，偶有微利，也立刻再投入弘法事業。

「怎麼能那麼長久投入文字的弘法，不厭不倦、不忮不求呢？」我問師父。

星雲大師說：「一方面是我相信文學藝術可以美化人生，也可以美化佛教，為佛教帶來生氣，所以文學藝術能讓佛法的弘揚事半功倍，而且影響力是長遠的。一方面為什麼能無私的奉獻呢？我幼年時讀玄奘大師的傳記，讀到他『言無名利，行絕虛浮』，深深受到啓發，就是言談和心思都沒有名利的念頭，行為實實在在的，一點也不浮誇，只有『言無名利』的人，才能不顧一切的到西方取經，把一生都用在佛經的翻譯；也只有『行絕虛浮』的人，可以一步一步的走到印度，再一步一步的走回來。當年，我正是學習玄奘的精神，一心奉獻，一直到現在，還是『言無名利，行絕虛浮』呀！」

不會為了幾包水泥去念經

我想，星雲大師的這種性情是非常鮮明的，從青年到老年，都未改變。據說在佛光山建設過程中，有一段時間買不起水泥，正在發愁的時候，有一天，來了一個大老闆的屬下，對大師說：「我們老闆請你去念一堂經！」大師原想去結個緣，正沈吟時，那人指著未完工的寺院說：「如果你願去念一堂經，這寺廟的水泥就由我們老闆包了。」大師聽了大為不悅，當場拒絕，他說：「我就是寺廟蓋不起來，也不會為了幾包水泥去念經！」

這不只是宗教家的自律，也是知識份子的風骨呀！

今天，許多俗人看到佛光山派下的道場宏偉、香火鼎盛，都以為佛光山有什麼管理的祕訣，或者在經營上用功，這完全是錯誤的觀點。佛光山會有今天的規模，是因為佛光山的宗風是「言無名利」，得到了信徒的敬意；佛光山所以能一切水到渠成，是因為「行絕虛浮」，得到了大家的信賴。為了啓發世人，星雲大師還把佛光山「封山」，封山之後，宗風照樣弘揚，道場還日益增多，最後在陳水扁總統為大眾請命下，星雲大師才再度開山。

大師說：「佛光山是為佛教文化而存在的，不只是寺廟而已。文化是淨財，不只是一時對佛法有益，還能超越時空、千秋萬世、無遠弗居，今天大家看到佛光山好像在文化方面做了很多，我覺得還是太少，少的原因是佛教文化的人才不夠，如果人才夠，豈只如此，不知道可以多少倍比現在更好！」

星雲大師說的不錯，培養佛教文化人才需要很長的時間，而時間不能等待。外界不知道的是，這幾十年來常常有企業家希望出錢，請大師布施，或者做佛教文化事業，都被大師婉拒了，原因是「現在人才還不夠，時機尚未成熟」。這形成了一種奇異的現象，企業家捧著支票上佛光山，常常被大師拒絕，他們最怕的是三個字：「我不要！」那是因緣尚未成熟，沒有人才而辦文化事業，正是浪費了金錢與美意。

為了培養文化人才，星雲大師辦了許多佛學院，第一個佛學院創於一九六四年的高雄壽山，稱為「壽山佛學院」。接著，他創辦了「佛光學報」和「普門」雜誌。

為使佛教文化更有深度，投入了龐大的人力、物力、財力，編印出《佛光大藏經》與《佛光大辭典》。相較於歷史上各種版本的藏經與辭典，《佛光大藏經》與《佛光大辭典》必然會傳諸久遠，因為它比別的版本內容更精確、註釋更現代、印刷更精美。

為使佛教文化有更廣大的影響，佛光山編輯了《中國佛教學術論典》，蒐羅了海內外的佛教論文，日後必會成為當代佛教最重要的文獻。另外，雙月出版「普門學報」，提供給對佛教文化有研究的人，作為發表的園地。

為了使佛教文化更大眾化，星雲大師不辭辛勞，在三家電視台都闢有帶狀節目，「星雲禪話」「星雲法語」「星雲說喻」都廣受歡迎，集結成書，也都風行一時。

為了使佛教文化更活潑，他創辦了每天發行的報紙「人間福報」、創辦了有線電視頻道「佛光衛視」，還創辦了專門出版有聲唱片的「如是我聞」與「香海文化」。

有文心的宗教家

談到這些佛教文化的大業，星雲大師總是謙遜的說：「十方來，十方去，同結十方緣，是許多人出錢出力才能成就的事業。」但是師父的弟子都知道，如果不是他大力推動，往往難以成事。有一些師兄弟私下告訴我，他們每次去見師父，心裡都是又喜悅又擔心，喜的是，總會從師父那裡得到法雨甘露，終生受用不盡；擔心的是，師父經常突發奇想，然後指著你說：「這事就交給你去辦！」結果是任務不論多艱鉅，都要硬著頭皮去完成，許多看來不可成的事，都是這樣完成的。

星雲大師是文化人，這一點是毫無疑議的，但是更精確的說法是「有文心的宗教家」。古代的文人以文心雕龍，大師則是以文心雕佛，雕得人間遍地是佛。

「有文心的宗教家」能出入宗教與文學，他從文心看佛經，看到了經典的美。他說：「佛經裡就處處有文學的美，如《維摩詰經》，兩萬多字的文體如新詩般優美。如《華嚴經》，敘述善財童子五十三參，就像《儒林外史》的故事一樣，重重疊疊，意境非凡。而《大寶積經》，就像由許多的短篇小說集合而成，精簡扼要，特色鮮明，至於《百喻經》，就如童話寓言的故事，含意深遠，發人深省。」

「有文心的宗教家」從宗教反觀文學，認為好的文學作品，發揚了人生的真善美，正是通往靈性與宗教的階梯，宗教如果與文學結合，如同六牙香象長了金翅，非但不減損其真理，反而使它更莊嚴，廣為傳揚。

大師說：「從前，我把佛經比喻成文學的著作，許多教界人士不能認同，他們認為我的話褻瀆了佛法，認為文學是世俗的、佛經是超脫的，佛法不應去遷就世俗。我的看法不同，因為古代寫作、翻譯佛經的人有高超的文學造詣，佛經才更能傳諸久遠，像佛教說的如果能背誦『四句偈』以教人，在佛法的功德勝過三千大千世界。什麼是四句偈？像心經的『色不異空，空不異色；色即是空，空即是色』；金剛經的『一切有為法，如夢幻泡影；如露亦如電，應作如是觀』『若以色見我，以音聲求我，是人行邪道，不能見如來』；六祖壇經的『菩提在世間，不離世間覺；離世覓菩提，猶如求兔角』；華嚴經的『願消三障諸煩惱，願得智慧真明瞭；普願罪障悉消除，世世常行菩薩道』。增一阿含經的『諸惡莫作，眾善奉行；自淨其意，是諸佛教』；蓮華面經的『一切行無常，一切法無我；及寂滅涅槃，此三是法印』；維摩詰經的『火中生蓮華，是可謂希有，在欲而行禪，希有亦如是』……我們信手拈來，字字珠璣，情意高遠，臻於化境，優美而有力量，有著濃厚的詩意，如果不是文字這麼美、這麼難得，又如何能傳之久遠呢？」

「有文心的宗教家」知道文學與宗教是合則兩利的，他舉歷史上被認為譯經第一的鳩摩羅什說：「為什麼大家會認為鳩摩羅什的譯經第一，因為他有深邃的文學造詣，他的文字非常流暢，就像行雲流水，朗誦起來，音聲節奏都很優美。他的文字能自在的表情達意，不僅通曉易明，也讓人感動，鳩摩羅什的譯經不論在宗教上、文學上都有很高的價值，也帶來深遠的影響，我們現在誦讀的《彌陀經》《金剛經》《法華經》都是他的譯本，梁啓超和胡適之都認為這些佛經是最早的白話文學，不只影響思想與人心，也影響了文學的形式與寫作。」

這是多麼透徹澄明的見解！文心與佛心、詩心與禪心，都是心心相印的。

早在二十五年前，星雲大師就曾以「禪師與禪詩」「文人與禪」對大眾開示，其中談到兩個值得思考的觀點：為什麼禪師開悟時都會寫詩呢？為什麼文人追求更高的心靈境界，最後就走入禪道，寫出有禪境的詩呢？

大師說：「那是因為禪師認為詩是最佳的指示門徑，是用最優美的、最單純的文字，讓我們找出宇宙人生的奧妙，所以禪師都會寫詩，幾乎沒有一位開悟的禪師不會作詩的。」「文人為何容易進入禪道，那是由於文人對人生的體驗本來就較常人為切、對境遇的感悟較常人為深，佛法的微妙教理，對宇宙人生的闡明，正可以滿足他們追求真理的飢渴、安住他們的身心。文學本來就是發於中、形於外的性情之事，有了佛教教理作為內容，給文學活潑的生命，不致流於無病呻吟，成為遣詞造句的遊戲。」

在星雲大師的心中，認為不只是佛道、禪思、文心，甚至人間的一切提昇了境界，都可以觸及心靈深處的「真心」，只要觸及了那顆真心，照破山河萬朵，看似平淡的生活，也到處充滿禪機；一旦塵盡光生，詩也好，禪也好，文也好，佛也好，都會妙趣橫生。

他的文心不只展示在寫作與出版，更是展現在他的思想言談。我每次聽師父說「法」，總如高山流水，機鋒來時，有如絕壁；慈悲過處，翠若草原；智慧洶湧，高如海濤；感懷優美，寬若大河。我常覺得聽師父的說話，就像讀著精采的文章，沒有廢詞廢句，只有深思熟慮的文心，才會有那麼精巧的說話呀！

他的文心也展現在生活，在主要的佛光山道場，一定設有圖書館、美術館、滴水坊。圖書館中佛書豐富、美術館裡佛像莊嚴、滴水坊裡提供喜愛文化的人聚會，這種文化的體貼，在其他的寺廟是非常罕見的。有文心的人，才會有文化的細膩與體貼。

行銷佛法，賺進人心

一直到現在，星雲大師還是寫作不輟，「人間福報」的頭版有大師的專欄「迷悟之間」，一直廣受歡迎。師父有一次從海外回來，對我說：「這一次我在澳洲閉關十天，寫了一百多篇『迷悟之間』，你的寫作要多加油呀！」

我對師父開玩笑說：「我如果能十天寫一百多篇文章，我現在就是清玄大師了，我沒有師父的功力呀！」

確實，師父是以動作快而聞名的，他出版的著作不是「等身」，早就「逾身」，甚至是身長的好幾倍了。從前，佛教徒把修行很好、圓寂後肉身不壞的修行人稱為「等身佛」，星雲大師不重視形式，更重視精神的弘揚，以大師弘揚佛法的深廣長遠，早就創造了無數的等身佛了。

星雲大師說：「文化事業是最本小利厚的，也就是放小魚釣大魚的事業，我們寫了一篇文章、出版一本書，讓人得到了佛法的利益，再來奉獻佛教，就會帶來無限的循環。所以佛教文化事業是『行銷佛法，賺進人心』，給人帶來生命的價值、帶來生生世世的信心，文化的普及是非常重要的。」

「我們佛教徒常說廣結善緣，所以要去化緣，化緣化錢是最笨的，因為化錢有時會勉強別人，帶給別人苦惱，有時自己沒有那麼大的功德，也承受不起。化緣要化心才好！化感動、化歡喜，這種化緣是無價的。文化就是在化心，感化你的心，使你有覺醒，有覺醒的人自然與佛同在，這才是文化真正的價值。」

我問師父：「還有什麼寫作計畫嗎？」

師父微笑的看著我：「還要寫，一直寫下去！」

我在師父的笑意裡，彷佛看到茶花還在開著，心裡響著無聲息的歌唱，想到師父近年來的作品《有情有義》《往事百語》《迷悟之間》……那不只是宗教家的悲智世界，也是文學家的感動情懷；那不只是一步一腳印的弘法之旅，也是一花一世界的文學之路。

捧讀師父的近作，我還依稀感覺到青年時代讀《釋迦牟尼佛傳》《十大弟子傳》《玉琳國師》時，內心的溫暖還在心頭流淌。在許許多多的深夜裡，我曾那樣貼近大師的文心，這使我不論處在高山，或心在海底，都有著美的嚮往；也使我不論在掌聲響處，或孤寂之時，都嚮往著大師的典型。

典型在夙昔，但典型也在今朝！

古道照顏色，那美好生命的顏色不正在眼前嗎？

人間

一九八三年，我受到佛教覺悟思想的震撼，辭去了一切的工作，隱居在大溪與鶯歌交界的山間。

我每天在山裡讀經、寫作、散步，思維佛教的義理，我捨棄了一切文學的書，只帶了幾部最喜歡的佛經：《華嚴經》《法華經》《金剛經》《六祖壇經》《維摩詰經》《楞嚴經》。

當時的心情真有「自從一讀楞嚴後，不讀人間糟粕書」的氣概。

放在這些經典旁邊的是一套《星雲大師演講集》。這一套書一直是我的隨身書，每次讀經典有疑義不能解時，只要翻開《星雲大師演講集》就會豁然開朗；只要我感到佛教枯寂之時，打開這套書就會使我充滿生機；一旦我感到生命是苦海，只要讀這套書就會無形的生起歡喜之情。

住在山中的那一段日子，擺在我眼前的是兩條路：一條是捨棄人間的俗情，出家為僧；一條是繼續寫作，用我的寫作來弘揚佛法。

我受到《星雲大師演講集》的啓示，選擇了第二條路，我讀到大師説「要先入世後出世」「要先度生後度死」「要先生活後生死」深受感動；也讀到大師講的「如何建設人間的佛教」深受啓發。

當我讀到「我們接受佛教的信仰，並不是把佛教當成一個保險公司，完全希望佛祖神明一樣廉價的給予我們保祐。我所謂的人間佛教，是希望用佛陀的開示教化，作為改善我們生活的依據，使我們過得更有意義、更有價值！」令我嚮往不已，我永遠記得讀到這段話時，我在山中的小屋，冬日冰冷的霧氣結在窗上，我用手指頭在霧氣裡寫下「人間佛教」四個字。

第二天太陽出來，字化去了，奇妙的是到了晚上，霧氣凝結，昨日寫的「人間佛教」又在窗玻璃上顯現出來，這樣過了十幾天，那四個字才完全的消失。

我想到，我是個作家，有幸接觸佛法，為什麼不把我在佛法上的思維與感悟，和更多人分享呢？這樣不是「更有意義、更有價值」嗎？

於是，我回到城市，開始寫佛教文學作品，寫出了「菩提系列」「身心安頓系列」「現代佛典系列」「禪心大地系列」「人生寓言系列」「有聲書系列」，總共創作了五十幾部與佛教有關的作品，這是因為在寒夜的山中受到星雲大師思想的啓迪。

佛法是以人為對象

「人間佛教」的思想不是星雲大師所創，但自從太虛大師在四〇年代大力提倡「人間佛教」以來，雖然有許多人講人間佛教，但是，使人間佛教思想完備，使人間佛教性格落實，最徹底最深入最廣大的實踐者，非星雲大師莫屬。

回想起「人間佛教性格」的形成，星雲大師說：

「我十二歲的時候，在佛學院讀書，長老法師們時常對我們說：『要好好修行，趕緊去了生脫死呀！』他們的話雖然語重心長，卻在我的心中起了一個很大的疑問：『為什麼不鼓勵我多聞薰習，將來弘法利生，反而要我趕快了生脫死呢？』後來，我在課餘時擔任知客師，遇到一些信徒來到佛門，經常說：『三界如火宅，娑婆如苦海，要趕快脫離呀！』我更覺得納悶不已：『人間的責任都還沒有完成，卻急著要去脫離，這樣的人生觀不是很奇怪嗎？』」

對於一個十幾歲的孩子，因為出家，提早認識到「脫離人間這個苦海，尋求究竟的解脫」，雖然因師長居士的耳提面命，早就琅琅上口。但是，人生尚未真正開始，就追尋結束之道，對一個少年僧而言，確實是「人生的不可承受之輕」呀！

星雲大師的疑團日漸加大，終於在有一天爆破了。

一九四六年七月，星雲大師被派去參加中國佛教會會務人員講習會，會議由當時的佛教領袖太虛大師主持，大師在會中講的就是「人間佛教」，當他慷慨激昂的說：「我們要建立人間佛教的性格！」這句話卻使在座的十九歲青年僧星雲大師的疑團爆破了，當下心開意解。

星雲大師說：「聽了太虛大師的一席話，我深深體會到佛陀出生在人間、修行在人間、成道在人間、說法在人間，他的一生正是人間佛教性格的體現。佛陀說法的四十九年，講經三百餘會，不是對神仙、鬼怪說的，也不是對地獄、傍生說的，佛法主要是以『人』為對象，所以它的本身就具備了人間佛教的性格。因此，人間佛教不是太虛大師的創說，而是佛陀的本懷；人間佛教也不是標新立異，而是復興佛法的根本。」

當我們追索星雲大師人間佛教思想的形成，可以說是十二歲時早已萌芽，十九歲時聽到太虛大師的一聲春雷，則開葉抽枝，逐漸成為一棵大樹。但歷史就是如此離奇曲折的，這棵大樹沒有在大陸開花結果，卻在台灣開花結果，使無數的人分享了人間佛教的果實。

到台灣後，星雲大師經過很多艱辛，才安定下來，這時他已走過許多地方，發現台灣佛教非常沒落，佛教寺院和民間寺廟不分；佛教思想不受重視，祈福誦經的法會才受重視；信奉鬼神的風俗盛行，認識人生的態度貧乏……這時候，他想起太虛大師的話：「要拯救台灣佛教，唯有建立人間佛教的性格，才足以振衰起敝、挽救頹勢。」

星雲大師說：「如果我們回到佛陀在世的時候，會發現佛陀有時在皇宮官邸和國王大臣說法；有時到鄉村陋巷托缽，化導布衣百姓。佛陀告訴玉耶女要孝養公婆、敬順丈夫；告訴善生要如何支配收入、事上待下；教育阿闍世王富國利民、安居樂業之道；勸導波斯匿王多食淡味、強健體魄的方法……佛陀用平易可親的人間性格，解決大眾生活的問題，並在解決問題時把佛法的喜悅傳播給大家，因此佛陀所到之處，常常萬人空巷、人人欣仰。反過來想，現在到寺廟裡請求法師開示，他們常會告訴你，夫妻是『前世的冤家』，兒女是由業而生的『討債鬼』；男女一旦有了愛情就是『業障』，人人都是『罪業深重』，這人生是這麼苦呀！污濁呀！要捨棄人間的一切才能了生脫死……這不但不是佛陀的本懷，而是反其道而行！」

人間佛教是佛教的根本精神

由於對人間佛教的思維，初到台灣，星雲大師就提倡人間佛教，是台灣第一位大力推展佛教在人間的法師。我們展讀他的演講集，讀到他民國六十五年在台北國立藝術館做了兩場演講，題目是「從現實的世界說到佛教理想的世界」「從入世的生活說到佛教出世的生活」，民國六十六年在台南育樂中心講了「如何建設人間的佛教」，今天讀來還感到熱力四射，可見早在三十五年前，星雲不只是提倡人間佛教，他的人間佛教思想也非常完備了。

提倡人間佛教不餘遺力的結果，早年只要提到人間佛教，人們總是說「星雲大師法師的人間佛教」，美譽雖隆，謗亦隨之。

大師說：「我那時候感到納悶，為什麼大家說『星雲大師的人間佛教』呢？為什麼不說是『太虛大師的人間佛教』『印順導師的人間佛教』呢？他們也是大力提倡人間佛教的。再進一步問：為什麼大家不說是『釋迦牟尼佛的人間佛教』呢？又為何不說是『六祖惠能的人間佛教』呢？人間佛教不是某個人所獨有的，而是佛教的根本精神和中心思想。」

回憶起童年時代在棲霞律學院讀書，有一天讀到「僧侶應以弘法為家務、利生為事業」，小小心靈裡大為感動，星雲大師說：「弘法是在人間，利生也是在人間。」每天早課諷誦《楞嚴咒》，每回唱到「願將身心奉塵剎，是則名為報佛恩」，他也每每發願：「我將來一定要將全部的身心奉獻在弘法利生上。」

印證到人間佛教，正如佛經上說：「十方諸佛都是在人道中證悟佛果。」六祖惠能說：「佛法在世間，不離世間覺，離世求菩提，猶如覓兔角。」太虛大師說：「人成即佛成，是名真現實。」

童年時代埋下了人間的種籽，經過七十年，星雲大師說：「其實，我到這幾年才想通了，早知道我從前的著作就應該叫『人間系列』，或者是『人間佛教系列』，這樣就更明確了。」——這是為什麼星雲大師把最近創辦的報紙叫「人間福報」的原因。

佛教應該利益人生

剛抵台灣不久，星雲大師的一位師兄弟煮雲法師，告訴他一件事情。

煮雲法師到南方澳佈教，叫當地的漁民應該放棄媽祖的信仰，轉而皈依佛教，受到漁民的嚴重抗議，漁民說：「這麼多年來，我們都說自己是佛教徒，但佛教沒有一個法師來為我們說法，都是媽祖在保祐我們，現在你一來，憑什麼就要我們放棄媽祖的信仰呢？」

星雲大師聽到這件事，心中感到慚愧，也得到許多啓發，他想到：最好的弘法，是必須能幫助人們處理生活上的問題，才能感召大家自動來皈依。最好的佈教，是必須帶給人們心理上的歡喜，才能帶領大家走向更好的境界。最好的利生，是必須能解決人的痛苦疑難，使人得到安頓，才能讓人真心的信仰。

「給人信心、給人歡喜、給人希望」後來成為星雲大師弘法的主軸，正是有感於佛教應該利益人生而產生的觀念。

為了宣揚人間佛教的性格，星雲大師總是身體力行、扭轉觀念，他不只在演講和著作中不斷宣講，個人也打開了出家人固定的形象，於是，我們看到為人排難解紛的星雲大師、看到為信徒主持婚禮的星雲大師、看到為孩子取名的星雲大師、看到為信徒寫春聯的星雲大師、看到為信徒助念往生的星雲大師。

議會開議，他去主持開幕灑淨；公司股票上市，他去開示；工廠、公司、大廈等等動土、落成，都可以看到星雲大師主持灑淨儀式。

也由於邁開大步、深入民間，不論是高官巨賈或是販夫走卒，不論是公誼或是私情，許多人都成為星雲大師的好友。歷任總統、行政院長，或是大企業家、名滿天下的知識份子，都曾一再的到佛光山拜會星雲大師。

不明就裡的人，會嘲諷他是「政治和尚」，那是因為一般人很難了解，星雲大師的眼中，人人都是一視同仁的，他希望佛陀的光明能照亮每個人，照亮小人物的心，也照亮大人物的心；他希望佛陀的法水能潤澤各行各業，潤澤小生意，也潤澤大企業。

我記得有一次，為了籌募佛光大學的經費，星雲大師寫了幾幅字義賣，大部分的字都被以一百萬元以上買走了。會場有一位小朋友說：「我也想買一幅師父的字！」小朋友張開手掌，手心裡緊緊握著一百元，大師當場把那幅字以一百元義賣給小朋友。

「一百元和一百萬元在我看來都是一樣的，我只看見心意，而不看數目！」大師說。

這件小事很能為大師的行誼作為佐證，他行的雖是人間佛教，他的心境早就超越人間的界限，凡是以人間的界限觀看，其實是看不到師父的精神的。但如果說師父看輕大人物，也不正確，師父說：「我很敬重大人物，就像敬重小人物一樣的多。」

人間佛教是平等、尊重、包容

一九九八年，星雲大師應邀到馬來西亞弘法，引起前所未有的轟動。馬來西亞的六個部長，連續九天，每場必到，這些部長都不是佛教徒，數萬會眾也有許多不是佛教徒。在主持點燈儀式、誦念祈願祝禱的時候，星雲大師說：

「希望在座的佛教徒，將心靈的燈光獻給佛陀；在座的基督徒將心靈的燈光獻給上帝，在座的回教徒將心靈的燈光獻給阿拉……」

這段話使得會場的聽眾非常歡喜，深受感動，很多人因此皈依佛教。像星雲大師這樣公開教人尊重其他宗教的佛教法師，恐怕是古往今來的第一人。

星雲大師說：「其實，我不是第一人，只是效法佛陀的通情達理。佛陀的重要弟子，舍利弗、目犍連原來信奉懷疑論，優樓頻螺迦葉、那提迦葉、伽耶迦葉原來信奉拜火教，佛陀一樣攝受他們，甚至還教他們必須尊重過去的外道老師、奉養外道老師，這不但不會阻礙佛教發展，反而使人更敬佩佛陀！」

現在，佛光山的道場遍及歐、美、亞、澳、非五大洲，星雲大師更是打開了許多人間界限，在回教、耶教國家裡，他允許當地人士擁有兩個信仰；他規定誦經、集會都要以當地的語言為主；在美國西來寺，他允許美國人參加法會可以不用跪拜；他鼓勵學佛不一定要出家，建立了檀講師制度，確立在家居士也可以領眾修行；他不只推動國際化，也推動「本土化」，希望將來外國的道場全部由當地的人來主持；他推行男女平等，打破佛教傳統男尊女卑的觀念，讓比丘尼與比丘享有同等的權利義務……

星雲大師使人間佛教，成為真正的平等、真正的尊重、真正的包容。他說：「佛經中描述淨光莊嚴國的淨華宿王佛再三囑咐妙音菩薩到娑婆世界晉謁釋迦牟尼佛時，看到土地穢惡、人身卑小，仍應心存恭敬；眾香佛國的香積如來甚至命彼國菩薩來到娑婆國土時，必須收攝身上的香氣，捨去端嚴的身形，以免此土眾生心生羞恥、自慚形穢。可見十方諸佛都十分尊重各地的特性和不同眾生的根器，每一個地方也都有獨特的社會背景，人間佛教就是對不同的加以包容、尊重，一起攜手共建人間的淨土。」

早在六〇年代，有一次星雲大師參加中國佛教會的理事會，當時香火鼎盛的北港朝天宮申請加入中國佛教會，但是不獲准許，只有星雲大師獨排眾議，他說：「中國人向來拜媽祖的、拜城隍的，甚至信奉一貫道的，都自稱是佛教徒，可見他們都把佛陀當成最高的信仰，佛教應該攝受他們，為他們定位！」這件鮮為人知的事可以看出星雲大師有何等非凡的胸襟。

「信仰裡的大小好壞，都是自己心的規範，等於給自己一個限制、一個等級；心打開了，限制和等級就消失了。我有信仰，很好！別人有信仰，也很好！信仰就是好！」

黑，世上最美麗的顏色

星雲大師舉了一個例子，佛光山到非洲蓋寺廟，有人告訴他：「師父！非洲人好偷東西！」

等到他到了非洲，才發現事實並非如此，是因為非洲人並沒有「你我」的觀念，在外人還沒有到非洲之前，非洲人在草原上看到動物，抓到就是我的；水裡的魚，撈起來，也是我的；樹上的果子，採來也是我的。非洲人有一種「同體共生」的觀念，並沒有屬於個人的東西，到現在還是這種觀念，看到喜歡的東西就拿走，在我們看來是「偷」，在他們而言，是自然。

因此，在非洲的寺廟常有東西被拿走，常住去報警，非洲警察來問清楚了，說：「拿走有什麼關係呀！」原來不是一般人沒有人我分別，警察也是這種觀念。

弟子感到頭痛，向大師報告，大師聽了卻生起慚愧心：「真慚愧，非洲人是多麼樂天、瀟灑，這麼接近自然，不像我們立了一大堆法條、規矩，造成一大堆限制。他們的生活才是原味，我們的生活早就失去原味了。」

星雲大師在非洲佈教，對黑人講的第一課，題目就是：「黑，世界上最美麗的顏色！」

對人間界限的打破，並不是另創一個境界，只是回到人的原味罷了！這原味應該就像孟子所言：「惻隱之心，人皆有之。」這原味也是達到一體的境界，無二無別。

大師說：「人間佛教不只是人與人間的同體共生，人和一切眾生的同體共生也是人間佛教重要的一環，我的人間思想，是從小的時候就養成的。」

天生有深切的慈悲

星雲大師的孩提時代，如果有與一般人不同的，就是他天生有深切的慈悲。

「我小時候有一個本事，很會捉蒼蠅、蚊子，一般人捉不到，因為掌風先到的關係，我可以文風不動，從牠的頭部方向一握就捉到了。蚊子吸我的血，我把肌肉夾緊，牠動也動不了。捉到了，就把牠們放走，別人說：『蚊子吸你的血，你為什麼不打死牠呢？』我說：『打死了是一條命呢！牠只不過是吸一滴血，你就殺死牠，就像犯了小錯判死刑一樣！』」

「我養了一對小雞，一黑一白，非常歡喜。有一天下雨，打潮了，我非常不捨，把牠們帶到灶旁烘乾，正在烘的時候，一隻小雞跳入灶裡，我心裡一急，伸手往灶裡掏，牠越驚越往火裡鑽，等到我把牠抓出來，我的手燒傷了，小雞更可憐，全身的毛燒光，剩下一個肉球，嘴巴的啄燒掉了，完全不能合起來。我就日夜照顧這隻小雞，把食物磨碎，一口一口餵牠。家人都說這隻小雞養不活了，最後我把牠養到生蛋，感到很有成就感。」

「九歲那年，我養的一隻小白鴿飛失，好幾天沒有回來，我掛念鴿子乏人照顧，捱餓受苦，竟然傷心欲絕，投河自盡，但是命不該絕，被沖到彼岸，我傷心的回到家裡，終日憂心如焚、食不下嚥。」

「凡是家裡養的雞鴨狗畜，我都不准別人鞭打販賣，或殺煮烹食。」

這種深切的悲心，使星雲大師很能感同身受，常念眾生之苦，並以眾生的喜樂為自己的喜樂——生命是如此可愛、可貴，能免除別人的苦，帶給別人喜樂，何樂而不為呢？

「還有一次，我們小時候常點油燈說故事，我母親說了一個孤苦無依的老公公，非常可憐，我聽完後躲在桌子下哭泣，求家人一定要去救濟他，任由大人勸解，說那只是一個故事，我仍然不肯罷休。一直鬧到半夜，家人只好買了一份禮物，陪著我去送給外公，我才罷休！」

從小，星雲大師就看不得人間之苦！只要聽到有人受苦，總是想辦法去救濟。

「台灣早年的生活清苦，有一個做僧鞋的人，常背一個布包到寺廟賣鞋子，一看就是生活很艱苦的人。我問他：『一雙多少錢？』他說：『二十五元。』我說：『一雙算我三十元好了。』他一聽怔住了，一般人都會殺價，沒有人加價的。我說：『我這也是為了自己，你如果生意不好，賺不了錢，不做鞋子，我就沒有鞋穿了。你多賺些錢，可以改善品質，以後我們就有好鞋穿。』那個人得到了救濟，心裡也開心，鞋子就越做越好了。」

如果佛法遍照人間

在星雲大師的心裡，人間是一體的，也是一個循環，不只自己好，別人也好，才會越來越好，如果有一個不好，人間就不會成為淨土。

「我十歲的時候，日本人打到揚州，整個城裡砲火連天、死屍遍地，我經常睡在死人堆裡，眼看著倒下去的、死在路邊的人，心裡總想著：生命何辜呀！二十三歲到台灣，沿路看到許多死屍，心裡也想著：生命何辜呀！生命是多麼寶貴，死是多麼慘的事！這些人不該死，如果佛法真的遍照人間，許多悲慘的事不會發生呀！」

以人為本，創造一個人本、人道、人文的人間世界，有了這樣的存心，許多的想法就會改變，許多的觀念也會創新。

星雲大師說：「以前有很多信徒為了佛教，出錢出力，出家人就會說：『感謝你呀！將來阿彌陀佛一定會接引你到西方極樂世界。』我總想：為什麼要等到死後才到西方呢？二十幾年前，我就在佛光山蓋了佛光精舍，奉養一些曾經對佛教有貢獻的人，供他們免費吃住，直到終老，老了住在佛光山的極樂世界，死了再去西方極樂世界，不是更好嗎？」

人間四大苦是生、老、病、死，對四大苦的拔苦與樂正是慈悲，為了生之救濟，星雲大師最先創立的是育幼院、幼稚園，然後辦了中學（普門中學）和大學（佛光大學），並且編輯雜誌、出版書籍、發行報紙、開辦電視頻道……為了老的安養，辦了佛光精舍；為了病的照顧，辦了雲水醫院；為了死的安奉，辦了萬壽園與玫瑰陵。

「像以前在中國佛教會裡，有幾位老人對佛教很有貢獻，如趙茂林在監獄弘法二十多年，三湘才子張劍芬寫了許多佛教的文章，還有馮永楨居士，許多對佛教發心出力的人。我心裡想：將來我有能力，就代替佛教來報答你們，後來我接他們到『佛光精舍』直到終老，現在他們的牌位還安奉在萬壽園裡。還有，內政部次長王平的夫人，早年讀到我的著作《無聲息的歌唱》，大為感動，買了一千本送人，後來她老了，晚景淒涼、無人奉養，我為了知遇之恩，把她接到佛光精舍，住了二十幾年，直到往生。像卜少夫、續伯雄、歐陽醇，死後家屬來找我，希望在佛光山安奉，我說沒問題，這些都是對文化有貢獻的人，佛光山給他們一個靈位有什麼問題呢？」

我為人人，人人為我

星雲大師認為人間佛教的性格就是「我為人人，人人為我」「佛教是我的，佛光山是大家的」「因緣的匯聚，共緣的成就」「在家靠父母，出外靠朋友」「有錢出錢，有力出力」……

「小乘佛教有一條戒律，出家人不可以把東西給在家人，給了就犯戒，我才不管這個，我的戒律是『人家給我，我就要給人』『信徒給我添油香，我給信徒添油香』，即使沒有什麼東西給人，也要給人歡喜、給人微笑、給人讚美。」

我問道：「師父對小乘佛教那些與人間佛教牴觸的教理，有什麼看法？」

星雲大師斬釘截鐵的說：「聖人不以為然！那些與人間牴觸的教理，不改革就不能生存，因為時代不一樣了，現在是一個大船的時代，小船過不了大江大洋了！佛法在人間，也要隨時代發展，從前弘法是走路、騎腳踏車、三輪車，現在弘法是坐汽車、潛水艇、噴射機，怎麼能時代一直進步，佛教卻墨守成規呢？」

「前年，我在澳洲南天寺養病，看到徒眾忙進忙出，我就問常住說：『怎麼不派給我工作呢？』常住聽了都說不出話，我說：『我也有掛衣單，做一天和尚、撞一天鐘，你們應該分工作給我做呀！』最後才討到事情做，一般的師父不會這樣想，總是想：我做了師父，應該吃好的、睡好的，什麼事都不用做。這就是人間佛教的性格，從前百丈禪師不是說『一日不作，一日不食』嗎？就是這種精神，使禪宗免於法難，使禪門光大的！」

對於人間佛教，星雲大師在民國六十六年講的「如何建設人間佛教」裡，就有了很完備的闡釋：

建設生活樂趣的人間佛教
建設財富豐足的人間佛教
建設慈悲道德的人間佛教
建設眷屬和敬的人間佛教
建設大乘普濟的人間佛教
建設佛國淨土的人間佛教

想想看，如果這個人間，生活樂趣、財富豐足、慈悲道德、眷屬和敬、大乘普濟，人間不就是佛國淨土了嗎？也不必等到了西方，才有淨土呀！

人間之外，沒有修行

「但是，如果我們把一切的力量投入人間，怎麼會有時間心力修行？培養了人間佛教性格、為人間佛教全心奉獻的人，又要怎麼修行呢？」我問大師。

大師說：「修慈悲觀，修尊敬觀，修結緣觀，修人格與德業，修慈心與悲願，修持戒、布施、忍辱、禪定、精進、智慧，這些都是在人間裡呀！一般人誤以為人間之外還有修行，這是錯誤的觀點；一般人誤以為實踐人間佛教的人就沒有心性的修行，更是大錯特錯。」

他舉太虛大師為例，太虛的一生都是為了人間佛教而努力奮鬥，是星雲大師最佩服的人物，他常說自己在年輕時代聽了太虛大師的一席話：「假如太虛大師要我跳下火坑，我一定服從，不問什麼原因！」

太虛大師童貞入道，十六歲被剃為僧，在西方寺閱藏，閱讀《般若經》將畢，「忽然失卻身心世界，泯然空寂中，靈光湛湛，身在無數塵剎中」。後來在普陀閉關，「一夜，聞前寺晚間開大靜的鐘聲時，忽然心斷，再覺，則見光明無際，經泯無內外能所中，漸見能所內外，遠近久暫，回復根身座舍的原狀。」這些都不是無證悟的人說得出的話，開悟以後，文思更廣，道心更深，二十七歲就寫出了影響深遠的《佛法導論》。

太虛大師為了興隆佛教、辦僧伽教育；為了佛教國際化，派學僧到世界各國留學；為了推廣人間佛教，在大江南北奔波不息。太虛大師的人間思想，一直到現在都有深廣的影響，以台灣為例，星雲領導的佛光山、證嚴帶領的慈濟、聖嚴推動的建設人間淨土，都是受到太虛大師的啓迪，這種修行與證悟，浩浩乎，有如滄海！巍巍乎，有如山岳！豈是不食人間煙火的修行者能望其項背！

人間佛教的未竟志業

「對於人間佛教，師父還有什麼未竟的事嗎？」我問。

星雲大師說：「沒有完成的事很多，在人間沒有成為淨土之前，是永遠不會完成的。但是覺得最重要的有兩項，一項是改善佛教的戒律，戒律雖然成就了佛教，也捆綁了佛教，用幾千年前的戒律在現代佛教並不合宜，各地的教團也為了不同的戒條鬥爭，所以戒條應該改革。唐代的百丈禪師看到這個問題，另創『叢林清規』來代替古老的戒條，才使得禪門在歷史上光大復興、一枝獨秀，到現在，古老的戒律不改真的不行了。」

「另一項是經典的重編，三藏十二部，佛教的經典太多了，使得各宗各派互挑毛病，我希望能把八大宗縮編成八十萬字，然後把二十世紀的觀念編進去，加起來一百萬字，使研究經典的人讀完這一百萬字，就閱藏完成，也不必皓首窮經，用太多歲月閱藏，就會有更多的歲月修行證悟、利益人間了。」講到這裡，大師突然提高了聲量、充滿雄心的說：「如果我不死，再給我幾年的時間，我希望能完成這兩件事！」

我想到師父能完成這麼大的志業，是他一向有著「捨我其誰」的氣概，他覺得只要無私無著、存心奉獻，就勇敢承擔。他說：「學習做人的最高境界是『成佛』，佛之一字，乃『人』要先『弗』自私執著，『弗』無明煩惱，袪除人不可有的東西，那就是佛了！」

星雲大師笑談，他每次說要改革戒律、重編經典，總有同修、弟子勸他：「千萬不要做這種事，戒律經典何等大事，會給人罵死呀！」他說：「從前怕被罵死，現在已經快死了，罵死又何妨呢？」

大師的幽默，使我們都開懷大笑，笑出了眼淚，我坐在佛光山台北道場，往松山火車站俯瞰下去，看到兩列火車在站裡相會，噹噹噹噹的柵欄放了下來，我想到從前隱居的山上，俯望是大漢溪，溪邊也是火車鐵軌，每隔一段時間就會噹噹噹噹，夜裡的山中格外清晰，在夜霧凝結的時候，窗上的四個字「人間佛教」又浮現出來。

思及大師所言：「長江和黃河兩河岔開，活像個『人』字，長江和黃河才孕育出偉大的中華『人文』。」這世間，凡是兩河交會的地方就是一個「人」字，就會有交流與匯通，人與人的交會不也是這樣嗎？佛法與人生的共生不也是這樣嗎？萬流齊匯，堂堂奔向無盡法海，正是人間佛教的真諦吧！

大師在921震災後親自巡視災區，發起教眾傾全力紓困幫忙，共度過難關。

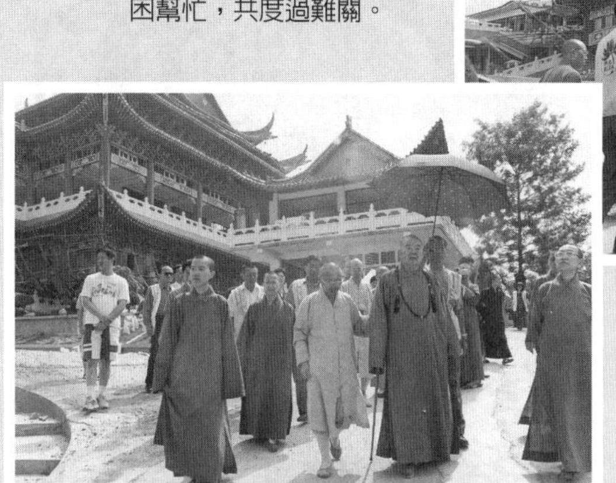

大師說：「與佛陀一生的困境相比，人間的困境實在不算什麼。」

我只問能為佛教做些什麼，只要真心為佛教，別人中傷我也是在成就我。

星雲大師在面對母親時，既不失出家衆的行誼，卻又有著為人子的孺慕之情，可謂是真正的大師！

大師說他第一次的死亡經驗是在六歲的時候，因此對生死的看法，一直不覺得有什麼恐怖。

星雲大師認為，生、老、病、死既是人生的必然，該來的時候就坦然以待、歡喜以對。

大人者，不失赤子之心，
孩童都樂與大師親近。

人間佛法，就是不捨一法、不輕一法。

生活的佛法，就是不斷開發自己的能量、認識自己的本性。
因此，除了修行佛法，更要有強健的體魄。

星雲大師不只是宗教家，也是文學家、文化人，如果貼近他的平生功業，文學與宗教幾乎同時萌芽，也形成兩個主軸，貫穿了他的一生。

為了使佛教文化更有深度，星雲大師更是廣建學校，培育佛教人才。

大師在宜蘭雷音寺時
以縫紉機做為寫作之用。

「我相信文學藝術可以美化人生，也可以美化佛教，為佛教帶來生氣。」所以大師才以長期的心力投入文字的弘法，不厭不倦。

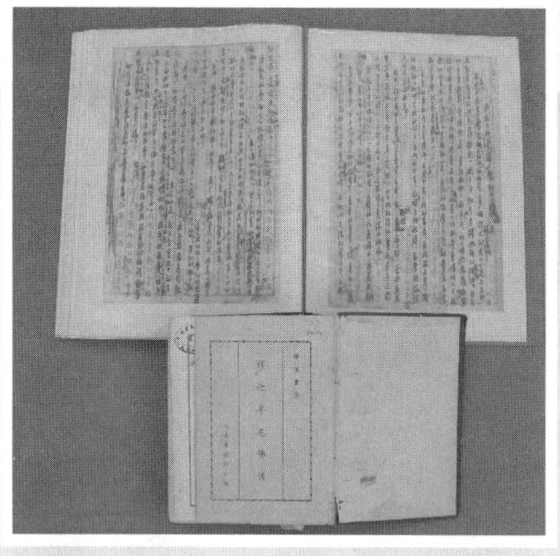

台灣第一本佛教精裝本著作

——《釋迦牟尼佛傳》手稿。

大師不僅編纂各類佛教經典，更發行「人間福報」、創辦「佛光衛視」，還創辦了出版有聲唱片的「如是我聞」與「香海文化」，真正是一位文心充滿的宗教家。

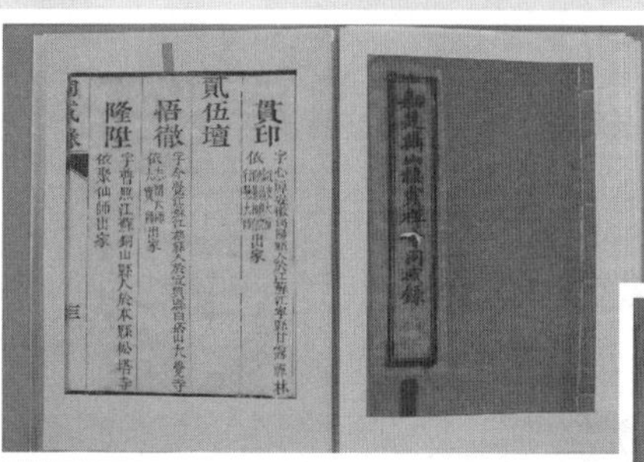

大師在棲霞禪寺受戒的同戒錄。

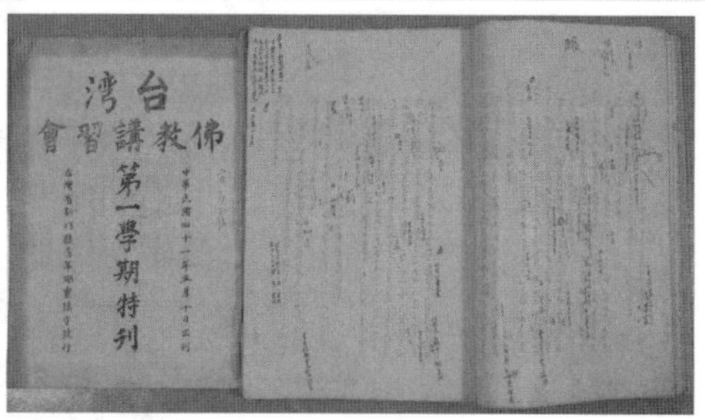

民國四十一年大師於台灣佛學院講習會上課講義手稿，可以看到大師的細膩與用心。

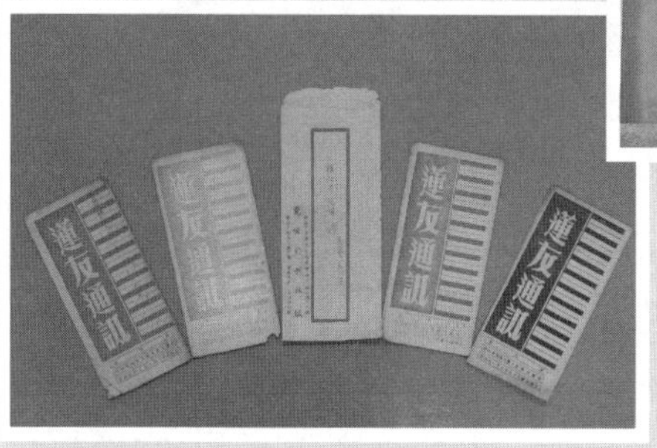

大師一生致力以文教弘揚佛法

——這是在宜蘭時早期出版的「蓮友通訊」。

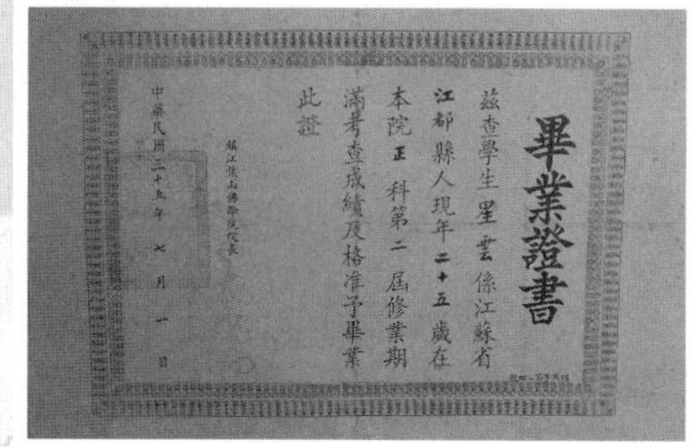

畢業證書

茲查學生星雲係江蘇省江都縣人現年二十五歲在本院正科第二屆修業期滿考查成績及格准予畢業

此證

鎮江焦山佛學院院長

中華民國三十五年七月一日

大師於鎮江焦山佛學院

的畢業證書。

給人信心、給人歡喜、給人希望、給人方便——後來成為星雲大師弘法的主軸。

每年佛光山都會舉辦行腳托缽的戒會，拉近出家法師與一般民眾的距離，並喚醒布施心、慈悲心。

真正的人間佛教，
就是親近人，眾生一切平等。

孩子是一顆顆小種籽，透過行腳托缽的儀式，他們行禮如儀，而佛已在他們心中萌芽了。

大師說：「我所謂的人間佛教，是希望用佛陀的開示教化，作為改善我們生活的依據，使我們過得更有意義、更有價值。」

禪淨。。

每當有朋友知道我的皈依師父是星雲大師，總會忍不住問我：「星雲大師是如何修行？他又是修行什麼法門呢？」

這個問題應該也是一般大眾都想知道的，我總是回答：「星雲大師行的是菩薩行，修的是大乘法門！」

一般人看到星雲大師，與建道場、大學、醫院，創辦報紙、出版社、電視頻道，看到他廣行社會、慈善、教育、文化事業，又把佛法弘揚到全世界，這些外顯的光環太強烈了，常使人忽略了去探詢大師內密的修行。當我說大師行菩薩行、修大乘法門是毫無疑義的，可是哪一個法門才是師父的修行主軸呢？除了外顯的志業，師父又是以什麼修行方法來教導徒眾呢？

我曾有機會在佛光山派下的道場做過許多演講，也曾在佛光山的佛學院、普門寺的佛學院、北海道場的佛學院、極樂寺的佛學院對學生講學，這使我驚奇的發現，佛光山對門下弟子的教學、修行、訓練是非常嚴格的，這種嚴格在國內是數一數二的。

我曾在佛光山與北海道場，和佛學院的學生一起作息起居，當我發現佛學院裡還用木柴生火煮飯燒水，令我咋舌不已，聽說是星雲大師有意保留古代禪林的傳統，學生的訓練除了正常的課業，他們天未亮就打板起來誦經早課，然後就沒有停過，出坡、作務、禪坐、念佛，一樣接著一樣，樣樣有板有眼，每天每天，他們都帶給我深深的感動。

莫怪佛光山訓練出來的法師，個個都是十項全能，他們總有一副好嗓子，梵唄誦經最為好聽；他們都有一派好威儀，親切、仁慈，而莊重；他們坐能禪定、起能辯經；他們各有專業，善於力行……可以說，一般的青年，經過佛光山的修行訓練，很快就脫胎換骨，成為法門龍象。

只可惜這些訓練的過程，一般人難以看見，這也正是為什麼一般人看到佛光山派下道場的堂皇富麗、法師的熱忱接待後會感到模糊，難以貼近修行的法門，以及甚深的內在精神。

禪、淨與華嚴

依照我對星雲大師的了解，大師的修行法門與他少年時代的叢林生活有密切的關係。有十幾年的時間，星雲在焦山、金山、棲霞山參學，對禪淨律都打下了深厚的基礎，若以傳承來說，星雲大師是臨濟宗的傳人，可以說是禪宗的法脈；若以他在台灣弘法的內容，他帶領的法會以念佛、打佛七的份量最重；若以他的人間佛教、哲理思想、圓融無礙來看，星雲大師與人間佛教的倡導者太虛大師一樣，是以華嚴思想作為信仰的依據。

所以，在大師的思想體系裡，雖然他不斷的提倡八宗兼弘，平常對各宗派也沒有分別見，但是，我覺得大師的修行，簡單的說，是以禪宗為密行、華嚴思想為體、淨土法門為用的。

我們讀星雲大師的著作、傾聽他的開示，最能感受到他與華嚴思想的相應，例如「以退為進，以眾為我，以無為有，以空為樂」，這就是一真法界的思維；例如他講保持無礙的智慧與光明，正是轉凡成聖的華嚴精神；例如他的說法總是充滿了智慧的靜觀與事理的活潑，不離開「真空絕相，理事無礙，周遍含容」的華嚴法界三觀。

深觀大師的行止，他的一生都是在實踐華嚴的「四弘誓願」：

「眾生無邊誓願度。
煩惱無盡誓願斷。
法門無量誓願學。
佛道無上誓願成。」

他倡行最力的人間佛教，整個內在的精神則是華嚴的普賢十大願：

「一者禮敬諸佛。
二者稱讚如來。
三者廣修供養。
四者懺悔業障。
五者隨喜功德。
六者請佛住世。
七者請轉法輪。
八者恆順眾生。
九者常隨佛學。

十者普皆迴向。」

星雲大師對華嚴宗的修行深有體會，他說：「修學華嚴宗，或僅受持《華嚴經》，都能得到很大的利益，會讓我們覺得和諸佛一鼻孔出氣，沒有分別，我、佛、眾生三無差別。修學華嚴以後，每天的生活，好像游泳在一切智海、暢遊於一切時空，感到生命無始無終、無去無來、無生無死，一切的世界宇宙都跟我們合為一體，我們的身心安住於一切的地方、一切的時辰，生命得到了永恆。」

華嚴大定的一真法界

大師還把「華嚴禪定」和「禪宗打坐」結合起來，發展出不同的打坐方法，那是因為眾生如果用禪宗的靜坐觀心、靜坐觀空、參話頭，容易昏沈，「華嚴大定的一真法界」卻可以使初學者避免這種掉舉，因此他說：「靜坐不是呆呆坐著就算了，而是要觀想，觀想諸佛相好、觀想華嚴智慧，不思維、不回憶、不推理、不盤算，進入到平等的一真法界。這時心胸清淨明朗，像一面清淨的鏡子，如一湖平靜的潭水，映照出事物的真正面目，須彌藏芥子，芥子納須彌，一念遍滿三千大千世界，進入光輝燦爛的毘盧華藏世界。」

有一次，星雲大師告訴我說，他連睡眠都是用華嚴宗睡眠的修行方法，對於一些失眠的人，他也常教導他們，非常有效，不但能很快入睡，而且無夢。

他說：「首先，睡前要用溫水洗腳，促進血液循環，比較容易睡得著。其次，睡覺時右脅而臥，稱為『吉祥臥』，不要仰睡，也不要俯睡，那會增加身體的動盪煩躁。一般睡不著的人常說：『我翻來覆去睡不著。』那是當然的，身體動盪，影響了生理，就無法安然入睡。只要以『吉祥臥』身體不亂動，很快就入睡了。第三，睡下來之後要保持觀想，觀想光明，觀想遠遠的地方有光明，觀想光明時，要把眼睛閉起來，觀想眼前若有若無的光明。能在觀想光明中入睡，一定會睡得很輕鬆、很甜蜜，不僅僅無夢，還能心中如鏡，人雖入睡，旁邊的人做什麼事、說什麼話，都能了然於心。」

「這幾十年來，我用這種方法睡覺，天天都睡得很好，有時候，頭還沒有靠到枕上，就睡著了。不管何時何地，只要想睡，立刻睡著，心裡還明明白白，睡著了，照樣誦經拜佛，華嚴的光明卻不失去。明天打算幾點起床，心裡只要想一想：『嗯！明天兩點起床！』不必用鬧鐘，也不必掛念，兩點自然清醒。所以，華嚴宗的睡眠方法，雖然平常，卻有很大的用處。」

「有人看我從青年時代就長得這麼壯大，不免疑惑：這星雲也沒吃什麼好東西，食不求飽、居無求安，每天為法忘軀，如何長得這麼高大？其實，我有祕訣的，每天吃的是佛法的香飯，常食華嚴的珍饈，最要緊的是睡著華嚴美覺呀！」

「佛法香飯確實勝過錦衣玉食，像台灣以前有一位傑出的修行人慈航法師，他長得高大肥壯，就如同彌勒佛再世，最奇怪的是他吃得很少。有一次，他親口告訴我，他以前長得又瘦又小，自從以法為食、常行布施，突然變得高大了，自己也覺得不可思議，慈航法師圓寂之後，肉身不壞，他的肉身現在還供在汐止慈航寺。」

「吃華嚴珍饈，睡華嚴美覺，入微妙光明一真法界」的星雲大師，以華嚴義理形成了他的思想與教法，但他為什麼不特別標榜華嚴的修行以教化眾生呢？

我想，大師的用心與佛陀是相同的吧！佛陀在菩提樹下金剛座上，夜睹明星而成正覺，他最早宣說的就是華嚴，他在海印三昧中演說華嚴，除了利根的大菩薩之外，鬼神、天龍八部都無法了解其中的奧妙，即使二乘根器的阿羅漢，也無法領會佛的說法，因為那「萬有諸法，由心所現的一真法界」「真妄泯滅，生佛不分，超越一切對待，本體即現象，現象即本體，絕對平等的華藏世界」，對眾生來說，是甚深極甚深的妙法，一般人難以受教。

觀音菩薩，不曾離心

這是為什麼大師在台灣、遍至世界的弘法，都以禪宗、淨土為主，除了華嚴難以受持之外，星雲在成長時期對禪淨都有很深的體驗，初來台灣之時，觀察斯土眾生，看到處在民間信仰、齋教等複雜的信仰中，民眾需要的是簡易單純的法門，因此他就以弘揚淨土和禪宗為主要的法門。

星雲十五歲受戒時，因為燒戒疤的戒師燒得太深，把頭蓋骨燒陷，使他的腦神經燒壞，變得十分笨拙，偶然聽老師說求觀音菩薩可以變聰明，每天等大家睡熟了，他就悄悄爬起來拜觀音，虔誠的拜了兩個月，不僅恢復了聰明，甚至變得更敏慧，可以過目不忘。

他說：「從十五歲的經驗，觀世音菩薩的聖號，不曾一刻離開我的心頭。六十年來，無論走路、睡覺、做事，總是自然默念『南無觀世音菩薩』！任何歡喜的時候，總覺得是觀音菩薩的加被；任何苦難的時候，總覺得觀音菩薩慈祥的庇護，給我無比的力量。」

「除了禮拜觀世音菩薩之外，稱念彌陀聖號，和我也有很深的因緣。我一生之中，提倡『朝觀音，晚彌陀』。也就是早晨稱念觀世音菩薩的聖號，晚上念唱阿彌陀佛的六字洪名。觀世音菩薩慈航普渡，應聲解救疾苦，是排除我們『生』的苦難問題；阿彌陀佛慈悲接引我們，脱離娑婆的痛苦往生西方極樂，是解決我們『死』的歸宿問題，因此『朝觀音，晚彌陀』是解決我們生死的問題。我們如果能夠朝念觀音、暮持彌陀的話，不但今生無憂無慮，來世更能得到無上的快樂！」

為了發揚淨土思想，星雲大師到宜蘭最早就創立了「宜蘭念佛會」，帶領大眾念佛，並經常打佛七，大師説已經忘記主持過多少次佛七，至少有一百次以上，印象最深的一次是一九五四年在雷音寺主持佛七。

「民國四十三年，我在宜蘭雷音寺主持佛七，有特別的感受，今天回想起來，不曉得那七天究竟是如何度過的，只覺得佛號綿綿不斷，繚繞於耳際。吃飯的時候，吃的彷彿是阿彌陀佛、阿彌陀佛……刷牙的涮涮聲，也變成一聲聲的阿彌陀佛……睡覺的時候，人雖然睡著了，但是神志清明，心中仍然阿彌陀佛、阿彌陀佛的響個不停；走路的時候，腳步輕盈，好像騰空一般，不是自己在行走，身後似乎有一股力量在推動著自己前進，而每一個步伐，也是阿彌陀佛……任何時刻所感受到的都是阿彌陀佛、阿彌陀佛……七天就在綿綿密密的彌陀聖號之中，一眨眼的過去了，忘記了自己的存在，忘記了『時間』為何物？感覺七天只不過一彈指罷了！這次的佛七所給予我的信心、宗教的體驗，比過去膜拜觀世音菩薩更深刻，讓我體會了物我兩忘、時空俱泯的境界！」

「對於念佛禮拜，我們初學者在持念佛號，或者頂禮聖容的時候，要放下一切，將身心完全投入念佛禮拜之中，念得讓你感受到這個世界不存在，感覺到人我都已蕩然無存，身心已經脫落泯滅，只有一句『阿彌陀佛！阿彌陀佛！』悠悠揚揚、似有似無的迴盪於四周。只要真正進入到這種情況，宗教情操的培養，宗教信仰的增長，自然比聽聞多少次的講經說法更直接、更能收效。」

把一句佛號念得熱起來

由於這一次深刻的體驗，星雲大師認為任何人只要念得懇切、念得純熟，就能得到念佛的妙用，他說：

「把一句佛號念得熱起來，彷佛煮飯一樣，一束草把、一束草把不斷的添加，等到最後一捆柴火，把米煮熟了，自然能吃到香噴噴的飯。我們念佛也一樣，要一枝香、一枝香，持之以恆的念下去，等到一心不亂，和佛菩薩感應道交的時候，自然能夠水到渠成，收到無限的妙用。

如果曾經煮熟過一次米飯，吃到了飯香，以後煮飯就不是難事了。」

有一次，星雲大師坐火車從高雄到台北，火車過處，大地飛逝，他看著從窗外閃過的電線桿，就對著電線桿念「南無阿彌陀佛」，念到後來，電線桿都不見了，樹木、大地都化成了佛號，彷如騰雲駕霧、身在極樂，一剎那間，台北到了。這使他不只身行實踐，任何時地不離佛號，也體會到念佛法門是各法門中最方便的，不會妨礙工作、不受時空限制，人人如果都能念佛，不只能有安寧的心，也有未來的寄望，因此他對推行念佛法門更是不遺餘力。

大師說：「念佛要得力，首先要知道念佛是為了自己，任何事為自己都會多出幾分力，念佛也是一樣，所以要念佛念出那個氣氛、那個境界、那個成績、那個味道，而不只是念出那個佛號。要看念佛有沒有得力，每次念佛都要念熟、念熱，念熟就是念到佛號從心起，念念不離心，心要柔軟，任何時地都自然生起佛號，連綿不斷。念熱，念到如熱水沸騰、海水激盪，全身的真氣、熱量、電流、力氣都來了，冬天念到滿頭大汗，夏天念到全身清涼，真是妙呀！」

星雲大師在打過的一百多次佛七裡，每次都會做念佛的開示，這些開示每次都不一樣，可見念佛的感應道交是變化無窮的，然而念熟、念熱則是不變的原則。

「要念熟、念熱，要什麼樣的心境呢？」我問。

師父提供了幾個最有效的念佛法門：

一、要歡歡喜喜的念

念佛目的在求生西方極樂，我們要臆想此去極樂世界蓮華化生，不再有生老病死的痛苦；住的是黃金鋪地、七寶裝飾的亭台樓閣；相處的人是諸上善人等大善知識，可以互相切磋請益，並且能夠親聆彌陀說法。人生還有比此更快樂的事嗎？如果觀想，心中的法喜越深，嘴裡就不知不覺地「阿彌陀佛、阿彌陀佛……」綿綿不斷的持念起佛號。要念到手之舞之、足之蹈之，發出至心的微笑。這樣子念得心念純淨、熱情洋溢，必能收到很大的效果。

二、要悲悲切切的念

世俗的痛苦，莫過於死別。我們念佛也要如此，彷佛自己親愛的人死了，以那極度哀傷悲泣的音調，稱念「阿彌陀佛！阿彌陀佛！」好比失去依怙的孤兒，找尋依靠一般，悲切的稱念佛名。其實我們如果仔細思考自己從無始以來，就沈淪在生死大海之中，頭出頭沒，永無出期，遍歷輪迴之苦，或牛胎馬腹，或披毛戴角，或地獄餓鬼，火湯血池，刀山劍樹，受盡無量的痛苦，什麼時候才能出離呢？思臆及此，怎不悲痛欲泣？在痛苦的深淵裡，只有仰賴阿彌陀佛慈悲救拔，才能脫離苦海，躋登樂國，又怎能不感激而涕零呢？如此悲悲切切的念佛，心很容易就能和阿彌陀佛的心相應。

三、要空空虛虛的念

我們生存的世界，是多麼的虛妄不實；我們的身體，是四大五蘊假合而成，唯有一句阿彌陀佛才是究竟的歸宿。「阿彌陀佛！阿彌陀佛！」我們要心無罣礙，一心稱念佛號，念到頭也沒有了、手足也沒有了、天地粉碎了、世界不存在了，悠悠揚揚、縹縹緲緲，只有一句阿彌陀佛，如游絲般充塞於整個宇宙虛空。

「空諸所有，實諸所無」，念得天也空、地也空，只有一句阿彌陀佛在其中，空空虛虛的念佛，使我們體會到忘卻時空、脱落身心的快樂。

四、要誠誠懇懇的念

想到阿彌陀佛的慈悲，無邊的願力，攝受十方一切眾生，不禁油然生起虔誠的恭敬心，稱念佛陀您，頂禮佛陀您……唯願在您無量光明照耀下，一切眾生早日得度。我們要以如此虔誠恭敬的心摯誠懇切的稱念佛號、頂禮聖像，可以加速消除業障、增長福慧。所謂「禮佛一拜，福增無量；念佛一聲，罪滅河沙」。一點也不錯。

俗語說：「精誠所至，無事不成。」念佛、拜佛只要抱著摯誠心，專心一意的禮拜，自然會有感應，所謂「人有誠心，佛有感應」。我們念佛，應該誠誠懇懇的稱念禮拜。

禪與淨土，本質相通

《觀無量壽佛經》上說修持淨土法門應該具備三心：一、至誠心。是為了生死而求生彼國，不是為求名聞利養而現精進相的心。二、深心。對阿彌陀佛因地所攝受一切眾生的四十八大願，毫不懷疑，包著磐石不轉移的信心，專心一念的稱念佛的聖號，以仗著佛力的加被護持而往生極樂。三、迴向發願心。從自利方面說，將自己所修的一切福德智慧、功德資糧，全部發願迴向往生西方；從利他方面說，則將功德迴向一切眾生，願所有的有情眾生都能往生極樂淨土。

星雲大師認為，雖然在法門上，禪與淨土是分開的，其實，本質是相通的，古代的大德講「禪淨雙修」，懂得參禪的人，念佛進入實相就很快了；念佛功深的人，心行柔軟，開悟也不難了。

「但是，在今天，什麼人會參禪？什麼人會念佛呢？一九八九年我去大陸，他們要唱爐香讚，連海潮音的韻味都沒有了，真是令人感慨！」

在星雲出家的寺廟，雖是臨濟禪的道場，但是唐宋的禪風也式微了，縱使是大叢林，像他住過的焦山、棲霞山、寶華山，都已經沒有正統的禪師，當然也沒有禪宗的正規訓練，但是禪宗叢林的形式和威儀還是保存著，他回憶起參學時的參禪經驗：

「我青年時代的參學生活，除了拜佛念佛之外，也打坐參禪。中國佛教從宋朝以後，漸漸走向禪淨共修的方向，我掛單的寺院也推行參禪。另外一個原因是自來古剎多在深山之中，當時電氣化尚不普遍，晚上沒有電燈，也不准用花生油點燈，平日食用的油水已經不敷使用，更沒有餘存的油讓大眾點燈看書。晚上既然黑漆一片，無法看經讀書，漫長的黑夜如何打發呢？打坐是最好的排遣辦法，因此夜晚我們就在禪堂裡一枝香、一枝香的打坐，對自己的心性，做一番觀照的功夫。

剛練習打坐的時候，腿子痠痛痲痺，不聽使喚，有時痛得冷汗直冒，好像針刺一般的難受，但是仍然堅強的忍耐下來。盤腿子最重要的是疼痛的時候，不可以移動，越是動彈越是痠疼，最好強忍下來，一定要把硬腿子盤得十分熟練才罷休。

現在有些道場也舉辦禪七，大家練習盤腿，盤得不如法，主七的法師們也不強求各位，認為初學者可以慢慢來，但是當初我們卻不能慢慢來，禪堂裡，糾察師父拿著警策的板子，來回的逡巡著，看到腿子盤得不如法的人，『啪！』香板毫不客氣的打了下來。有時候腿子不聽話，蹺得好高，只好拿石頭在上面用力壓，或者用繩子，彷彿紮樹枝一般把腿子綁緊，嘗盡了苦頭，但是我們都強忍了下來。在調身的過程中，我體驗到忍耐是最大的力量。

本來參禪不一定要打坐，搬柴運水無非是禪，吃飯穿衣也充滿禪機。禪不一定要坐，也不一定是臥。六祖惠能大師曾說：『生來坐不臥，死去臥不坐，元是臭骨頭，何為立功過？』禪不是在形體上用功夫，而是在心中見自性。雖然如此，初學者端身坐禪，仍為必經的途徑。盤腿不一定就是參禪，但是生理影響心理，只要把腿子一盤，就能精神集中、意志統一，分散於外面的身心世界，自然而然收攝回來。六祖無相頌說：『心平何勞持戒，行直何用參禪？』其實心平更要持戒，行直更需參禪。修行，固然不可以在形相上起執著，要在心性的解脫上用功夫，但是初機的人，要內外並重、性相兼修，才不致本末倒置，步入歧途。」

雙腿一盤，就身心不動

青年時代的打坐參禪，使星雲一生受用不盡，幾十年來不管是坐車船、坐飛機、會客、開示，都能雙腿一盤，就身心不動。

一般人不知道大師有「一坐不起」的功夫，去拜望大師時，他常常坐下去就不再移動，侃侃而談，既不喝水，也不上洗手間，往往一坐三、四個小時，訪客基於禮貌，也不好意思上廁所，常常憋得臉紅脖子粗，可見大師打坐功深，聽說他從前奔波南北弘法的時候，火車一坐就是六、七個小時，從高雄入坐，到台北才起坐，真是定力驚人。

初來台灣時，星雲大師發現台灣的寺廟普遍沒有禪堂，大家也沒有參禪的觀念，所以他在每一個寺院一定會設禪堂，佛光山的弟子也都要接受禪坐的訓練，甚至是在家眾，大師也提出「早上打坐五分鐘，晚上彌陀十念法」的教法，他認為在家眾生活忙碌，每天即使只有五分鐘，也能收到「靜心、正心、安心」的效果。早年在「台北別院」時，他為了讓大家有正確的禪觀，主編過《參禪百法》，一共有二十四冊，他對參禪的重視可見一斑。

「但是，參禪並不只是打坐，而是為了開悟，禪師只講開悟，不講成佛。什麼是開悟呢？簡單說，是對生命的疑團打破了，有一天，突然閃過靈光，說：『呀！我懂了！我明白了！原來是這樣啊！』悟的層次有千萬種，例如感到很喜悅，這是一種；坐捨身心，是一種；人我泯沒，是一種；或者忘失時空，或者大地靜止，或者虛空粉碎等等；悟是因，佛是果，種了悟的因，結出佛的果，是很自然的事。」

「師父是不是有見過開悟的人呢？」我問師父。

「沒開悟而自稱開悟的人，很容易看出來；真正開悟的人就很難看出來了，因為連他自己也說不出來，這正是『妙高頂上，不可言傳；第二峰頭，略容話會』，我是見過幾個開悟的人，看到的時候就會有『原來是這樣』的感慨！」

「師父可以談談自己的悟境嗎？」我問。

「對於悟境，我自己有一些消息，但是悟是不可說的，它是『言語道斷，心行處滅』，如果講體會，就容易了解。想要參禪的人，不只要學打坐，還要在日常生活、穿衣吃飯用心體會，體會什麼呢？首先要生起疑情，別的宗教都叫我們不要疑，要信，只有禪宗叫我們疑，要有疑情，常想：『念佛是誰？吃飯是誰？』『萬法歸一，一歸何處？』『什麼是父母未生前的本來面目？』時時用心，就會有悟。有了悟，要不斷的參究下去、身行力學，求一個水落石出，久而久之，終有打破砂鍋、桶底脱落的時候。」

開悟者的特質

星雲大師説，雖然一般人無法看出師父是否開悟，但是開悟的人有一些特質，開悟的人會有智慧，開悟的人自在，開悟的人和諧自然，開悟的人幽默機鋒，只要見到就會得到啓示。但是還是要在生活中親自體會。

他舉了一個禪的故事：

香嚴智閑飽學經論，去參溈山靈佑禪師。

靈佑對智閑説：「你向來博學多聞、問一答十，現在我問你：父母未生我的本來面目是什麼？」

智閑遍思自己所學經論，找不到答案，對禪師説：「師父慈悲，請您開示我！」

靈佑説：「如果我告訴你答案，那仍然是我的東西，與你不相干，我告訴了你，你將來會後悔，甚至怨恨我！」

心高氣傲的智閑被師父拒絕，傷心的燒燬所有經典，跑到南陽自崖山去看守慧忠國師的墓，日夜如啞巴吞了火珠，思考這個疑團。有一天在庭園掃地，聽到石頭打中竹子的聲音，身心頓然脱落，大徹大悟，於是沐浴焚香，向著潙山的方向遙拜，感激涕零的說：

「師父實在太慈悲了，當日如果說破，也沒有今天的喜悅了。」

星雲大師的教法就是「在人間的生活裡也能有悟」的禪宗，「從人間淨土的創建通向西方淨土」的淨土宗、「使心性宇宙都莊嚴、廣大、繁華、圓滿」的華嚴宗，這些教化使佛法平常而不平凡、單純而不簡單、奇妙而不奇怪、神聖而不神異，建立了一個堅強的「人間佛教」體系，使得法輪大轉。

禪的活潑，彌補了淨土的平板。

淨的實際，彌補了禪宗的高蹈。

有禪有淨土，猶如帶角虎。

帶角的老虎固然威力無窮，卻少了幾分的優雅、斯文與溫柔，披上了華嚴的彩衣，既有力量，又非常美麗。

思維星雲大師的教法，想到華嚴的偈子，心裡就感覺到特別的美好：

「願消三障諸煩惱，

願得智慧眞明瞭，

普願罪障悉消除，

世世常行菩薩道。」

雲水

有一次，與星雲大師閒談，大師開玩笑的説，如果他要寫經典，可以寫兩部經典是任何人都寫不出來的，一部是《睡覺的經》，一部是《旅行的經》。

「為什麼要寫這兩部經呢？」我問道。

大師笑著説：「我從幼年出家以來，都過著非常忙碌的生活，幾乎沒有時間好好休息，有時挨在床鋪邊上，還沒有睡著，又必須起床工作、念經、做功課，但是人又不能不休息，慢慢的，就練就一身睡覺的本事，一邊工作一邊睡覺，一邊念經一邊睡覺，一邊做早晚功課一邊睡覺。早年偷偷的睡，師父也看不出來，經過數十年，現在就是呼呼大睡，徒弟也看不出來。」

有時候領眾拜佛，一拜下去就睡著了。引磬一敲，站起來，第二拜又睡著了。引磬再敲，又站起來，行為一如往常，等到拜完一堂佛，等於睡了一個好覺，又是精神百倍了。

有時候做主七的和尚，開唱念佛就睡著了，一直睡到佛也念完了、經也念完了，才醒來。奇怪的是，念佛念經從未斷過，大眾也不知道師父已經雲遊九天之外了。

剎那間睡去，當下間醒來

大師説：「有時候，我當主法的和尚，現場有錄音，有一次睡著了，特地把錄音帶找出來放，念佛念經，一字一句，清清楚楚，連自己都佩服不已，自語説：『星雲呀！你真行哩！睡覺睡到不露痕跡！』我特地把惠法師、容法師，還有一些徒眾找來，放錄音帶給他們聽，説：『你們聽聽看，我從頭睡到尾呀！』他們還説：『師父呀！怪不得我一直覺得您那天念佛念得特別好聽，原來是睡著了。』」

談到了徒弟的幽默，師父也忍不住哈哈大笑。

我也幽師父一默，我說：「師父！這如果是古代的人寫傳記，就可以寫說『師父常在定中』。」

師父說：「那是睡覺，難道我連入定和睡覺都分不清嗎？」

星雲大師就是這麼天真爽直的人，他說，能有那麼多時間、做那麼多事，完全是在年輕時練成「睡功」所致。跟隨過大師的弟子，都會深深感受到，師父幾乎有用不完的精力，一直到大家都累倒了，師父還精神奕奕。例如搭機出國、轉機轉車，所有人都為時差所苦、東倒西歪的時候，大師卻能一切如常，立刻投入工作；例如因為行程太滿，必須在一天趕錄二十集的電視節目「星雲法語」，錄到後來，不要說跟隨的法師，連導播攝影師已憔悴不堪，只見師父還面帶微笑，一字一句，娓娓道來……那都是由於師父心無旁騖，能在剎那間睡去，又能在當下間醒來，這可不是一般人能辦到的。

除了《睡覺的經》，師父也想寫《旅行的經》。

我曾經在「普門雜誌」連載「星雲日記」時，突發奇想，找來一張世界地圖，把星雲大師的足跡，用紅線劃出來，發現一個驚人的現象，大師每個月至少繞地球一周，有時候一個月就繞地球好幾圈，一下子在美國、加拿大，一下子在印度、泰國；前幾天在巴黎、俄羅斯，後幾天在南非、剛果；從南到北，由東至西，他的足跡之廣、範圍之大，當世的宗教領袖只有天主教教宗和西藏的達賴喇嘛，差可比擬。

師父說：「現在行腳遍及世界，坐飛機輪船弘法，看起來很忙碌，因為範圍大；從前在台灣一地弘法，坐火車汽車，甚至步行、騎腳踏車，來往奔波，也是一樣忙碌的。」

在台灣，有許多政治人物標榜「全省走透透」「環島學習之旅」，以表示自己的勤政愛民，多少都是有私有我的。五十年來，星雲大師經常全省走透透，深入民間弘法佈教，完全是無私無我的。

不計較，時差就消失了

如今，師父已屆高齡，行腳非但不減反增，每次見他風塵僕僕從千萬里回來，立刻又投入工作，我感到十分詫異，忍不住問師父：「難道師父沒有時差嗎？」

師父笑了，說：「有，有時差，而且年紀越大，時差越厲害。」

「但是，師父怎麼有辦法立刻恢復呢？」

大師說：「時差，只要不去計較就好了，不計較，時差就消失了。」

現在的星雲大師是「全世界走透透」，他走過的地方，超過中華民國所有「無任所大使」足跡的總合；如果把大師在世界各地建的道場看成是「和平的使館」，他所建的使館也勝過中華民國大使館的總合。

但是，說起在世界各地建的一百多個道場，星雲大師卻是一派雲淡風輕，他說：「一切都是因緣使然呀！」

大師特別舉了幾個例子，只有早期的幾個寺院，是由師父的遠見與意志創建的，後來的大規模、快速的擴展，則真的是因緣。

「二十年前，我應邀參加美國開國兩百週年慶典，第一次踏上美國土地，看到美國的文化豐富多元、民族和平包容，加上當地的華人移民很多，極需要心靈的寄託，就希望能在美國建一個道場。我特別請建寺經驗豐富的慈莊法師到美國，交給他這個重任。從一九七八年籌建開始，前後歷經六次公聽會、一百多次協調會，才在一九八五年獲准建寺，歷時三年，在一九八八年才完成。」

回憶起「西來寺」建寺的艱辛，大師說：「不只是當時的外教信徒，天天在山下拉白布條抗議；甚至在美國當地的中國法師都寫信給美國政府詆譭佛光山；弄到最後，連美國官員都看不過去，跑來安慰我們說：『別理他們！美國政府又不必聽他們的使喚！』」

佛法西傳的里程碑

「西來寺」可以說是星雲大師佛法西傳的重要里程碑，因此特地取義為「佛法西來」，為了使內涵與形式都完全國際化，西來寺特別取用世界各地的建材，來自台灣的佛像、鐘鼓和琉璃瓦，來自義大利的紅寶石，來自中國的花崗岩，以及韓國的鋼骨、日本的佛具，其餘不足的則由美國本地取材。為了使「西來寺」成為傳統與現代的道場，不只有大雄寶殿、禪堂、法堂、藏經閣等傳統建築，還有完全現代的電腦資訊設備，可以召開最現代會議的會議中心，甚至還辦了西來大學。

我曾多次應邀到「西來寺」演講，也曾在西來寺借住，每次走過西來寺的迴廊，看到巍峨的白牆紅瓦，感覺到自己就站在東與西的交界點、傳統與現代的出口，內心就深受感動。如果說「西來寺」是星雲大師邁向世界的第一道門，就可以深深的看見師父的用心，唯有這麼氣派雄渾、堂堂正正的寺院，才能弘揚人間佛教於歐美、建立人間淨土在西方。

一九八八年十一月，西來寺落成，當期的美國「生活」（*Life*）雜誌曾專文報導，形容西來寺是「美國的紫禁城」，譽為「西半球第一大寺」。

「西來寺」建成之後，使美國學佛的風氣大盛，接著在美國各地興建許多道場，像聖地牙哥的西方寺、舊金山的三寶寺、拉斯維加斯的蓮華寺、鳳凰城的禪淨中心、佛羅里達的禪淨中心、紐約的紐約道場、達拉斯的達拉斯講堂、科羅拉多的丹佛講堂和堪薩斯、新澤西、夏威夷的禪淨中心，以及休士頓、奧斯汀、關島各地以「佛光山」為名的道場。

繼美國之後，加拿大的溫哥華、多倫多、滿地可、愛民頓、渥太華也都有佛光山的寺院。

星雲大師說：「西來寺建成之後，許多佛光山旅居美國各地的信徒，捐出屋舍與建道場，大部分是當地信眾發心、募款、奔走，這實在不是佛光山有特別的能耐，而是佛法本來就好，只是沒有傳揚出去。」

我曾兩度到美國加拿大巡迴演講，到過許多北美的佛光道場，每一個道場都是莊嚴清淨，成為當地佛子的信仰中心，道場裡的法師個個熱忱無私、道心堅固，令我深為感動。

荷華寺的傳奇

後來，佛光道場又是如何到歐洲創建呢？

星雲大師說：「我向來不喜歡講神通，但我相信神蹟是有的，佛光山在海外的道場都有感人的故事，我來講『荷蘭佛光山』的故事吧！」

一九四五年，抗戰已近尾聲了，身為國軍情報員的羅輔聞，奉命到浙江拍攝錢塘江的鐵橋，不幸被日軍發現，被以高射砲擊中機尾，羅輔聞在緊急中與機上的同僚跳傘逃生。

在奔逃的途中，另一位同事被機槍打死，羅則沒命的奔跑，看見路邊有一座破廟，跑進去躲藏，他看見旁邊有一尊菩薩，立刻跑到菩薩背後躲起來。

羅輔聞一躲好，就聽見一隊日軍的皮靴聲，自認必死無疑，連大氣也不敢喘，日軍的皮靴聲在寺內巡了幾次，竟然沒找到他，走了！

等日軍走遠了，羅輔聞從菩薩身後鑽出來，累得在破廟中隨便找個角落睡著了。

第二天早上，他跑到自己躲藏的菩薩前，原本想感謝一下菩薩就跑了，才赫然發現，那尊菩薩是嵌在石壁上的，菩薩身後根本沒有容人的空間，怪不得日軍怎麼找也找不到，原來是菩薩顯靈，自己躲到石壁裡了。當下，羅輔聞感激得涕淚交流，不知如何才能報答菩薩，突然想起舊戲裡的戲文，雙手合十，虔誠的說：

「今日蒙菩薩搭救，將來一定重修廟宇，再塑金身。」

不久之後，大陸淪陷，羅輔聞隨軍來了台灣，後來，奉派到越南大使館當武官，有一個朋友王海濤送給他一本《觀世音菩薩普門品》護身，他便身懷這本普門品出國，後來，輾轉被派到荷蘭當武官，在荷蘭退休，開了一家中國飯店。

中國飯店裡最醒目的就是一尊韋駝菩薩，正是被日軍追捕時搭救他的菩薩金身，他每天虔誠禮拜，生意非常興隆，他開的飯店是阿姆斯特丹最好的中國飯店之一。

後來，羅輔聞生病了，飯店不得不頂給別人，但簽約的條件，就是「必須繼續供奉韋駝菩薩」，沒想到他病情日益加重，醫生紅筆一劃，發出病危通知。

羅太太傷心欲絕，突然靈機一動，想到韋駝菩薩曾經顯靈搭救過先生，為什麼不再去求一次菩薩呢？於是帶著兒女一起祈求菩薩再次顯靈。

說也奇怪，羅輔聞竟奇蹟似的痊癒了。

為了感謝菩薩，他們又把飯店買了回來。

有一天，來了一個陌生的中國人，找羅先生，羅輔聞問他有什麼事？

他說：「想請羅先生到我家，為我媽媽念一堂經！」

羅輔聞說：「為什麼找我念經呢？」

那人說：「我媽媽死在荷蘭，臨終前最遺憾的就是客死異鄉，竟沒有人為她念經送終，她死不瞑目，我聽說羅先生隨身帶著一本佛經，才唐突的請您到我家去，為我媽念經！」

羅輔聞感到很為難，因為他身歷兩次奇蹟，信佛雖然虔誠，卻從來沒有念過經，看到那人為了盡孝，如此虔誠而深受感動，只好勉為其難的為他的母親念了一部《普門品》，就像小學生背書一樣，一字一句把經念完。

這也給羅輔聞一個重大的啓示：荷蘭的中國人這麼需要寺廟，何不在這裡蓋一間寺廟呢？這樣不但有法師可以念經，韋馱菩薩也可以護祐更多的人！

羅輔聞於是找了好友文俱武，還有當地的僑領，在市中心花了三百萬美金買一塊地，興建寺廟，並禮請佛光山的法師去督工興建、駐錫弘法。

星雲大師說：「因緣真是不可思議，二十年前我到荷蘭去，信徒帶我到一家中國飯店吃早餐，我對那家飯店留下深刻印象，因為很少有飯店會供著一尊巨大的韋馱菩薩。十幾年後，徒眾告訴我有人要捐地建寺請佛光山去住持，我特別去了荷蘭，到羅先生的飯店，一看見那尊韋馱菩薩，正是二十年前第一次到荷蘭吃早餐的那一家，當下就決定來建寺了。」

「荷華寺蓋成之後，特地請英國女皇來舉行開幕儀式，荷蘭政府就找當家師：『為什麼寺廟周圍不開燈呢？』當家師就說：『因為電費太貴了，我們寺院要節省開支。』荷蘭政府當場允諾，今後寺廟的燈都點起來，電費由政府支付。這真是一件好事，因為蓋了寺廟、點了光明燈，當地原來是吸毒者群聚的地方，現在吸毒的人也減少了。」

聽完師父講荷蘭建寺的因緣，使我深受感動，忍不住說：「師父實在太會說故事了！」

師父更正說：「不是我會說故事，而是故事本來就是這麼神奇，因緣原來就是難思難議的。」

一間寺院一樁美談

荷華寺的啓建，使佛光山的歐洲弘法邁入新的階段，接著，英國有人捐了一座天主教堂、法國的古堡是政府幫忙重修的、瑞典則是由紅十字會協助蓋了道場……師父說：「這些都不是我個人能力所及，乃是因緣使然呀！」

在佛陀逝世的八百多年間，佛法東傳中國，南傳泰、緬；佛陀逝世兩千多年後，星雲大師把佛法西傳美、加，北傳歐陸，東傳到更東的地方、南傳到更遠的非洲澳洲，大師雖然一句「因緣使然」輕輕帶過，但如果不是星雲大師的德風廣被、胸懷宏偉，足以感天動地、因時應人，這許多不可思議的因緣，如何能「一時薈萃」呢？

因此，德高望重的大陸佛教會趙樸初會長，在晚年時下了一個結語：「佛陀沒有做到的事，星雲大師完成了；兩岸政府達不到的，星雲大師達成了。」

美洲、歐洲的佛光普照之後，澳洲與非洲的建寺，也是一間寺院一樁美談。

「一九八八年，旅居澳洲臥龍崗市的華僑寸時嬌女士，到台灣訪問佛光山，邀請佛光山到澳洲建道場。同年，慈容法師應邀到澳洲，會見臥龍崗市長歐凱爾（Frank Arkell），獲得全市議員之助，捐獻土地二十六英畝。第二年，星雲大師率眾到澳洲勘察，再購土地兩百英畝。一九九〇年，臥龍崗市長和BHP總裁到高雄佛光山參加中鋼舉辦的國際鋼鐵學術會議，夜宿佛光山，看到佛光山的宏偉莊嚴，又目睹大師在國父紀念館的講經盛況，深受感動，全力支持澳大利亞寺院南天寺的建設。落成之日，該地的報紙媒體都刊為頭條，新南威爾斯省長卜卡一再向大師致謝，感謝大師在澳洲建寺的遠見，並命名為『南天寺』，該寺堪稱是『南半球的天堂』」。

「南天寺」的闢建，改變了南半球眾生對佛教文化的看法，接著，雪梨的「南天講堂」、昆士蘭的「中天寺」和「中天講堂」、黃金海岸的「禪淨中心」、伯斯市的「西澳道場」、墨爾本的「佛光山」「佛光緣」、紐西蘭北島和南島的「佛光山」，整個紐澳地區都在佛光普照之中。

澳洲建寺之後，非洲道場的因緣也成熟了。

「一九九二年，南非布朗賀斯特市的議長漢尼・幸尼科親自帶著三公頃土地的合約書上佛光山，敦請星雲大師在南非建寺。當時漢尼議長對佛光山只是耳聞，及至親自看到佛光山的莊嚴氣勢，在贈地的簽字儀式上，當場宣佈把捐贈的土地增加為六公頃。星雲大師遴派慧禮法師到南非，負責建寺事宜。

被漢尼議長譽為『他的勇氣要五千人才比得上』的慧禮法師，在師資、資源、財力缺乏的南非，隔了兩年就成立『非洲佛學院』，許多非洲人在此就讀、出家、學習佛法，如今，『南華寺』已接近竣工。」

在非洲，佛光山共有「南華寺」、新堡的「禪淨中心」、布魯芳登的「禪淨中心」、約堡的「禪淨中心」，以及開普敦、德本、賴索托等禪淨中心……

有是有限的，無是無限的

星雲大師說：「在海外弘揚佛法，在外國建立佛教道場，都不是金錢可以辦到的，而是要有對佛法的信心、對眾生的愛心，還有修行的誠篤，再加上殊勝的因緣才能成就。」

「像我們在南天寺，寺院雖有二十六畝，卻可惜沒有庭園，澳洲政府租給我們一百多畝的庭園，租金每年一元澳幣，等於台幣三十元，移民部部長當場捐出一百元，幫我們付了一百年的租金，從此，澳洲移民的宣誓就在南天寺舉行，由法師監誓。」

「我們在澳洲的聲譽很好，有人把價值八十萬澳幣的狗送給我們當守衛。我們的梵唄讚頌團獲准在世界第一流的雪梨歌劇院演唱，完全不用租金。我們為了中國人往生而蓋的寶塔，一蓋好，澳洲人先來登記，希望自己百年後住在寺院裡。澳洲的國寶無尾熊，經常跑到大雄寶殿和法師一起唱頌……這些，不管花多少錢都買不到呀！」

事實上，這十幾年來，希望把土地寺廟捐給佛光山管理發展，或者從世界各地來邀請建寺的，幾乎無日無之，只可惜佛光山的人力不夠多，經常都要婉拒信徒的捐輸。

師父笑著說：「所以，我的徒弟不怕我要，怕我不要，我這一生一不要錢、二不儲蓄，因為有是有限的、無是無限的。並不是說有人捐土地、寺院給佛光山，我們就要，而是要看佛法長遠的發展，是不是真的能給人福祐、開人的智慧，如果能，即是一無所有，也要開荒闢土，創造佛法的榮華富貴；如果不能，縱使黃金鋪地，我們也不動如山呀！」

不只海外道場如此，國內的道場也是如此，師父講了兩個國內道場闢建的因緣。

等這一天，等了三十年

「一九四九年，我曾路過基隆，當時走過一間寺院，我站在窗口往裡面望去，一位尼師也從窗口往外看著我，當時我的年紀輕，臉皮很薄，不敢擅自進入寺院，就匆匆離開了。

後來，我才知道那間寺廟是『極樂寺』，那位尼師是人稱『女中大丈夫』的修慧法師。

三十年後，修慧老法師是基隆佛教會的理事長，主動到普門寺來找我，他表示，佛光山所做的一切都是『人間佛教』的事業，與他的心意相符，因此想將極樂寺捐獻給佛光山。

我當時想到山上的人手缺乏，如果接辦得不好，豈不愧對老法師的美意，所以就婉拒了，並且邀請他到佛光山上參觀。沒有想到，老法師參觀佛光山之後，更堅定的表示要把極樂寺捐給佛光山弘法，並且發願自己也做一個佛光人，我被他的誠意深深感動，就應允了他的請求。

由於極樂寺是基隆最大的寺廟之一，有悠久的歷史，修慧老法師獻寺的消息傳開之後，受到當地人士的許多阻撓。然而他卻不為所動、力排眾議，不但使極樂寺成為佛光山的分院，還捐出寺中所有存款一千多萬，以及寺裡寶藏多年的黃金。

當修慧老法師將極樂寺交給我的時候，已經八十高齡，他高興的說：『我等這一天已經等了三十年，今天我的心願也終於有了安頓。』

這使我想到三十年前站在極樂寺窗口內張望的情景，如果不是三十年來堅持弘法、心懷道業、一無私念，修慧老法師也不會給我這麼大的信託呀！」

因緣成熟，諸事就會成就

一九四九年的一面之緣，創建了基隆別院的「極樂寺」，過了三十年，一九七九年嘉義別院「圓福寺」的因緣也成熟了。

「一九七九年夏天，管理嘉義圓福寺的七十多歲的老里長陳斗淵，在寺後的芒果樹下睡覺，夢中聽到有人大聲呼叫：『大樹！大樹！大樹！』

陳里長從夢中被驚醒，自己也不明白夢中的含意，與廟裡的朋友談起這個夢，不知道是不是和廟裡積欠兩百萬地價稅有關，有人就建議他說：『高雄縣有個地名叫大樹，大樹有個佛光山，是星雲大師主持的，是不是菩薩指點我們去找星雲大師呢？』

為了不讓這座歷史悠久的古剎因欠繳地稅被充公，陳里長和廟中的護法江旺根、翁羅義等人，到佛光山找我，希望由本山接管圓福寺。我們在一九八一年重新改建圓福寺，是全世界唯一表現華藏世界的殿宇，也堪稱是嘉義地區最莊嚴的寺院。」

星雲大師娓娓道來，可以看到這些宏偉的寺廟都是因緣所生法，是「一花開五葉，結果自然成」，並非刻意安排。

像台北道場是黃麗明伉儷發心護持的、北投安國寺是明定法師交託佛光山接管、石門的北海道場是日本華僑王村文顏捐贈的、永和禪淨中心是黃泰新居士捐出的新屋、三重禪淨中心是合作金庫的劉經理提供的、泰山禪淨中心是許卉吟居士提供的場地、新莊禪淨中心是徐褚格居士捐贈、礁溪的圓明寺是妙觀法師捐贈、頭城的靈山寺是達德法師贈予、桃園禪淨中心是詹煥煦居士提供的、新竹法寶寺是性梵法師託付的、苗栗明崇寺為真空法師所贈、清水禪淨中心是蔡梓文醫生提供的、斗六禪淨中心由李欣樺居士發心提供、台南市福國寺為和妙老法師贈予、花蓮禪淨中心由杜美娥居士提供……

長長的一串名單，難以盡述，據大師表示，佛光山國內外有兩百多所分院，大多是受到大師「人間佛教」的感動與啓發，認同佛光山弘法利生的志業，主動把經營多年的寺院或價值連城的房地捐給佛光山，還有一些是佛光山考慮到信徒修法學佛的便利，自行闢建的，但其中也都有信徒的發心布施，可以說「十方來十方去，共結十方緣」。

這些年捐贈道場的人更多，佛光山也幾乎消受不了，師父感慨的說：「許多道場，硬體設施都很好，可是第一代的住持老成凋謝，後繼無人，這時候就希望交給佛光山來做道場，如果我們不接下來，那些道場很快就沒落了，可見佛法的弘揚要以培養人才為本呀！」

「有人才、有道場、有錢還是不夠的，要有心、用心，我們佛光山創建的道場，光是一條一條列出來就很嚇人了，談到細部更是點滴在心頭。像佛光山現在有二十六個圖書館、九個美術館，圖書是一本一本買起來，佛像是一個一個搬回來，幾十年來穿過時間、空間，仔細思維，就能得到啓發呀！」

「我常說，弘法的人，命是一條、心是一點、人是一個，不斷的往前走，因緣一旦成熟，諸事就會成就！」

在大師的舟帆過處

回想起這些足跡遍及世界的歷程，師父做了一個總結：「不以建寺千百為大，不以身無片瓦為小；上與君王同坐，不以為榮，下與乞丐同行，不以為恥；出家人能得能捨，揮一揮衣袖，不帶走一片雲彩，只管向前走就對了，就像腳步一樣，不捨上一步，就不能跨出下一步呀！」

我想到，師父雖然足跡遍及世界，創建了有史以來最廣的叢林，但師父的心仍像童子一樣，單純、赤忱，有如天上的雲、人間的水。從前，禪門裡把各地參學的行腳僧稱為「雲水」，比喻他們悠然自在，如行雲流水；又把有德的行腳僧喻為「有雲水之性」，他們的性情柔順自如、無所不克，具有解脫、自然、謙卑、韌性、瀟灑、自由自在的特質，他們身著雲衲霞袂，在人間有如航行於洶湧的水上，所到之處，無不是法水滿溢！

星雲大師將佛法弘揚到全世界，也像行雲流水那樣自然無礙，因此當我問師父：「在世界各地弘法遇到了什麼困難？」

師父說：「沒有過不去的困難！」

也許，師父不會真的寫一部《睡覺的經》，但是思及師父從青年時代開始，連睡覺的時間都奉獻給了大眾，心常醒覺，無所分別，對我們實有深刻的啓示。

師父的《旅行的經》則還在書寫，他以人間為道路、智慧做舟航、佛法為羅盤、彼岸為目標、慈悲為懷抱，遊行於世界，是希望作為導航系統，帶領四大海、五大洲的眾生同遊法海。在他的眼中，在高雄蓋佛光山和在洛杉磯蓋西來寺並無分別，在非洲蓋南華寺和在歐洲蓋荷華寺也無不同，寺院不分大小，眾生無分高下，星雲大師都以平等心來度化、導航。

當師父說：「中國人是世界人，出家人是人中人」時，我彷彿看見一片雲流過天際，彩虹橫空、星月交輝，這苦難的人間在大師的舟航過處，是如此繁華呀！

説法

每次到佛光山，走過寶橋的時候，總彷彿看見星雲大師高大的背影走過寶橋，春日的風把他的衣袂吹得飄了起來，沙沙的樹葉與淙淙的溪水傳出了喧嘩的掌聲。

沈吟著的大師並未停下腳步，他剛從佛學院給學生上完深奧的佛學課程，要趕去朝山會館，因為朝山會館臨時來了一些客人求見大師，並請大師開示。這些人不是佛學院學生，他必須為他們講一些易懂而有餘味的佛法。

從西嶺步行過寶橋，前後不過五分鐘的時間，五分鐘正好讓大師打完腹稿，一步入朝山會館，他被請上台講話，這時他的說法就像從胸臆中自然流出，如風吹過竹葉、流水穿過前村，使聽聞者莫不動容。

在寶橋上，清淨身的山色與廣長舌的流水，青青的翠竹與鬱鬱的黃花，總是那麼自然無偽的，他們曾經那樣細緻的體會了大師的步履，大師的心也如明鏡，那樣清晰的映照了一切的有情與無情。

我感受著春天的風，想到如果由這些溪水、山色與黃花、翠竹來評價，當代的高僧，說法第一的非星雲大師莫屬。

心與心、境與境的相逢

他看來毫無準備，卻是胸有成竹，他看來隨緣隨機，卻是全心全意。他的說法不只是依佛而說，也是隨眾生而說，總能講出聽者的人生困惑與生活需要；他的說法不是自己想說什麼，或眾生想聽什麼，而是心與心、境與境在時空中偶然的相逢，心心相印，境境法如；他的說法不是詮釋佛法而已，而是生命的實踐與完成，他心臟剛開過刀，隨即上台說法；他的腿跌斷了，坐著輪椅說法，使與會的眾生猶如面臨勝境，他的光熱與慈和、定力與慧心，不必言說，已廣為弘傳，並深動人心。

他的說法，有比說法的本身更深蘊的、無言的深度，《維摩詰經》裡說到，維摩詰大士的一默，猶如響雷，星雲大師則是帶領我們進入一座繁花盛開、彩虹橫空的春天花園，等到走出花園，內心無言可以形容，才進入那「一默」，使我們的人生從此不時聞到響雷，生命的見解也因而改變了。

我何其幸運，聽過許多次星雲大師的現場說法，也曾數度與大師同台演講，更有幸的是，經常有機會與大師談天說地，得到隨緣的教化。

令我最驚奇的是，我曾多次聆聽師父開示，每次長達十小時，從清晨坐定，到黃昏起座，師父從未移動坐姿，侃侃而談、娓娓道來，自朝至暮，毫無倦容，有時如大鵬展翅，天馬行空，寬廣無限；有時如潛龍入海，垂絲千尺，深不可測。聽那些道淺的人說法，三句已令人昏昧，聽大師的講話，卻是高潮迭起、令人身心拔高到萬里晴空之境。

每次談到興起處，侍者來請大師過堂用齋，我總是期盼著：用過齋，大師不知道要說什麼？

吃過飯，師父總會叫志忠兄和我：「你們隨我散個步，飯後千步走，活到九十九，這散步在佛教裡叫『行香』，多麼美的用語！」

然後師父沉默。

我們在師父小小的書房、辦公室兼會客室繞行，亦步亦趨的隨師父行香，繞了幾圈，師父突然回頭問我們：「現在走幾步了？」

我們感到茫然，不知師父的用意。

師父說：「現在走了三百步，不管是什麼事，連走路也要用心呀！」

為大眾的思維而講經

行香結束，師父總習慣性的問：「剛剛談到哪裡？」

我一提醒，師父的清泉立刻打開，泉水如湧，我們就在清洌的泉水裡，得到了洗滌。每次聽師父如行雲流水、充滿創見的說法，我都會不自覺的想起臨濟宗的祖師臨濟義玄的一段話：

「我有時一喝如金剛寶劍、有時一喝如踞地獅子、有時一喝如探竿影草、有時一喝不做一喝用。」

意思是，臨濟的棒喝有時像金剛王的寶劍，可以截斷人的葛藤煩惱；有時像蹲在平地的獅子，不住在固定的窟穴和窠臼；有時像探水的竿子與撥草的杖子，能夠探出來者的見地；有時意在言外，一喝之中卻在一喝之外。

星雲大師的說法也是如此，千變萬化，自由自在，如三山來禪師對臨濟的評價：「如香象奔波，無有當者。」「如神龍出沒，舒卷異常，迎之不見其首，隨之不見其尾。」

我問師父：「說法的靈感從哪裡來？」

星雲大師說：「其實說穿了不值一文錢，只是時時刻刻、在在處處用心而已，一個人只要有佛心，在生活中看見的，都與佛法有關。用生活來講佛法，自然能切中人心；用佛法來看生活，也自然就能善說法要。」

佛法的見地與生活的體會，相互交感，創造了星雲大師獨樹一幟的「說法」，他的話句句清楚明白，無曖昧難解之處，但是「深者見深，淺者見淺」，唯有境界高妙的人才能在簡易平白中，看見最玄最妙之處。

我覺得大師的說法，如以大樹為喻，佛法是一棵花繁葉茂、結果纍纍的大樹，一般的說法總是像植物學家，分析大樹的年齡、品種、用途、科目、品類等等，因為分科極細，各宗各派是不相容的。因為偏重枝末，一篇《心經》就可以講三個月。

星雲大師不同，他是播種者，不是學者，他在人心裡播下種籽，讓人自己生長、自己去認識心中的樹，他希望種出無邊的森林，因此對所有的大樹都不排斥，因為注重根本，一篇《心經》一天就已講完。

他不只一天講完一部《心經》，也曾一天講完《金剛經》《六祖壇經》《維摩詰經》。

他不只講一部經，他曾一天講完「佛陀的宗教體驗」，又一天講完「菩薩的宗教體驗」，再一天講完「阿羅漢的宗教體驗」，另外的一天，他講「我的宗教體驗」。

他還曾經以三天的時間，講完「大乘八宗的修行方法」，一天平均講兩到三個宗派。

星雲大師講經說法的精要與速率，古代的法師是難以想像的。

大師說：「現代的生活速度快，現代人很忙碌，如果用以前講經的方法，不說一般人吃不消，連出家人也受不了，我們把精華講出來，提綱挈領，提起人對佛法的興趣，只要有興趣就好辦，像一部《金剛經》一天講完，他得到啓發，回去可能用一年研究《金剛經》，這不是比一句一句說給他聽，要有用、實際得多嗎？講經說法是說給大眾聽，不是法師自己說了開心，既是為大眾而說，自然要體會大眾的生活、探察大眾的需要、認識大眾的困難呀！」

「為大眾的思維而講經」是星雲大師講經說法的重要原則，這也使他的說法永遠活潑，跟著時代前進。

新的見解、新的感受

有一次，我去參加一個告別式，由星雲大師主持，在悲慟的家屬和親友面前，大師如此開示：

「人死了，就像搬家一樣，從舊房子搬到新房子，我們看到人換了新家，總是歡喜慶賀，沒聽過啼哭祝人搬家的，亡者捨下用舊的軀殼，換到新的身體，我們應該為他祝賀。人死了，就像移民，一般人移民到美國、加拿大，我們都會擺宴餞行，可能一輩子再也不能見面，我們並不會感到哀痛，現在，死者生前篤信佛教，死後必定往生西方極樂世界，就像他移民到西方，比美國、加拿大更好的地方，我們應該為他歡喜。」

大師開示完畢，悲慟不已的親友都得到了莫大的安慰，也得到了信心、歡喜和希望。

西元二〇〇〇年，世界重要的大事就是人類的基因排序終於由科學家完成，生命的密碼被解開，甚至複製生命都一一實現。根據基因排序，路邊的野草野花，甚至有百分之二十五與人類相同……這些問題在西方宗教界引起極大的討論和爭議。

星雲大師說：「科學越進步，越證明了佛教的真諦，基因、生命密碼、複製人，這些用佛教講的『業』來看，是相通的。一個人的基因、生命密碼是這個人的業，同一個家族相同的基因，是共業；共業中有別業，別業不離共業。至於複製人或動物，不管用什麼方法製造，我們只能製造生命，不能製造心靈，業識的種籽是在生命成形時自然產生的。植物有四分之一基因與人類相同，這正是《法華經》說的『有情無情，同緣種智』，我們更應該『無緣大慈』『同體大悲』呀！」

用科學的新見來詮釋佛法，可以讓人感受到佛法是萬古常新；用生活的感受來說法，則會令人會心不遠。

星雲大師講佛教最根本的「三皈」「五戒」「六度」就是生活上說的。

他說「三皈」：

「皈依佛，點亮心靈燈光，為自己建設了電力公司。
皈依法，儲蓄甘露法水，為自己營建了自來水廠。
皈依僧，長養菩提花果，為自己開發了良田土地。
從皈依三寶開始，有用不完的電、用不完的水，
還有良田土地，生命一定會比從前幸福。」

他講「五戒」：

「不殺生而護生，自然長壽。
不偷盜而布施，自然富貴。
不邪淫而尊重，自然和諧。
不妄語而守信，自然譽好。
不吸毒而正常，自然健康。

受持五戒是對自己對別人的自由尊重，不侵犯別人，彼此就會受益；受持五戒是積極的，不是消極的，中國人講的『五福臨門』：福、壽、康、寧、好德，正是持五戒的好處。」

他講「六度」：

「布施——發財之道
持戒——平安之道
忍辱——做人之道
精進——成功之道
禪定——安心之道

般若——明理之道

所以，菩薩六度如果能徹底實踐，人生大部分的困境都能得到突破。」

一九八八年，星雲大師在美國創建西來寺，為了監工出入方便，他六十一歲，才在美國學開車。有一次台灣的信徒到西來寺，大師權充駕駛，開車載他們去巡視工地，一路上並以開車來講「六度」：「開車就好像在人生路上行菩薩道，要布施歡喜，處處為別人著想；要遵守交通規則，不亂闖紅燈，這是持戒；要忍耐天候路況不佳，謙讓過路行人，這是忍辱；要集中心力，內禪外定，這是禪定；要不怕辛勞，這是精進；要反應靈敏，這是智慧；開車時實踐六度，才能讓我們安全到達目的地；在人生實踐六度，才能抵達彼岸。」

大事著眼，小事著手，無事放手

大師的善於說法，源於他對人性的了解，不拘泥於僵化的觀念，有時會因時因地有一些方便法門。

大師舉了一個例子：

「一九六九年，我率領僧伽救護隊來台灣，隊中有一位性如法師，他到台灣病倒了，罹患了肺結核，已經是第三期。當時的肺結核被稱為『世紀黑死病』，會傳染，大家都不敢和他親近。

「當時物資缺乏，我自己連吃飯都成問題，根本沒有能力送他就醫。幸好我在印光大師的著作後面看到一個偏方，於是照著書上的方法，每天耐心地將批杷葉上的毛刮乾淨，熬成湯汁，一口一口餵他吃。

「等到他的病稍有起色，我聽說韭菜拌飯對肺病復原很好，就用韭菜拌飯餵他，引起許多出家人的閒言閒語，說：『韭菜是五葷之一，出家人怎麼可以吃？』我反駁說：『人都快要死了，吃韭菜治病有什麼了不起！』

就這樣無微不至的照顧了半年，性如法師居然奇蹟似的痊癒了，後來繼甘珠爾瓦活佛之後，擔任普濟寺的住持，弘法度眾，救人無數。」

星雲大師認為，佛法有一些不變的原則，像三法印、四聖諦、八正道、十二因緣，為了引導眾生進入這些不變的原則，有時需要方便法門，這是為什麼觀音菩薩有三十二相、善財童子有五十三參，在形式上、方法上都是千變萬化的。

「心德法師剛出家時，俗心未脫，尤其對於蛋的滋味，更是難以忘懷，因此經常藉故請假回家，好方便弄一些蛋來吃。我知道了原委，有一次聽說他又要請假回家，我就囑咐楊慈滿師姑為他煮蛋、煎蛋、滷蛋、燉蛋、炒蛋……做各式各樣的蛋給他吃。

「心德知道我不准他的假，難過的來找我，我勸他到楊慈滿師姑那兒去一趟，再回來找我，我會准他的假。他到了那裡，一看，哇！滿桌子都是蛋，這一次吃過之後，從此他再也不吃蛋，對蛋望而生畏。

「出家人是不吃蛋的，但是在不得已時要用一些方便法門，做老師的人要常常易地而處，才能達到理事圓融的教化！我在教化時總是從因來處理，原因找出來，比較有真理，光是從結果來教化，就會事倍功半；對於學生也是『大事著眼，小事著手，無事放手』。大處著眼，可以使學生心胸寬廣；小處著手，可以使學生心思細密；無事放手，可以讓學生勇於承擔。」

說法不是單向的事

我經常思維：「為什麼師父可以化繁為簡、舉重若輕的說法，而且說出信徒內心的疑惑與嚮往呢？」後來我想通了，一般的法師說法是以「理」為主、以「戒」為主，這也不行，那也不行，許多路都走不通。大師的說法是以「人」為主、以「事」為主，再將這些人與事植根在戒律與佛理，所以這樣也行、那樣也行，自然對佛法就充滿了信心。

星雲大師說：「一般人說法最喜歡引經據典，我不喜歡引經據典，因為引經據典只是名相，而不是佛法的融通。一般人說法喜歡講又深奧又玄妙的東西，我不喜歡講，我喜歡能表情達意，如果一個理太深太玄，我就不講。一般說法喜歡講自己會的，我喜歡找不會的來說，不會的東西，對自己是新鮮的，對大眾也是新鮮的。」

「說法的內容很重要，形式也很重要，弘法時要營造一個莊嚴的氣氛，但弘法的人要輕鬆自在，只有自己輕鬆自在，聽眾才會從旁觀變成主觀，融入說法者的情境。為了使聽眾進入情境，有時要比手劃腳、手舞足蹈。」

「因此，說法不是單向的事，是從內容、氣氛、形式、情境的互動，我常常說：如果開講五分鐘還沒有捉住聽眾，那次的說法就失敗了。聽眾的反應越熱烈，往往就會講得越精采。」

「聽眾的反應為什麼會熱烈，那是因為我們說的法和他有關係，例如對學生談學習、對經營者講管理、對婦女講女性在佛教的地位、對囚犯講被關與閉關、對老師講愛與關懷等等。如果是和聽眾沒關係的題材，就必須創造一點懸疑，或者每一段留一點餘味。」

說法要創造懸疑

「怎麼來創造一點懸疑呢？」我問大師。

他舉了兩個例子：

大畫家唐伯虎應邀去參加一位貴婦人的生日宴，席間，大家請唐伯虎獻詩一首，以為祝賀。

唐伯虎站起來，就說：

「這個女人不是人，」

大家聽了大吃一驚，議論紛紛。唐伯虎接著說：

「九天仙女下凡塵；」

眾人總算鬆了一口氣，唐伯虎又吟道：

「養個兒子會做賊，」

這下，連主人的臉色都變了，唐伯虎才說：

「偷得蟠桃供母親。」

星雲大師說：「這就是懸疑，我下面要說的，出乎你們的預料，你是『八風吹不動』，我偏偏『一屁打過江』，透過懸疑的鋪陳，到最後的結論就會令人印象深刻。」

大師講了另外一個例子：

有一個吝嗇的人，父親過世了，請法師來誦《阿彌陀經》，法師說：「可以，誦《阿彌陀經》要一千元。」

兒子說：「能不能打個八折？」

法師說：「好吧！」

法師就誦《阿彌陀經》誦到八成，迴向說：「阿彌陀佛，請把這個人接引到東方！」

兒子一聽，不對，就說：「師父！阿彌陀佛不是在西方嗎？」

法師說：「因為打了八折，無法去西方。」

兒子就說：「那我給你一千，你還是送我爸爸去西方吧！」

這時候，爸爸從棺材跳了出來，大罵：「你這個不肖子，為了省兩百元，一下子送我到東方，一下子送我到西方，你要把我折騰死嗎？」

大師說：「這是留一點懸疑，也留一些餘味，讓大家去想：人應不應該吝嗇？佛法能不能打折？正與邪本來就是相對的，一個人不可能又吝嗇又有福報，也不可能又慈悲又殘暴，更不可能又智慧又愚痴，眾生不知道這個道理，一方面做壞事，一方面找菩薩保祐，那是不可能的。」

為平常的故事開光點眼

星雲大師又說了一個故事：

有一個為非作歹的富人，一生作惡多端，臨終前才想到請法師念經，希望能往生西方極樂世界。

法師來念了經，就祈請：「南無觀世音菩薩，請找遠方的菩薩來保祐他吧！南無觀世音菩薩，請找遠方的菩薩接引他到西方極樂世界吧！」

那個人一聽，從床上跳起來說：「我都快死了，你為什麼不請近一點的菩薩，老是請遠方的菩薩呢？」

法師說：「因為近處的菩薩，都知道你為富不仁，沒有一位願意來呀！」

星雲大師說：「佛經裡說『眾生畏果，菩薩畏因』，眾生害怕得到不好的果報，但不知果報有它的原因，菩薩知道因果之理，所以每一個起心動念、行事作為都很細心，這個道理很難表達，但一說遠方的菩薩，大家馬上都聽懂了。」

星雲大師常講「老二哲學」，一般人無法了解，因此他講一個故事：

張家與李家是鄰居，張家老是吵架，李家則是內外融洽，日子久了，張家很納悶，就問李家：

「為什麼我們家天天吵架、永無寧日，為什麼你們家一團和氣，從來沒有糾紛呢？」

李家的人說：「因為你們家都是好人，所以總是吵架；我們都是壞人，所以吵不起來。」

「這是什麼意思呢？」

「比方說，有人打破了花瓶，你家的人都覺得自己沒錯，錯在別人，一味的指責別人的不是，自然就爭執不休了。我們家的人怕傷害到家人，寧可先認錯，打破花瓶的人馬上道歉：『對不起！對不起！是我太不小心了。』對方也立刻自責：『不怪你！不怪你！都怪我把花瓶放在這裡。』人人承認錯在自己，關係自然就和諧了。」

大師說：「好人壞人、老大老二，乃至一切的人際關係都是這樣，退一步就海闊天空了。就好像五隻手指爭著誰是老大，爭來爭去，輪不到小指頭，但是小指頭也不用傷心，雙手合十拜佛的時候，離佛菩薩最近的就是小指頭。」

聽星雲大師說法的人常常會得到意想不到的啓示，那是由於他善於譬喻、善於舉例，那是因為他在佛法上出入自在，在尋常的故事裡，隨手一點，就有畫龍點睛之妙，我戲稱那是「為平常的故事開光點眼」，普通的事在他的口中、筆下立刻活靈活現，充滿了佛法的意趣了。

如何為平常的故事開光點眼呢？例如大師說過一個故事：

一個年輕人結婚了，婚後不久，朋友問他：「結婚好不好呀？」

他說：「結婚真好，我每天回到家，太太立刻給我拿拖鞋，小狗繞著我汪汪叫！」

過了一年，朋友又遇到了，問他：「結婚好不好呀？」

他說：「結婚真不好，現在我每天回到家，小狗給我咬拖鞋，太太繞著我汪汪叫！」

大師為這個故事開光：「一樣有拖鞋穿就很好了，這個世界不變化是不可能的，唯一不變化的就是我們的心。」

大師又舉了一個譬喻：

人生就像球一樣。

青壯年時，在兒女心目中是藍球，人人搶著抱。

年老沒用時，在兒女心中是排球，被拍來拍去。

到老病時，在兒女心中是足球，被踢來踢去。

大師為這個譬喻點眼：「不管是籃球、排球或足球，只要學問很多、道德很好，廣結善緣，都會變成橄欖球，人人緊抱不放呀！」

有一部經我講不出來

我問大師：「如何能保持在那麼好的說法狀態呢？」

大師說：「說法之前，在佛前拜三拜，安靜十分鐘。佛前拜三拜自然得到諸佛菩薩的加持和啓示；安靜十分鐘，則那些佛法的、人間的、生命裡的美好觀點就會像平靜的湖水浮現出來。佛的一切法門我都深信不疑，人生的美好境界、情義交感我也深信不疑，可以談的道理實在太多了。」

「那麼，師父有沒有遇到說法的困難呢？」

大師笑了，他說：「我試過很多次，有一部經我講不出來，就是《地藏經》，因為，第一、我沒有去過地獄，第二、聽的人也沒有去過地獄，第三、老是刀山油鍋，實在太悲慘、太可憐。我相信佛法是帶領我們走向祥和、美好的境界，而不是讓我們生起悲慘和恐怖的！」

總的看起來，星雲大師的說法正是菩薩的四攝：布施、愛語、利行、同事，他把這四攝發揮得淋漓盡致，他說到一件影響他很深的事：

「早年的時候，我們有一個巡迴全省的佈教團，我們決定到澎湖的吉貝島去佈教，有的人就質疑：『吉貝島全是漁民，漁民每天殺生，佛教講戒殺，對漁民有什麼好說呢？』我想到六祖惠能曾經混跡在獵人隊裡生活，覺得對農民、漁民不要那麼嚴苛，還是到漁村去佈教。我教他們雖然不得已有殺行，但不要有殺心，捕到了小魚要放生，以延續生命，我們的佈教受到漁民的歡迎與感戴。這給我一個很好的啓示：六根清淨是究竟的，但是究竟的道德有多少人做得到呢？只有先從不究竟的道德做起，這樣才能推展人間的佛教、普世的佛教。」

我覺得星雲大師最精采的說法，不只在他的講經弘法，也在他的答問裡，他的反應往往充滿智慧，令聽者折服，他的回答簡單明快，有臨濟禪那種棒喝的精神。

有一次在香港弘法，正好法輪功學員包圍中南海示威，中共大規模取締，香港聽眾問大師對這事件的看法。

大師說：「練法輪功是很好的健身運動，如果跑到中南海，運動的地方就不對了。」

還有人問：「對兩岸關係的看法？」

大師說：「互相給予，才能談判：互退一步，才能和平。」

星雲大師回答問題簡單明快，有時只有一個字，就令聞者會心動容。

「佛很多，哪一尊最大？」

「你最大！」

「有外星人嗎？」

「阿彌陀佛就是。」

「為什麼寺廟用水泥做佛像？」

「見泥不見佛。」

「大陸現在最大的問題是什麼？」

「假。」

「請用一句話說，如何改善社會風氣？」

「心中有佛。」

「世界上的宗教領袖，哪一個最好？」

「你歡喜的那個，就是最好的。」

「大師會看地理嗎？」

「恰如其分就是好地理。」

弘法利生，僧家志業

星雲大師說：「你還記得我得瘧疾，我師父送我半碗鹹菜吧！那時我邊吃邊流淚，發願：慈悲的師父呀！今後弟子一定弘揚佛法，來報答師父的恩德，我是一個鄉下平凡的農家子弟，所以能夠一輩子弘揚佛法，從不間斷，與不斷的發願有關呀！弘揚佛法的願望成為我的動力，對佛菩薩人格與道德的嚮往，才使我的弘法能得到那麼多人的肯定，我是出家人，弘法利生本來就是僧家的志業，不值得宣說呀！」

我站在佛光山的寶橋上，聽著遠方吹來的風聲，看著眼前的白雲、青天、翠竹、溪水，以及溪邊在風霜中滾圓了的溪石，心中突然生起一偈：

「寶佛過寶橋，菩薩行菩提；

天星元不動，祥雲自去來。」

在變與不變之處、在動與不動之中、在法與非法之間，我看見大師僧衣的一角飄過，那瀟灑飄逸的衣角，像祥雲流動，佛菩薩曾那樣飄過，歷代祖師曾那樣流動，使我們入流亡所，忘記了時間、忘記了空間，只覺得有大師住世的人間，是多麼的美！

創見

大雄寶

一九八五年，電影導演劉維斌發心要拍一套佛教正統的早課儀禮，聽說佛光山的梵唄唱得最好，決定要上佛光山拍攝。

劉導演告訴我：「我們還缺一個劇本，你願不願意義務幫我們編劇呢？順便到佛光山住幾天！」

我很樂意發心，對寫一個早課的劇本也很有興趣，但真正吸引我的，是可以住在佛光山上，親近出家人。

我被安排住在「麻竹園」的一間套房，這給我帶來很大的震撼，不只是電視、冷氣、地毯，一切的設備都是與一般飯店比肩同步的。

那時候是夏天，夜裡我躺在柔軟舒適的床上，享受涼爽的空調，使我忍不住回想從小和爸爸媽媽進香，住在寺廟的情景。往往一進入廟裡，就被以「男女授受不親」「要遵守清規戒律」為由，分成兩邊，媽媽帶著姊姊住到西廂，我和兄弟隨著爸爸住在東廂。

住的大眾廂房，往往五、六十人一間通鋪，甚至有上百人的，房間看來髒亂破舊，加上進香團人眾雜處，有的人並不愛洗澡，整間房就瀰漫著濕熱與汗臭。想洗澡的端著臉盆到數十公尺之外，數百人圍著一座大水槽，隨意沖洗，有的人沒有公德心，還跳入水槽。

有些寺廟不重視衛生，往往進一趟香回來，身上都是跳蚤和蚊子叮咬的痕跡。

這些進香的經驗，使我小小的心靈留下不少疑問：

「為什麼我們不能全家人住在一起呢？」

大人這樣回答：「男生和女生一起，違反了廟裡的清規。」
「為什麼廟裡不弄得舒適一點，我們捐的香油錢哪裡去了？」
大人這樣回答：「住得越簡陋，就越顯示我們進香團的誠心。」
「至少可以防止跳蚤和蚊蟲呀！」
……

夫妻同住，天經地義

這些答案都使我疑團更深，所以從小學三年級之後，我再也不肯隨父母去進香，因為進香的過程雖然辛苦，還能忍受，住廟的經驗就簡直受罪，夏天汗臭濕熱，冬天的棉被僵硬涼薄，都使我留下不快樂的回憶。

佛光山能突破傳統僵化的觀念，蓋成這座現代化的住居提供給信徒，這是多麼大的創見呀！

來聽聽星雲大師怎麼說：「夫妻來廟裡要分開住，簡直是胡說亂來，夫妻同住是天經地義的，佛陀也肯定夫妻相親相愛的價值，像《玉耶女經》裡不是說得很清楚嗎？夫妻應該和樂相愛，這是夫妻相處的清規戒律。」

「現代化的佛教不能保守退縮、不能墨守成規，在各方面應該力求新的突破、謀尋新的進展。譬如在建築方面，應該講究莊嚴、聖潔，吸取現代科技文明的菁華，追求現代化。有些人來到佛光山，看到佛光山的殿堂客室鋪地毯、裝冷氣，不能了解我們的作法，不以為然的說：『佛光山是佛教寺院，竟然鋪地毯、裝冷氣。』我請教大家，不鋪地毯，難道任它塵土一堆、泥濘滿地才美觀嗎？不裝冷氣，難道熱得汗流浹背才舒適嗎？有的人看到出家人駕駛汽車，驚異不已？看到寺院有現代化的電氣設備，以為新奇。其實一切物質的發明，都是為了使人們的生活更幸福、更舒適，如果透過現代文明的種種產物，能夠使現代人很容易的了解佛教的道理，自然的接受佛教，為什麼佛教要開時代的倒車，矯情不加以運用，而退到蠻荒不便的時代呢？

事實上佛教在每一個時代裡，一直是很進步的，譬如現在大家使用的圍巾，原來是出家人禦寒的東西；一般人喝的功夫茶，是出家人雲水時，隨身的茶器；少女們穿的涼鞋，濫觴於僧侶們的羅漢鞋。佛教要我們清心寡欲，並不是否定社會生活的價值，而是對一切的物質不起執著，役物而不為物所役，只要有片葉不沾身的功夫，何妨漫遊於百花叢中呢？事實上，佛教的理想世界——佛國淨土，譬如極樂世界的輝煌莊嚴，豈僅是冷氣、地毯而已，而是黃金鋪地；房屋的建築不只是鋼筋水泥，而是七寶所成。如果我們抱持娑婆的思想，地毯也不要，冷氣也不用，自取不便，極樂世界不是也會變成娑婆穢土了嗎？」

住在佛光山的那些日子，白天隨著導演組的人工作，夜裡則或在「麻竹園」讀經，或在星空下散步，感覺逍遙自在，人間淨土莫過於此！

有一天晚上，劇務跑來敲我的房門，說：「林先生！我們要到山下喝酒，吃活魚三吃，要不要一起去？」

當時，我剛開始學佛持齋，馬上就拒絕了，心裡還犯嘀咕：「拍佛教的紀錄片，怎麼可以跑去喝酒吃葷呢？」

這件事，後來有弟子向星雲大師報告，大師向弟子說：「你們持戒是要戒自己，不是要管別人的。沒有出家之前，不都是在家人嗎？尚未持齋之前，不多是喝酒吃葷嗎？他們雖然習氣未除，還肯發心為佛教拍電影，這就值得嘉勉，哪一天因緣成熟了，你就是強迫他去喝酒吃肉，他也不肯去了！」

當接待我們的法師轉述了大師的說法，令我既佩服又慚愧，大師看事情總是從美好、正向的觀點去看，使得看似平凡的事，也充滿能量；看似負面的事，也由於寬容得到轉化了。

獨特卓越的創見

這還不玄奇！拍戲近尾聲的時候，正好有一個皈依典禮，那幾位約我去山下喝酒的劇務，本來是最「鐵齒硬牙」的，竟主動的參加了皈依。我私下問他們：「你們不是說佛菩薩鬼神妖怪都不信嗎？怎麼會突然想皈依呢？」

他們說：「講起來很臭屁！我們不信佛教，是因為找不到一位夠資格做我們的師父，現在找到了，只有星雲大師夠資格！」

我們都忍不住相顧大笑。

星雲大師是如何懾服這些頑固份子呢？並非師父用了什麼神通，或有什麼了不起的說法，而是來自他獨特卓越的創見。

有一天，劉導演說：「希望能拍到五百位出家人一起誦經的場面。」

那時候，佛光山的常住法師只有一百餘位，看來這個在想像中「壯觀宏偉」的場面是無法完成了！沒想到報告星雲大師之後，大師一口答應，說：「沒有問題！」

前一天才下的命令，第二天，大雄寶殿裡就集合了五百位法師，個個法相莊嚴、儀表堂堂，唱起梵唄來，聲洪音震，繞樑不絕，那麼動聽的梵唱加上那麼氣派的場景，使在場拍攝的工作人員震撼不已。軍旅出身的劉導演對我說：「這種調兵遣將的效率、一絲不苟的紀律、全力以赴的專注，比起訓練最嚴格的軍隊也毫不遜色呀！」

由於場面太大，鏡頭無法完全攝入，劉導演希望能拍一些由上向下俯望的鏡頭，只有站在佛案上才能拍攝，他問負責的法師說：「可以站在佛案上拍嗎？」

法師說：「不行！不行！佛案上何等莊嚴！何況下面還有五百位法師念經，等一下他們還要向佛像頂禮，你們站在上面，太不像話了。」

佛案與地面有何分別？

劉導演堅持，只好去請示星雲大師，大師聽完我們為了鏡頭美觀的陳述，當場說：「可以，沒問題！」

接著，星雲大師回頭向與導演僵持不下的法師說：「只要心誠意正，佛案上和地面上有什麼分別呢？眾生都是未來佛，法師向未來佛頂禮，又有什麼不可以呢？」

因為星雲大師的開明，我們成了第一群站在佛案上拍法師念經、被法師禮拜的人。臭屁的攝影小組人員事後大表過癮：「真是太爽了，和佛站在一起，接受五百位法師的禮拜！」

我說：「你們也別太高興，因為佛經裡有一位『常不輕菩薩』，他看到每一位眾生都會禮拜，對人授記：『你是未來佛，我相信你將來有一天一定會成佛的！』拜了又拜，結果被禮拜的眾生無一成佛，常不輕菩薩卻成佛了。」

雖然被我澆了冷水，大家依然興高采烈，因為那個場面實在太令人難忘了。也讓工作人員見識到星雲大師處事的圓融明快和非凡卓越的胸襟。

還有一次，我和導演組的幾個人，坐在籃球場邊，看佛學院的學生打籃球，十位剃了光頭的出家人在打籃球，看起來非常奇異。一位攝影助理調侃的說：「看來就像十一個籃球，不知道要拿哪一個投籃才好，哈！哈！……」

他笑到後來樂不可支，翻倒在地上。

這時，一位佛學院的學生跑來，說：「你們正好五個，組一隊來鬥牛吧！」

我們硬著頭皮上場，結果不問可知，被學生們痛宰，幾乎慘不忍睹，攝影助理還死鴨子嘴硬：「沒辦法！場上有六個籃球，我們怎麼打呢？」

後來，佛學院的學生告訴我：「師父年輕的時候也很喜歡打籃球，因此常鼓勵我們打籃球，可以培養團隊精神，可以培養默契，還可以培養無私無我的態度。當然，師父也鼓勵我們各種運動，鍛練體能，從前的出家人說：『修行常帶三分病』，那是錯誤的觀念，我們要有強健的體魄，才能負擔如來家業，做眾生的牛馬呀！」

就是這點點滴滴，使得那些頑強的電影人，最後五體投地的皈依了星雲大師、皈依了佛法。

經過十六年了，我還經常回想當年在佛光山上的點滴，想到星雲大師能使佛法弘揚全世界，德風偃草，得到各階層的熱烈歡迎，除了是「人間佛教的性格」使然，應該是師父無所不在的創見，不拘泥於傳統、勇於開創新局有關，有許多觀念，不只與時俱進，甚至可以說是時代的先驅先行者！

佛教是青年的宗教

星雲大師剛到台灣的時候，發現一般民眾對佛教有許多錯誤的偏見，例如認為「佛教是老年人的宗教」「在佛教裡，男眾勝過女眾」「佛教是西方的，不是人間的」「出家人比在家人殊勝」等等。

大師說：「這些見解都是違背了佛教『眾生平等』的本質，但是大家以訛傳訛、習以為常，如果不能把這種觀念打破，人間佛教的性格就不能確立了。」

首先，大師倡行「佛教是青年的宗教，不是老人的宗教」，他舉出許多的例證：

「佛教本來就是一個青年的宗教，但不知道何以會被誤解為老年人的宗教。譬如說，有人要信佛教卻仍然信心不堅固時，常常就以『到將來老了以後再說』為藉口，彷彿佛教是一個老公公老婆婆的老人宗教，非等到白髮蒼蒼口齒動搖的時候，就不肯及早覺悟。甚至還有人認為，佛教只是在人死了才需要經懺超度的死人的宗教，這些都是非常錯誤的認識。在佛教裡面，我們可以看看，從釋迦牟尼佛開始就沒有鬍鬚，有鬍鬚才算老。此外如觀世音菩薩、文殊菩薩、普賢菩薩、地藏王菩薩……也都沒有鬍鬚。在佛教裡面，沒有一位佛菩薩是有鬍鬚的，只有神道教所信的神明才有鬍鬚，神道教才是老人的宗教；而佛教不是，佛教是青年的宗教。

釋迦牟尼佛是三十一歲證悟成道的，以我們現在來衡量，三十一歲正是青年。又如我們中國文化史上最偉大的聖者玄奘大師，他在二十六歲時發願到印度取經，而他就以這種青年的悲願壯行豐富了我們的中國佛教，提供給後代無數的文化遺產。此外，在浩瀚如海的佛教經典以及佛教史中，也記載了許多青年佛子的光耀事蹟，例如妙慧童女，僅僅是個小女孩，就連德高望重的文殊都向她恭謹的頂禮，所以說，有志不在年高。另如法華經裡的龍女，年僅八歲，就可以在南方無垢世界轉女身成佛，可見在佛教，不但不輕視年輕人，而且也不輕視女人。

東晉時代有一位僧肇大師，是鳩摩羅什座下四聖弟子之一，他去世時才三十一歲，然而他所留下的著作，尤其是《肇論》一書，不但在佛教史上，就是在中國文化史、文學史上，也都是一部不可磨滅的偉大著作。可以說，佛教培育了、塑造了多少的青年，而他們也貢獻出自己，促進了佛教的進步，增添了佛教的榮耀。華嚴經中最著名的善財童子五十三參，一個虛心求道的男童，問道行腳，參訪五十三位善知識、大菩薩，和他們暢論諸佛的境界、菩薩的境界，以一個小小童子，每到一處，都受到隆重的歡迎。所以說，佛教絕不是老人的宗教，而是青年的宗教。」

基於對青年的重視，在宜蘭雷音寺時期，星雲大師就辦了幼稚園、青年歌詠隊、青年作文班、課業輔導班等等，更在每次有活動時，由青年歌詠隊到街上去敲鑼打鼓，叫「大家來念佛」。後來，他更創辦了「智光商職」「普門中學」「南華管理學院」「佛光大學」「西來大學」，以及從未間斷的創辦十六所佛學院，培養青年。

這些創見，不只對佛教影響深遠，對整個社會也影響深遠，威儀、道德、行持、學識都優秀的佛光山青年法師，他們樂觀積極的性格、勇於任事的態度，早就改革了一般人對佛教的看法了。

比丘尼與比丘，一視同仁

早年，在佛教裡盛行一些錯誤的觀點：「男眾比女眾多修五百世」「女人業障比男人重」，到了星雲大師的手中，也大力改革。

他對比丘和比丘尼弟子，一視同仁，看他們的能力，適才適任，把許多重要的工作交給比丘尼。現今的佛光山，比丘尼住持、當家，甚至數量超過比丘。

慈字輩、依字輩的比丘尼，個個都是法將、都是獨當一面的幹才。

為了進一步闡明婦女的重要地位與男女平等的真諦，早在民國五十二年，星雲大師就在宜蘭念佛會講了一系列「佛教婦女故事」，後來集結成書，對於早年民風保守的台灣，這部講稿帶給學佛的婦女無比的信心，「在佛門中，雖有男女相之分，但發心與成佛卻無男女之別」，義理雖然簡明，要打破卻是至為艱難的。

有一次，陪師父進餐，在座還有慈莊、慈惠、慈容三位法師，師父對我說：「他們都是傑出的法將，更難得的是，他們只有和合，不會鬥爭，不只有大丈夫志，胸襟也勝過男眾呀！」

在佛光山，女居士當領導，比丘尼領眾修行，經過五十年的改革，早就是平常事了。

「重視青年」「女男平等」已經不易，要讓在家居士與出家法師平起平坐，甚至由居士講經說法給法師聽，那就更為艱難了。

居士也可講經說法

星雲大師還記得自己年輕的時候，有一些社會上有成就的居士到寺廟裡，見到法師，只肯合掌，不肯禮拜，有一些才出家不久的出家人背後就批評說：「見到法師也不肯禮拜！」

他當時就大感迷惑：「論才學、論道德、論成就，那居士都勝過這法師，為什麼一出家就變大、不出家就變小？是該這位法師向那位居士頂禮才對呀！縱使是沒有什麼才學、道德、事功的居士，他或是施主、或是檀越，供養三寶，出家人如果感恩，也應該向他們頂禮呀！」

還有時候，他看到在家人到寺廟裡，本來是發增上心，想來學法，求得安頓，一進了寺廟，出家人就說：「你應該放棄妻子、捨下財富、發出離心。」然後用一套出家人吃素、受戒、出家的標準來要求在家的信眾。

星雲大師也感到困惑：「在家人應該有在家的佛法，對在家人講出家法，不但不能相應，還會使佛法衰微；一旦相應了，在家人過著出家人的生活，會帶來家庭社會的災難；反過來說，出家人過著在家人的生活，則會帶來佛法的災難。」

這種將「出家修行」與「在家修行」分別看待，使得佛教的四眾弟子都能得到真正的安頓。

從佛光山住持退位之後，星雲大師將心力投注在「國際佛光會」，這是一個真正不分僧俗、不分男女、不分年齡一律平等的佛教團體。他進而創立「檀教師」「檀講師」的制度，授與才德兼備的居士有講經弘法的資格，這不只是創見，也是佛教史上的創舉。

星雲大師經常開玩笑說：「我是外省人，但是本省人比外省人對我好；我是出家人，但是在家人比出家人對我好；我是男眾，但是女眾比男眾對我好！對我而言，本省外省、在家出家、男眾女眾，根本就是沒有分別的。」

佛教應重視此時、此地、此人

另外，星雲大師覺得非改革不可的是，把重視來生的佛教拉回來重視現世，將追求淨土的佛教拉回來建設人間，把將世間視為牢獄、親人看成冤家的佛教，拉回來創造心靈的自由、建立眷屬的和樂。

師父舉了大思想家梁漱溟與太虛大師的一段故事：

「梁先生是位穿著長袍馬褂講『西洋文化』的先生，他與穿著西裝講『中國哲學』的胡適博士都是享譽北大的教授。據說，早年梁先生和幾位同學一齊到北大參加入學考試，放榜後，幾位同學全被錄取，唯有梁先生沒有考上。不過他沒有灰心，反而發了個大願：『有一天我要到北大來教書。』於是他隱居到一個佛教的寺院裡發憤用功，研究佛學，沒幾年時間，他不僅深入佛法，世間學問更是大進。

當時江西教育廳的某些要人，於偶然間發覺他的才識不凡，就在那年暑假，請他在教育廳舉辦的教育學會中公開講學，題目是『東西文化哲學』。他除了講演外，並每天在報紙上發表演說內容，因此，震撼了當時的學術界，北大校長立刻聘請他去執教。此時，昔日和他一同去考北大的同學，還在讀四年級。

抗日戰爭期間，他到四川省太虛大師所主持的『漢藏教理學院』講演。他跟大家說：

『你們佛教的同學都怪我梁某人，過去研究佛學，現在反而進入到儒家，好像對佛教不忠不義，但是我卻為了六個字而離開佛教到儒家的，這六個字是：此時、此地、此人。佛教講到時間，總是推到那麼遙遠，而我們此刻的問題還沒有解決；佛教講到空間，有西方世界、東方世界、他方世界，而此時的社會問題還沒有解決；佛教講到人間，有人、畜牲、餓鬼、地獄、天人、聲聞、緣覺、菩薩十法界那麼多的眾生，可是人的問題還沒有解決。我覺得佛教的理論，過分誇大，我接受不了、容納不下。儒家的理論比較切實際，重視現實、重視建設、重視此刻的人間。』

梁漱溟先生講完後，太虛大師當即提出了一個看法，說：

『在時間上說，佛教雖然講過去、現在、未來，但是，卻重視現在的福祉；在空間上說，佛教雖然講他方世界、十方世界，但是，卻重視現實問題；在人間上說，佛教雖然講十法界無量無邊眾生，但是，卻重在人類，以人為本。』

為了使佛教有更好的發展，星雲大師認為，除了重視過去、現在、未來，更要重視此時、此地、此人。

有人看到星雲大師的創見綿延不絕，稱他為「佛教界的創意大師」，因為他使佛寺的外觀莊嚴輝煌了、使弘法的形式活潑有趣了、使佛經的演示淺易動人了……以為他有過人之能。這過人之能確是有的，卻是源於他對佛法深刻的見地與體驗，只是透過一些新的形式回復佛法的本來面目，更接近佛陀示現人間的本懷！

獨行者必有獨醒

歷史總是這樣呈現的，獨行者必有獨醒，創見者必受創傷，革新者必先革心，在推動佛教現代化、人間化、未來化的過程中，佛光山受到許多的排擠、批評、譭謗、阻難，有時幾乎是寸步難行，但是星雲大師總是以大雄大力來抗衡那些僵化保守的勢力。

大師感慨的說：「我們佛教裡很可憐呀！看到會講經說法的法師，有一些佛教人士就批評說：『這個人不會做事，只是靠一張嘴巴。』看到大力與辦佛教事業的法師，那些人又批評：『這個人只會做事，不會著書立說。』看到重視修行的法師，那些人又批評：『這個人只會盲修瞎練，不懂修行。』反正不論做什麼，總有人批評，一方面希望凸顯自己了不起，一方面希望同歸於盡。我根本不管那些人，只管重視修行、講經說法、與辦事業，只要是對振與佛教有利、對化導眾生有益的事，總是想盡辦法去改革它、完成它！想到從前太虛大師講經，使用黑板寫經，竟被教界人士罵為『妖僧』！我們受到的詆譭也不算什麼。」

讓星雲大師欣慰的是，五十年過去了，從前批評他的人都亦步亦趨的跟隨他的腳步，開始辦夏令營、辦大學，開始重視比丘尼的地位，開始承認在家人也是佛的弟子，開始講人間佛教。他說：「只要大家願意學習，佛教就有希望，最怕的是冥頑不靈呀！」

星雲大師因為以「人間佛教」為泉源，所以創見是全面性的，他回憶起從前初到台灣：「有時候要找一個市區寺廟，在燈火輝煌、繁華熱鬧的地方是找不到的，走到很骯髒、很黑暗的地方就是寺廟了。如果是到郊外，就要九彎十八拐，在荒山野嶺才找得到。有時候找到寺廟了，大雄寶殿金碧輝煌，大眾的廚房卻凌亂不堪，沒有飯吃，也沒有水喝，廁所更是髒亂可怕，令人卻步。

這使得後來佛光山的寺院，如果在郊外，必定風景優美、道路暢通；如果在市區，必定在通衢大道、燈火明亮。不只是佛殿禪堂一定莊嚴雅淨，連廚廁衛浴都是一塵不染。

「而且，上自國家元首下至販夫走卒，進了山門，都會有一杯佛光茶，都能吃到衛生營養的食物。我們希望對信徒的身心靈都有助益，喝茶吃飯是為信徒的身體設想，圖書館、美術館、滴水坊是為信徒的心理設想，禪堂、講堂、佛堂是為了信徒的靈性設想，我們要常有創意的設想，才能使大眾得到身心的開啓與佛法的歡喜。」

要常有創意的設想

為了大眾的方便與歡喜，星雲大師無時不刻都有創意，他為了老人的學習，辦「常春學院」；為了組織男眾弟子，辦了「金剛護法會」；為了女眾弟子的修行，辦了「婦女法座會」；為青年辦「青年隊」；為兒童辦「童子軍」……

他有一次坐飛機，看到空中小姐端著一盤一盤食物，每樣一小碟，份量不多卻營養均衡，下飛機後立即指示研究素食的「飛機餐」。從此，大師請吃飯就吃飛機餐，相信吃過的人都會很難忘，因為經過師父的調教，佛光山飛機餐的美味當然遠遠超過飛機的頭等艙了。

還有一次，他去吃自助餐，回來就叫廚房研究自助餐，從此就非常方便衛生，多一個少一個無所謂，後來也帶動風氣，其他寺院群起仿效。

佛光山的大眾飲食十分味美，有許多菜式是星雲親自調製，教廚房做的，像花生豆腐、番茄麵、皇帝豆麵，都是平凡的食物，但吃過永不能忘。

看到民間寺廟普設籤箱，他整理出六十個「大佛法語」，設籤箱在佛光山，每一支籤都是好籤，給人歡喜與啓示。

看到有的人有錢不看經，有的人愛讀經沒錢可買，他倡行「助印佛經」，讓不看經的人出錢印經給愛讀的人看，互通有無，又各蒙其利。

看到偏遠地區的人無法看病，他組織「雲水醫院」，送醫療到窮鄉僻壤。

看到基督教有「聖誕節」，他倡行「三寶節」——四月八日為佛誕節，七月八日為僧寶節，十二月八日為法寶節，經過多年的努力，佛誕節已成為國定節日。

星雲大師的弟子都知道師父是「點子大王」，幾乎每天都有新點子，而且是領導時代潮流的，即以最有創意的媒體行銷來說，星雲打從佛學院讀書時，就創辦了「怒濤」月刊，還為「徐報」主編「霞光副刊」；來台灣，先後接編「覺生」「人生」雜誌，接著，又創辦「覺世旬刊」「今日佛教」「普門雜誌」。

他成立的佛光出版社，出版了無數的好書，還重編出版編排、印刷內容都很龐大的《佛光大藏經》與《佛光大辭典》，都成為佛學研究者不可或缺的書。近年來，更與加州大學柏克萊分校合作，將這兩套大書鍵入光碟，以永久保存。

一九九九年，在萬眾矚目下，他創辦了佛教的第一份日報「人間福報」，報導對人有益、使人幸福的新聞，成為全台灣唯一正向純淨的報紙。

除了平面媒體，早年，星雲就在民本電台播出「佛教之聲」，然後是中廣宜蘭台的「覺世之聲」，以及在中廣、漢聲、天南各電台播出佛教節目，現在，在美國洛杉磯的「中華之聲」也有「佛光普照」的播出。

從一九七二年開始，星雲進入電視媒體，在中視、台視、華視都有星雲大師的說法，其中「星雲禪語」「星雲法語」「星雲說偈」都是喧騰一時、膾炙人口的電視節目。到了一九九八年，甚至斥巨資創立「佛光衛視」頻道。

一九五七年，星雲就灌錄了六張十吋的唱片，收錄二十餘首佛曲，是佛教音樂唱片的濫觴。一九九七年組成「梵唄頌讚團」，不只在國家音樂廳演出，甚至到世界各地表演，他還成立了「如是我聞」與「香海文化」，專門出版佛教的音樂與歌曲。

我們把星雲大師在報紙、出版、廣播、電視的創見濃縮成短短的數行字，卻可以體會到師父的心血無數。

創見是內涵的發展

大師說：「人人都說我有創意，其實我是非佛不做的，這些創意都是想把佛法推廣出去，以利益眾生。因此，創見不只是形式的變化，而是內涵的發展，佛法有最好的內涵，只是時代不同了、眾生不同了、地域不同了，我們必須創造一個更好的形式，縱使佛陀在世，也會點頭稱是呀！從前弘揚佛法太消極，都是不！不！不！現在我們弘揚佛法要積極，就是要！要！要！凡是於法有益的，我都要去做，創意自然源源不絕。」

因此，聽星雲大師講經說法是一種享受，他往往能以最新的觀點給我們醍醐灌頂，使人豁然開朗。

例如，他講到三寶，他說：「三寶就是佛、法、僧，佛是發電廠，為我們的智慧點燈；法是自來水廠，可以給我們甘露；僧是我們的土地房子，可以創造我們的福田。我們有了土地房子，又有水有電，生活就開始光明幸福了。」

例如，他講五戒，他說：「五戒不是用來束縛我們，而是為了我們的幸福而設的。五戒其實只有一條戒，就是不侵犯。不殺生，就是對別人的生命不侵犯進而保護眾生，自然能夠獲得健康長壽；不偷盜，就是對別人的財產不侵犯進而布施喜捨，自然就能發財而享受富貴；不邪淫，就是對別人的名節不侵犯進而尊重他人的名節，自然家庭和諧美滿；不妄語，就是對別人的信譽不侵犯進而讚歎他人，自然能獲得善名美譽；不吸毒飲酒而遠離毒品的誘惑，就是對自己的理智不傷害，從而不去侵犯別人，自然身體健康、智慧清明。」

例如，他講死亡，他說：「我們在親友喬遷新家時，往往登門祝賀；有親友要移民出國，常常到機場歡送，人死也是一樣，死亡是喬遷新家，往生是移民淨土，我們日後也可以去親友的新家相會、將來也可以到淨土移民，何必傷心過度呢？」

例如，他講迷信地理風水之害，他說：

「宗教本來是追求人類心靈自由的東西，但是有的人卻反而以宗教來束縛自己。煩惱、金錢、愛情會束縛我們的自由，有時不正的信仰所給我們的枷鎖，其束縛力更大、更深。譬如有的人要蓋房子，就請地理師來勘察風水、方向，地理師比比劃劃一番後，信口雌黃的說：『你的房子與蓋的時候，方向不要太正，太正了對後代子孫不利，要這樣子斜斜的比較好。』

為了蓋房子，將來遺禍子孫，事態嚴重，只好聽從地理師的話，把房子蓋得斜斜的。

有的人親族逝世了，要入土安葬，為了避免凶煞，也要請地理師來看時辰。地理師於是選了一個良道吉辰說：『埋葬的時間最好是晚上八點入土，如果這個時辰不入土，恐怕對子孫有害，並且屬猴的，最好避開，以免惹煞上身。』

為了聽從地理師的話，屬猴的兒子，只好退避三舍，連為人子女最後的哀傷之禮，也沒有辦法盡到。為了接納地理師的意見，超薦誦經的師父和遺族，天色陰暗的黑夜，還要在荒煙蔓草的累塚中，看閃滅不定的燐火，回家之後，久久揮不去胸中的幢幢鬼影。

有的人生下孩子，請個算命先生來給孩子算個八字。算命先生算出小孩子命帶煞氣，長大以後會剋父害母，結果還沒有享受到弄璋弄瓦的喜悅，這個孩子從此成為父母的眼中釘，家庭陷入愁雲慘霧之中。

我們的人生，不一定有神明鬼怪會懲罰我們，其實鬼神也沒有必要降災賜福給我們，一切都是我們自己缺乏正見，以自己的愚痴束縛了自己，使自己不得自由。人世間的禍福，決定在自己的手裡，我們要做自己的主人，不要把自己交給鬼神、甚至愚昧的巫術之流去主宰。」

在星雲大師的說法中，我們可以看到處處都是創見，而且他的說法總是與時俱進，扣住社會與時代的脈動，例如飆車族盛行時，有一位信徒跑來找大師：「師父！我每天都拜菩薩，請菩薩保祐我的兒子，可是最近他還是出車禍，是不是菩薩不靈？」

星雲大師說：「菩薩是很靈，但是你兒子騎得很快，連菩薩也追不上呀！」

例如最近生命的密碼被解開，人類的基因排序破解了，星雲大師就以基因為例，說：「一個人的基因，一輩子不改變，這就是佛教裡『業』的證明；種族的基因相似，則是『共業』，在共業中有別業、別業中有共業，可見科學越發達越是證明佛教的觀點是顛撲不破的真理！根據基因研究，路邊的一棵野花，也有百分之二十五以上的基因與人類相同，也證明了『有情無情，同緣種智』的道理！」

例如人類社會因為破壞了自然而自食惡果，星雲大師就以佛為例，說明環保的重要，他說：「佛都是環保專家，像釋迦牟尼佛主張不殺生，愛惜每一個眾生，自然就不會破壞環境；不偷盜，不從自然界中盜取自私自利的資源，環境就會得到保護，像阿彌陀佛的極樂世界，蓮花盛開，繁茂美好，樹木莊嚴，眾鳥歌唱，不都是環境保護的結果嗎？所以，佛教徒有環保概念、環保意識才是佛的本懷！」

如果沒有前進開明的思想、不斷學習創造的觀點，無法講出這麼契合時代的說法；如果不是深刻的智慧與悲心，也不會有如此動人的啓示。

從國際化到本土化

聽星雲大師說起，現在佛光山的道場遍及全球，早就「國際化」了，但是接下來，他希望這些道場在十年內可以「本土化」。

大師說：「一般講本土化，都是以自我的觀點來說，我的『本土化』不一樣，是站在外國的立場來說，就是希望能把在國外的道場交給當地的外國法師主持，例如非洲的寺院交給非洲人、歐洲的寺院交給歐洲人。有一些弟子問我：『師父呀！我們費盡千辛萬苦的起建寺院，難道就這樣無條件的交給外國人嗎？』我說：『從前，印度的大師，像達摩、鳩摩羅什、竺法蘭到中國傳法，如果到現在寺院還在印度人手裡，中國的佛法會有今天嗎？』佛法是屬於一切眾生的，一切眾生也都需要佛法，當地的法師弘揚佛法，比我們弘揚佛法自然是事半功倍！」

原來，這就是師父心目中的「本土化」，師父這種長遠與寬闊的胸襟，應該也只有歷史上的大師可堪相比，像達摩傳法中國，一花開五葉之後，飄然遠去；像鑑真東渡日本，使法緣大盛之後，安然而逝。小格局的弘法者如同採自己園子的果子與人分食，果實是有限的；大格局的弘法者到別人的園中種果樹，等到開花結果，自己則揮一揮衣袖，不帶走一片雲彩，除了佛的足跡，不留下任何東西；除了法的歡喜，不帶走任何東西；這樣，那些果實就是無限的，會一代一代的傳揚下去。

星雲大師不只是有不斷的創見，可以說一生都是活在創見裡。

千幸萬幸，眾生之幸！

我時常在想，如果師父不是一個宗教家，他會在人間留下什麼樣的功業呢？

他可能成為一位偉大的建築師，他沒有學過一天建築，卻興建了一百多個道場，每一個都是格局恢弘、堂堂正正，使許多一流的建築師也俯首讚歎。

他可能成為一位偉大的教育家，他沒有任何正式的文憑，卻在二十歲就擔任「白塔國小校長」，從此一生作育英才，興辦許多佛學院，辦了「智光商職」和「普門中學」，甚至辦了幾個大學——「佛光大學」「南華大學」「西來大學」，啓發的心靈無數，皈依弟子數以百萬計，正是一代大教育家的典型。

他可能成為一位偉大的作家，他沒有受過寫作的訓練，卻在二十三歲完成《無聲息的歌唱》一書、二十八歲寫成《釋迦牟尼佛傳》、三十歲寫成《玉琳國師》、三十二歲寫成《十大弟子傳》。在一生中，寫作從未間斷，一般人「寫作等身」已經很了不起，他是「寫作逾身」。更難能的是，他二十幾歲寫的書，經過五十年，如今讀起來還是那麼優美動人。

他可能成為一位紅頂商人，他沒有做過一天生意，如果把他所創建的道場、學校、藝術館、圖書館都換算成企業的資產，他的「跨國企業」與「志業員工」比起任何跨國企業集團都不遜色。

他可能成為一個偉大的廚師，他年輕的時候為寺廟採買、當廚師，可以同時使用六個鍋煮菜，短短時間就能做出給上百人吃的飯菜，吃過的人都讚不絕口。

他可能成為一個偉大的社會運動家，他的才思敏捷、口才一流，善於譬喻、講故事，又有非凡的群眾魅力，如果領導社會運動或做政治領袖，一定能顛倒眾生。

他可能？他幾乎有無限的可能！

千幸萬幸，眾生之幸！星雲大師成為一位宗教家、成為人天的師範，他將無限可能融冶於一爐，使佛法發光發熱，使佛光普照三千界、佛法長流五大洲。也因為他深入人間，看到佛法在世間，人成即佛成，使他能捨棄玄虛，斬釘截鐵的說：「人格提到最高境界就是佛！」他有這麼多的創見，是為了使佛法的真、佛法的善、佛法的美以更簡易的方法深入民間，對自己的創意，師父如此自評：

「理要事顯，一切的創造，是為了達到事理圓融的境界呀！」

親恩。

「父病危，請速返鄉。」

我在報館開完編輯會議，回到自己的辦公室，發現桌上壓了一張助理編輯的字條，看了我心頭大震，匆匆簽了假條，便趕回鄉下。

在醫院住了兩個月的父親，已經進入彌留狀態，我們用救護車將父親護送返家，剛開始學佛的我，一路伴隨父親念佛回家。

當父親躺在廳堂，只剩下微弱的呼吸，我知道，這是父親此世的最後時刻了，佛經裡說，臨命終時，神識清明，應該請人助念，以利往生。

到何處找人助念呢？我雖然學佛，與寺院並無淵源，一時也感到徬徨，突然靈光一閃：何不請佛光山的法師助念呢？因為事情緊迫，我先打了一個電話給佛光山在旗山的念佛會，再打了一個電話到佛光山寺務監院，我說：「我的父親快往生了，拜託師父來幫忙助念。」

半小時後，宗忍法師與另外三位法師火速從山上趕來，為父親助念阿彌陀佛聖號。過兩小時，慧軍法師率領十一位法師及旗山念佛會的十五位居士，共同為父親助念。廳堂裡滿滿都是法師，佛號迴蕩在鄉間寧靜的夜空，我想到父親何等的福報，往生時諸善上人聚集為他送行！我又想到自己何等的慚愧，並沒有為佛教做過什麼事，卻在這重要的時刻，得到這麼多法師居士的相助！這樣思維，使我涕淚滂沱、不能自己。

法師為父親念佛到半夜，突然室內檀香滿溢，充滿了法的芬芳。我們接著為父親念佛到天亮，一直到父親過世，宗忍法師又帶幾位法師來助念，持續八小時後，掀開父親身上的白布，看到父親神情安詳、面露微笑、全身柔軟、頭頂猶有餘溫，令我們深感欣慰。

佛光山的法師有夠讚

這是一九八五年，父親過世的情景。接下來，佛光山的寺務監院為父親協辦佛事，由頭到尾，全心全力，依淳法師在為父親誦《金剛經》時，甚至過度勞累，不支倒地，休息片刻，又堅持繼續誦經，令我們感動不已。

在我的筆記裡，記載了這些法師的名號：宗忍、慧軍、依忍、依果、依淳、慧開、慧德……還有一些不知名的法師，他們共同的名號是「佛光山的法師」，是星雲大師的弟子，當時他們的威儀細行，都在我們那素樸的鄉間帶來無比的影響，大家眾口交讚：「佛光山的師父實在有夠讚！」他們帶來佛教的法會儀禮，光明莊嚴，也使鄉人震撼不已，一些年老的長輩紛紛預約：「我死的時候，也要請佛光山的法師來念經！」

十年之後，我的母親過世，也是請佛光山的法師來辦佛事，住持心定法師特來拈香，母親最後一場「三時繫念」的佛事，來參加的法師有二十六位，鄉人問我：「你和佛光山有什麼特別的關係？」我說：「並沒有什麼特別關係，我只能說是星雲大師的百萬弟子之一，十年前，他們來幫我父親辦佛事時，我甚至還沒有皈依大師呢！」

佛光山的法師為我的父母親做佛事，使我感念不已，在佛前發願：願永遠做星雲大師的弟子，永遠護持佛光山，永遠護持佛教！

我知道，佛光山為弟子做佛事，並非特例，好友簡志忠的尊翁過世，星雲大師慨然出借台北道場，辦了一場無比莊嚴的佛事，大師還親臨法會說法，並安慰家屬，使參加的人都非常感動。國策顧問黃越綏會後跑來對我說：「我死的時候，如果法會這麼莊嚴，我死也瞑目了！」

星雲大師一九九五年在菲律賓講經，有一天聽說吳伯雄的父親吳鴻麟老先生過世，即刻趕回台灣，參加吳老先生的告別式。這並非吳伯雄位高權重，而是吳伯雄是師父的愛徒，他們還有一段特殊的因緣。星雲大師初來台灣時，向戶政機關辦戶口，依當時規定必須持有入境台灣的「入境證」，正為缺少入境證煩惱，時任省議員的吳鴻麟出面幫忙，使幾個沒有入境證的僧青年得以辦戶口。後來星雲大師受誣入獄，吳老先生也四處奔走搭救，令師父感念終生。

在星雲大師記憶的匣子裡，這樣的故事順手拈來都使人動容，不論有緣無緣，他總是盡力的奉獻，並在最關鍵的時刻與人結緣，因為自己是宗教師，對「生死大事」深有體會，對信徒的往生、對信徒父母的去世，師父也特別重視。

一碗永遠的花生湯

「多年前，我每至花蓮弘法時，蒙縣長吳國棟先生列席聽講，表示支持，心中銘感無比，後來耳聞其治縣理念，對於他的正直無私更加留下深刻的印象。有一天忽見報載，他因涉嫌圖利他人而撤職查辦，我的心裡一直為他叫屈：身為地方父母官不圖利他人，難道還要圖利自己嗎？後來，聽說他的父親往生的消息，我立刻決定做『不請之友』前往參加。為了不妨礙既定的行程，清晨四點，我摸黑從佛光山出發，在花蓮用過中餐後，隨即趕至他父親的靈堂拈香致意，並即席說法以慰生者，只見他全家大小淚流滿面的送我出門。當車子正要發動時，四維高中校長黃英吉先生走到我的窗前，說道：『大師！您真是一位有情有義的人啊！』一路上望著窗外的藍天白雲、青山綠水，想著黃校長的話，不禁反問自己：我真的是一個有情有義的人嗎？『有情有義』不是每個人應該具備的操守嗎？

「一九九四年十二月，我在台北聽說東京佛光協會會長西原佑一的父親往生，特地趕赴嘉義，為其拈香。西原會長把老先生的靈骨安厝在佛光山時，和我說道：『現在我先將父親送來此地，將來我們全家人都要到這個「佛光淨土」來。』」

「現任女中醫師協會會長的胡秀卿居士，年輕時因為一口漂亮的京片子而名聞廣播界。她儀表莊嚴、為人賢淑，對於三寶虔誠敬信，雖然不是我的皈依弟子，但是基於愛才，每年我在台北國父紀念館主持的佛學講座，總請她擔任司儀，以她那柔美洪亮的聲音，帶起每一場殊勝的法宴。這司儀一做就是二十幾年。

「胡居士是個養女，有一年生母在台中過世，她很有人情味，趕回老家協助料理後事。我知道以後，連夜趕到喪家，主動參加其母的告別式，以表寸心。」

「依空法師的父親張來福老先生是一位中醫師，因為女兒來山出家，所以偶爾也會上山小住。

有一年，他來山上掛單在朝山會館，我擔心工作人員是否招待親切，於是問依空：『父親住得習慣嗎？飲食合胃口嗎？』

依空說他父親因為長年胃疾，三十年來不能進食五穀雜糧，只能喝花生湯，因此這幾天他都親自熬花生湯給父親吃。第二天早齋，剛好侍者端了一碗花生湯給我喝，我突然想起張老先生，趕緊派人把依空找來，要他趁熱送給父親食用。哪知張老先生吃了以後，千言萬謝不絕於耳。

幾年以後，依空告訴我：他父親一直到往生前，都還念念不忘我給他的一碗花生湯，而且經常向親友說：『星雲大師對我們佛門親家多麼禮遇，奉為上賓，別人供養的花生湯，他都慈悲省下來送我吃。』

聽了依空的敘述，我的心中頗有感慨，區區一碗花生湯，就讓張先生對我感激一輩子，而我給了弟子整個佛教的榮華富貴，他們之中能感恩惜福的又有多少呢？事實上，我不但要求全山徒眾要孝敬每一位同門師兄弟的父母，而且我也把這些佛門親家視為自己的父母，給予安養，以報答他們將兒女送來學佛度眾，我以為這就是人間佛教的孝順之道。」

一道心牆，瓦解冰消

「在佛光山編藏處服務的蔡孟樺，最近寫一封信給我，談到她的父親蔡朝豊居士的學佛因緣。

蔡朝豊有六個女兒，自幼就疼愛有加。

七年前，大女兒高中一畢業，懷著滿腔為教熱忱，不顧雙親反對，毅然隨我出家，法名滿維；接著二女兒也起而效尤，承擔如來家業，法名覺寬。猶記得當年她父親有如驚濤駭浪般的憤怒，揚言將訴諸法律，並且不惜與我對簿公堂，好要回他一手養大的孩子。雖然後來因為兩位女兒意志堅定，蔡先生的態度漸行軟化，卻也在心底築起一道堅牆，排拒佛光山，甚至對我有了難解的心結。尤其在孟樺上山服務後，他更是傷心透頂，萬念俱灰。

一九九三年，孟樺的奶奶往生，蔡先生無意中提及：『如果大師能來家裡一趟就好了！』『哇！不可思議！』父親居然希望那位影響女兒出家的『星雲大師』光臨寒舍。聽在女兒的耳裡，真是歡喜萬分。然而又想到我經常在外弘法，行蹤不定，況且家裡根本談不上對佛教有所貢獻，恐怕很難會有這樣的福德因緣。

碰巧我回國演講，知道這件事以後，特別錯開行程，在百忙之中趕抵東港小鎮，為她奶奶主持告別式。孟樺說她永遠忘不了我踏入家門的那一刻，見到父親眼底的淚光；最令她震撼的是，她父親居然跪著供養我。我告訴蔡先生：『我們是自己人，不可以見外，否則我要生氣了。』

四年來，桎梏蔡先生的那一道心牆，頓時瓦解冰消，取而代之的，是一片赤忱的真心、感激。後來，蔡先生不但帶領親戚三十七人上山皈依，更積極的擔任一九九五年東港佛光會會長一職。她問父親：『是什麼力量使您突然信奉佛教、皈依三寶？』他回答道：『大師雖然是一位出家僧，但他的人情，是我們全家族一輩子也還不了的……』

信尾，孟樺寫著：『大師！謝謝您的這份人情，使我的家人有了全然不同的佛化生活，摯誠的向您頂禮！』

「四十年前，我還是一文不名的時候，承宜蘭雷音寺的妙專老尼師接納，讓我在那兒安住弘法；又蒙圓明寺的覺義老尼師提供安靜房舍給我專心寫作，讓我在那裡完成《釋迦牟尼佛傳》《玉琳國師》等書，使我得償文字度眾的夙願。後來他們相繼年老過世，我為其重修寺院、再塑金身，使法脈永存。」

「孫張清揚居士是孫立人將軍的夫人，對於佛教的貢獻更是至深且鉅。從東北到南方；從大陸到台灣；從搶救三寶到捨宅弘法；從慷慨出資、助興善導寺，到變賣首飾、引進大藏經；從成立書局、出版佛書，到行走各地、講經度眾……對於台灣佛教今日的蓬勃發展，孫夫人的貢獻是有目共睹、不容抹滅的。然而自從孫立人將軍事件隱居之後，人情的澆薄現實令人唏噓，年老之後，更是無人問候。我有感於她一生衛教護法，功不可沒，因此經常去探望她。在她往生以後，雖知她有兒有女，但還是自願為其付喪葬費用，並且將她的靈骨送往佛光山安奉。」

「戈本捷居士曾參加佛教譯經工作，並且幫忙編纂《佛光大辭典》。在他晚年時，我接他們伉儷二人同來佛光精舍居住，頤養天年。一九九一年，戈居士往生，我當時剛好骨折開刀出院不久，特地坐著輪椅前往靈堂為他拈香。他的夫人周法安女士感動之餘，匍匐叩謝。戈夫人說她是皇族後裔，只向天子、父母跪拜，這是她生平第一次向外人行此大禮，我聽了覺得真是愧不敢當，因為我只是做佛陀的侍者，代為致意罷了。」

在星雲大師的言談、著作中，這些故事不勝枚舉。在大師口中雲淡風輕的故事，深切的飽含了人間的情誼，使我經常思維：豈只是十方諸佛淨土令人嚮往？在星雲大師的行誼中，人間的情義交感就令人嚮往呀！

我也經常思維：對自己父母的孝養是天經地義，對有緣的人報恩也是理所當然，但是像星雲大師報恩於不識的人、孝養他人的父母，這樣的情操，確是世間罕有的。

他有一位非常偉大的母親

為什麼他能有這樣的情操，當我讀到他懷念自己母親的文章，就完全了解了。一九九六年五月三十日凌晨四時，星雲大師的母親往生，他在六月三日親自為母親主持葬禮，後來他寫道：「眾人誦經念佛聲中，我輕輕的按上了綠色的電鈕，一陣火、一陣風、一陣光，永遠的送別了母親。

當初，二十五歲的母親，生下了我的身體；現在，七十年後，母親的身體卻被我火化了。

母親好像一艘船，載著我，慢慢的駛向人間；而我卻像太空梭，載著母親，瞬間航向另一個時空世界。」

讀著這一段如詩如畫的語言，如在平靜的天空中看見電光火風，感動於人子深深的憂思。

我想到，星雲大師是真正做到了「視天下眾生如父母，生生為之受生；視天下眾生如子女，念念為之護生」，但是視眾生的父母為父母，乃至視眾生如父母的人，必然是對自己的父母有深刻的孝養，推而廣之，才能達到；而視眾生如子女的人，必然是受到父母的啓迪，知道慈悲疼惜之道。

從這兩方面看，星雲大師是幸福的，他有一位非常偉大的母親，雖然生在舊時代，又不識字，卻有著非凡的識見、思想與風骨；一九七八年星雲大師才與別離三十年的母親聯絡上，此後有二十幾年的時間，在日本、香港、台灣、美國等地與母親會面，善盡人子的孝心，這在一個動亂的大時代裡，是多麼的稀有難得呀！

更稀有難得的，是他以一位出家的大師，不但身體力行，還主張、提倡孝道。

記得星雲大師初次回到大陸故鄉探親，並把母親接到台灣奉養時，曾經引起教界的熱烈討論，有的人說：「出家人割愛辭親，尋求解脱，怎麼可以像世俗的人一樣，奉養父母、回鄉省親呢？」

大孝終身慕父母

這種說法原來是不值一駁的，離俗出家是要尋找更廣大的境界，並不是要視父母如陌路、視親友如寇仇。從前，佛陀也提倡孝道，佛陀成道之後，回家探視母親、度化妻兒，這不是「回鄉探親」嗎？甚至化身入天宮為母親說法、在父親的喪禮上親自抬棺，這不是孝養父母嗎？

唐朝的道明禪師，為了奉養高齡老母，編織草鞋出售孝養母親，後人尊敬他的孝行，稱他為「陳蒲鞋」。南北朝的北齊時代，有一位道濟禪師，經常肩挑扁擔，一頭挑著行動不便的母親，一頭挑著經書，到處講經說法。人們敬佩他的孝行，想要代他照顧母親，讓他專心說法，他說：「這是我的母親，不是你們的母親，我的母親如廁吃飯，都應該由我身為人子的親自來侍候。」

大修行者之所以比凡人偉大，是他能把凡情化為聖情，聖情不是絕情的，而是深情的；聖情不是無情無義，而是有情有義；聖情正如中國佛教協會會長趙樸初送給星雲大師的詩：

「大孝終身慕父母，
深悲歷劫利群生；
西來祖意云何是？
無盡天涯赤子心。」

（大孝順的人，一生都會仰慕父母的恩情，有深切的悲心，歷經劫難還能利益眾生；什麼才是佛祖西來的眞意呢？那就是在無盡的天涯還保有赤子那天眞的心呀！）

以佛教的觀點看來，凡是大修行者的母親，必然是有善根福德因緣的，星雲大師的母親也不例外。

大師的母親娘家姓劉，名玉英，出生於江蘇揚州一個鄉村的貧苦家庭，養成了一生勤儉的習慣，她生平不愛置物，卻好布施，不以無物為貧，卻以施捨為富。

勤儉的典範

星雲大師回憶起慈母一生的行誼，把母親的特質形容為勤儉的典範、威儀的行止、勇敢的特性、機智的談話、慈悲的胸懷。

談到母親的勤儉，星雲大師說：

「童年跟著母親過苦日子，從未見過她為貧窮煩惱憂愁，她常告訴我們：『一個人要能「貧而不窮」，見到琳瑯滿目的物品，只要你不想買，你就是富有的人。』基於這樣的理念，她一生不好置物。有幾次，家裡的錢比平時多了些，她立即拿去換了很多零錢，隨緣施捨，以施捨為富。她的理由是『一文逼死英雄漢，一文也可救英雄』。

母親對飲食的需求很淡薄。童年時期，家中因為經濟能力無法購買大魚大肉，但在十八年前母子聯絡上時，七十七歲的母親，看來仍健壯高大。很少人相信，在文革時期被定為黑五類（因我在台灣的關係），每個月收入只有人民幣十一元，三餐不飽的母親，能夠健康良好。

說穿了，母親不以飲食為主要的養分，她以對人的熱心相助、見義勇為、樂善好施為營養。

十多年前，有機會把母親接到美國奉養，我滿心歡喜的準備各式素菜孝敬她老人家，誰知每一餐她的筷子動來動去，永遠只是豆腐乳、醬瓜兩樣，配上稀飯，偶爾加上一杯茶，這就是她最中意的佳餚美膳。如果要讓營養專家來檢驗母親的養生食品，恐怕要認為太不可思議了。

最令她皺眉的是：物質豐富的現代人，既不知惜物，又不好好惜福，她很不以為然。她常訓誡兒孫：『一個人要知福、惜福，才有福。福報就像銀行存款一般，不可隨意花用。』對於這些話，她一生力行不渝。在她房間四處取用方便的衛生紙，抽出來之後，她首先把薄薄的兩張分開，再撕成四等分，這樣至少可以使用八次以上。所以對於有些人竟然絲毫不知疼惜，隨意把潔白柔軟的衛生紙，輕忽的一抽，就用來抹桌子，真是讓她看在眼裡、疼在心裡，難怪她要皺眉了。

安貧、知足，甚至『以貧苦為氣節』，是母親一生最好的寫照。」

威儀的行止

貧苦容易有，但貧苦而有氣節就很殊勝，星雲大師的母親非常重視威儀：「可能是受到外祖母身教的影響，母親一生都注重威儀，所謂『站有站相，坐有坐相』，站著，從不晃動身體，坐下來絕不蹺腿，而且一生從不依靠椅背，即使坐在床上，也不依靠枕頭、棉被。

近年來，我有能力孝養她，就為她備置一套沙發靠椅，希望她可以坐得舒服些，但是多年來從未見她使用過。

不管任何時候見到母親，她總是衣著整齊。對於衣服，無論如何破舊縫補，她都不計較，但是一定要穿著整潔。這些年，慈莊、慧華等人很熱心的為她添置了許多新衣，但是她從不輕易更換，母親念舊與惜物之情，可見一斑。

母親無論說話、走路，向來是安詳有序，不管天大的事情發生，她都不亂方寸。許多在佛教學院受了多年教育，後來又出家受戒的徒眾，都萬分敬佩母親這種與生俱來的威儀、風範。

文化大革命時期，因為謠傳我已易服改裝，在台灣當了某軍營的師長，全家人因而被打入『黑五類』。母親雖然每天都出外做工換取口糧，仍然三餐不繼，只得以撿菜葉、吃野草維持生計，此外，三天兩頭還得被抓去審問。但母親從容不迫的態度，往往令公安人員為之目瞪口呆，眼見問也問不出什麼名堂，終於放棄。」

勇敢的特性

這些威儀的行止不只是外在的，而是內化的，是源自於超越常人的勇敢和擔當。星雲大師記憶最深的一件事情是：「我年幼的時候，一位母親尊為義父的鄰居，竟然在家裡被水桶的繩子一絆，跌了一跤，死了。這家姓解的鄰居家貧無力負擔喪葬費，有人建議母親設法代買一副棺木料理後事，母親當下點頭同意，並即刻搭船上街去備辦所需。

誰知解家的兒子解仁保，竟找了很多人將屍體抬到我家裡來，說我家打死人了。人多口雜，一下子閒言四起、群情譁然、議論紛紛。當時正是盛夏季節，家家戶戶農田缺水，經常發生搶水事件，被水桶繩絆死的人，被說成是因搶水被人打死，許多人也就順理成章的相信了。

揚州派了很多人來驗屍，母親在回程船上聽說這件事，立即將棺木、壽衣退回，準備面對這場官司（由於這起事端，後來屍體直至腐爛、滴血，仍無人聞問）。當晚家裡來了好多人，要把父親抓走。當時年幼的我，被這群擾攘的聲音驚嚇得躲在床下探看，不敢出來。父親被逮捕送到揚州，兩天後，父親經過初審回來了。隨後案子被送往蘇州高等法院審判，父母親是被告，所以都去了蘇州，而原告的解仁保不知何故沒有到庭。可能因為蘇州是個大城，而鄰居解家誣告我們，原來只希望圖個小利，沒想到現在卻要備辦經費，萬一輸了，更是不堪設想，所以缺席了。

法官問母親：『原告為何沒來？』

母親答：『不知道。』

法官再問：『人是你們打死的嗎？』

母親答：『不是。』

由於母親神態自若，不像個沒見過世面的鄉下人，所答也都清楚明瞭，所以當下宣判無罪。

數年之後，我出家在佛學院就讀，母親竟然不念舊惡，來信要我為解仁保找一份工作。家師志開上人有感於母親寬大的胸襟，將解仁保找來，在寺院裡從事打雜的工作。而母親與我雖然關山遠隔，但她的明理與寬容對我一生的影響卻至為深遠。隨著年紀長大，我深深體會到在這個世間上，不必怨恨，不必不平，凡事都應該以平常心來對待、以尊重心來包容，世間上沒有不能解決的事情。」

還有兩件事情使星雲大師永遠難忘，一件是母親營救自己的弟弟——

「七七事變，日軍在蘆溝橋發動戰爭。這一年冬天，戰事蔓延到南京，母親站在揚州的一條公路上，看著自己的家遭日軍恣意焚燒，當時還年幼的我，緊緊跟隨在她身邊，親眼見她若無其事的樣子。就在中日戰爭期間，國軍部隊極力搜尋壯丁，幾乎每天都要應付好幾次這種事情。當時二舅父劉貴生正好在我家，那天又來了一批抓壯丁的人，他立即到廚房的稻草堆中躲藏，可惜一條腿露在外面，還是被拖出來帶走。

過了一、兩天，母親找到了當地的警察局長，提出申訴：『我兄弟上有老母，如果你抓走了他，一家孤兒寡母，生活無人負擔，只有統統到你家生活。』

那位警察局長是個通情達理的人，很快釋放了二舅父。旁人見了這一幕，以為母親是有辦法、有後台的貴夫人，朝她面前一跪，請求搭救親人，後來竟也讓她救了出來。」

另一件是她營救一位陌生的軍人，在國共內戰和對日抗戰之間，「在兩次戰爭期間，每場戰役後都死了好多人。有一次，母親走路時居然踢到躺在地上的一個阿兵哥，阿兵哥還活著，母親寬慰他：『你不要動，讓我來幫助你。』說完立即回家，找了一塊門板，並且請鄰居將這位阿兵哥帶到後方。過了一段時間，我還親見這位阿兵哥升了官，身上帶了一把手槍，到我家來感謝母親的救命之恩。」

因為性情勇敢，星雲大師說：「我母親一生歷經許多戰爭，多次悲歡離合，幾度國破家亡，我們兄姊弟幾人竟沒有看過她掉眼淚，即使父親在南京大屠殺失蹤、自己文革時期飽受折磨，她也不曾落淚。」

承擔是勇敢，最為崇高的勇敢是放下，老奶奶在四十歲的時候，帶著十二歲的星雲大師到城裡去尋找失蹤的父親，正遍尋不著之際，在看熱鬧的廣場，因為一位陌生法師的一句話，她就讓孩子隨棲霞山的法師上山，正是當時的一念大捨大勇，成就了星雲大師，也成就了佛法的傳揚。

機智的談話

在勇氣的背後，是智慧和慈悲，星雲大師在幾次談到母親的智慧時，都忍不住敬佩讚歎，「平常我都是說法給別人聽，但在母親的身邊，卻只有聽她說法的份，因為母親隨緣觸目就能信手拈來，講出許多深刻雋永的道理來。例如，母親到大佛城禮佛，看到麻竹彎彎的垂下來，和揚州直挺挺的竹子大異其趣，便說：『在佛祖前面什麼都得低頭的。』母親在佛教文物陳列館看到千手觀音，就雙手合十，讚言：『菩薩的千手是去幫助人的。』有一回，我陪她從山下走到西來寺，來到一扇鐵門前，我掏出鑰匙，告訴母親：『我們今天改走後門，上去比較近。』母親卻答道：『上等人，主人迎上門；中等人，有人接待人；下等人，求人都無人。前門、後門不要緊，只要到了西來寺可以看到人。』到了西來寺的佛殿，我說：『我來點香給您拜佛。』母親卻回答：『佛祖哪裡要我們的香？哪裡要我們的花？佛祖只要我們凡夫的一點心。』

有一次我在講《金剛經》，不知道母親就坐在後面聽，等我下台之後，母親批評我講得太過高深，並且問我：『怎麼可以告訴大家「無我相，無人相，無眾生相，無壽者相」呢？「無我相」倒也罷了，如果「無人相」，心中、眼中都沒有別人，還修什麼行呢？』聽完母親這一席話，我當下啞口無言，回想過去母親所說的一切，乃至現在所堅持的『要有人相』，不正是在為佛陀『以人為本』的人間佛教寫下最佳的註解嗎？

數年前，我接母親到台灣靜養，曾有記者問她：『台灣好？還是大陸好？』聽到這樣的問題，我在旁一直緊張，認為這個問題很難回答，沒想到母親神色自若的說道：『台灣人民生活富裕、經濟發達，但是我年紀大了，在大陸住得比較習慣。』母親就是這麼一個富有機智、面面俱到、讓大家都能『皆大歡喜』的人，因此無論走到哪裡，都能廣受歡迎。

母親也非常善於觀機逗教，見到什麼人，就能想到講什麼話。有一次看到幾位在家的信徒前來探望她，母親說：有一個兒子在外經商，寫了一封家書給妻子，信中對妻子說：

秋海棠身體保重，金和銀隨意花用，
麒麟兒小心養育，老太婆不要管他。

哪知這封信，做妻子的秋海棠沒有收到，反而給他的高堂老母收到，因此做媽媽的回了一封信給兒子：

秋海棠病在床上，金和銀已經花光，
麒麟兒快見閻王，老人家越老越壯。

看到出家的徒眾來探望她，母親就說：『你們出家都是有根機的，出了家就算是受了一點委屈也是值得的，因為多受一次磨練，就會多增長一份根機。一個人出家學佛，都是因為有「根」的關係，你們要懂得珍惜，好好修行才是。』如果有人問她：『出家有什麼好處？』她會像背書一樣，說道：

『一修不受公婆氣，二修不受丈夫纏，
三修沒有廚房苦，四修沒有家事忙，
五修懷中不抱子，六修沒有閨房冷，
七修不愁柴米貴，八修不受妯娌氣，
九修成爲丈夫相，十修善果功行圓。』

慈悲的胸懷

老奶奶不但機智風趣，也有深刻的慈悲，基於慈悲心，她喜歡為人排難解紛、喜歡布施結緣，也喜歡奉獻給予，星雲大師說：「我小的時候，經常家裡都是家徒四壁、無三日之糧，但她一點都不罣礙，照樣到處為人排難解紛。只要聽到某人有困難，或有人上門訴苦，她立即胸膛一拍，保證為對方效勞。有一次，鄰居的媳婦被婆婆欺負，哭鬧著要回娘家，母親告訴她：『你婆婆剛才來過，都說妳好話，說妳賢慧、說妳勤儉、說妳會持家，怎麼妳現在倒懷恨起婆婆來？』媳婦聽得目瞪口呆，從此婆媳和好，再也沒有類似的問題發生。」

「在揚州老家時，七十多歲的老母親每天都到運河挑水回家，將水煮開以後，親自倒在碗裡（當時沒有茶杯），一一放在凳子上，供附近小學的師生們飲用，後來大家一致稱呼她『老奶奶』以示尊敬。

十年的文革總算過去了，大鍋飯的時代逐漸遠逝，個人可以擁有一些私財。每次鄰居請母親代為買菜，當菜錢不夠時，母親總是將自己省吃儉用所剩下來的錢拿去貼補。大家以為母親能夠買到便宜的好菜，紛紛託她購買，母親也高興承諾，從不說出實情。由於母親性情敦厚，凡事不斤斤計較，為她廣結了許多善緣。

母親不但是左鄰右舍口中慈祥愷悌的老奶奶，也是兒孫心中『無緣大慈，同體大悲』的大菩薩。有一個晚上，孫子李俊、李正向一個叫賣豆花的小販買了一些豆花回來吃，母親知道了以後，感歎：『這麼冷的天，還在外面賣豆花，一定很缺錢用。』說罷，立刻叫他們多拿些錢給那個賣豆花的人。還有一年春節前夕，她為孫子李春來買了一雙新鞋，但在回程的路上看到一個窮苦的人在寒冬中赤足行走，不禁心生悲憫，立即將鞋子送給了對方。眼見春來回家找不到新鞋，焦急萬分，母親在一旁說道：『找得到，是好兆；找不到，是佛光普照。』春來聽到這句頗富禪機的話，念及奶奶一向樂善好施，知道鞋子一定是被送出去，所以穿著舊鞋，也過了一個愉快的好年。」

關於老奶奶的慈悲，最傳奇的一次，是一九九〇年因跌倒骨折，開了兩次刀，仍精神奕奕的參加佛光山的信徒大會，到了台上，她向兩萬個信徒說：

「佛光山就是極樂世界，天堂就在人間。人人心中有個靈山塔，好向靈山塔下修。我要我兒子好好接引大家，讓大家都能成佛。觀音菩薩在大香山得道，我也希望大家在佛光山成道。大家對我這麼好，我沒有東西可以送給你們，我只有把我的兒子送給大家。」

老奶奶晚年的時候，也常訓誨星雲大師：「佛陀、莊周、孔子……都是有母親養的，你收徒弟也要像母親一樣，要盡心的度他們成佛。」

以天下眾生為父母、為子女

星雲大師回憶起這些與母親的點點滴滴，都是歷歷如繪，可見他雖幼年出家，與母親相處的時間雖短，卻受到深刻的啓迪，因為有如此偉大的母親，加上對「人間佛教」的體會，使星雲大師成為「老吾老以及人之老，幼吾幼以及人之幼」的最佳寫照，也使他能「以天下眾生為父母、為子女」。

在佛光山剛開山的時候，一些人經常將一些路上拾來不知姓名住址的小孩送來，星雲大師心生悲憫，蓋了一座育幼院收容他們。

有一天，主管院務的職事對師父說：「我們昨天幫那些無姓名的小孩子報戶口，但是戶政機關不肯接受，必須要有人認養才可以入籍，但是……如果我們認養了，日後……繼承財產或其他方面有問題怎麼辦？」

師父看他一副左右為難的樣子，於是說道：「都歸在我的戶籍下，跟著姓『李』（大師的俗姓）好了。」

「師父！這樣不好吧！如果將來……」他仍然遲疑猶豫。

「不要再說了，天下的兒女都是我的兒女，如果將來怎麼樣，我都心甘情願。」職事為之語塞，拿著師父的資料再去户政機關，這些孩子就全部姓「李」了。

星雲大師的確視這些小孩子如同己出，送他們到學校念書，即使後來他們進普門中學念書，大師也都掏腰包為他們繳學雜費、買文具用品；新年到了，還為他們添置新衣新鞋。有一回，外面的遊客見了這些孩子，說道：「好可憐啊！這麼小就沒有父母。」星雲大師知道以後，下令不准外界人士擅自來此參觀，以免無心的言語讓院童的自尊受到傷害。大師說：「誰說他們無父無母呢？如果我們以幼吾幼以及人之幼之心泛愛天下的眾生，哪一個不是我們的兒女親人？」

共創佛法的桃花源

眾生互為父母子女，循環輪迴，才創建了這個有情世界，讀到星雲大師對慈母的種種回憶，才終於了解，他如何把對母親的感念、懷恩、慈愛推展到一切的眾生。

大師在慈母去世三年之後，曾寫了一篇文章〈滿樹桃花一棵根〉，這是老奶奶的話，表面的意思是「兒女雖然散居各處，但都來自同一個家庭」，深一層的意思是「希望子孫做人處事都能飲水思源、注重根本，唯有根本穩固，才能枝葉繁茂、花開果成」。

大師是出家人，不僅把桃花遍種十方，還和世界五大洲的弟子共創佛法的桃花源，千樹萬樹桃花開，千秋萬世滿人間，以佛法為根，以慈悲智慧為種籽，使眾生根莖相連。大師說：

「只有這樣紹隆佛種、不惜身命、前仆後繼、不斷開花結果，真理的光明才能延伸到永久的未來，妙諦的影響才能擴展到三千世間。」

一九九七年五月十六日佛光山封山法會，星雲大師的封山法語：「封山，封山，常住責任一肩擔；封山，封山，慈心悲願永不關；封山，封山，菩提花朵處處開；封山，封山，弘法利生希望大家一起來。」

佛光山在陳水扁總統代全國信衆懇請下，於二〇〇一年一月一日重啓山門。

由於早年嚴格的訓練，大師可以在「剎那間睡去，當下間醒來」，依然能念佛行誼分毫不差。

星雲大師視野寬廣、心胸開闊，與各宗各派的高僧都有交誼，甚至別的宗教領袖，也時相往來，這是星雲與惟覺法師會面。

年輕時的星雲，一雙僧鞋、一個布包，哪裡需要他，即使再偏遠的地方，都有大師的行履。

星雲大師於九三年時與教廷樞機主教安澤霖會面，相談甚契。右一為單國璽主教。

一九九七年星雲大師與教宗若望保羅二世舉行一場「跨世紀宗教對話」，互相推許世界人類的偉大貢獻。

星雲與達賴兩位宗教大師相見的歷史畫面，顯密交流，無所掛礙。

「一個人只要有佛心，在生活中看見的，都與佛法有關。」星雲大師的說法，人間佛教的具體實行。

聽星雲大師說法常有意想不到的啓示，那是因為大師善於譬喻、善於舉例，而且深入淺出，即便是尋常的故事，經他說出，便有畫龍點睛的效果。

民國四十四年大師推動影印大藏經環島宣傳，是最早在台灣推廣大藏經的法師，他認為經典的保存是佛教的根本命脈。

佛光山宜蘭分院兒童班學生繞佛的模樣，大家謹守分際、行禮如儀，遠勝過各種校規與教條。

台灣佛教界創辦的第一所佛教幼稚園——宜蘭慈愛幼稚園娃娃車。

一九九七年十一月十四日於林口體育館，星雲大師親自按下按鈕，宣布「佛光衛視」正式成立。

民國四十二年
大師首度以幻燈機弘法。

台灣佛教界第一張佛教聖歌唱片及當時的留聲機。

台灣佛教界第一本《佛教聖歌集》及唱片。

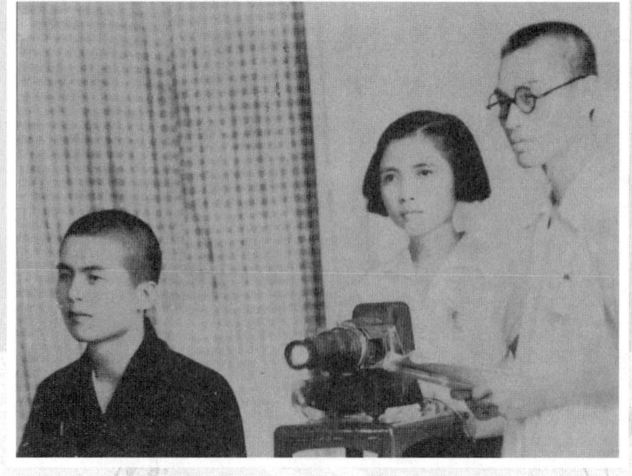

台灣佛教界第一本《佛教梵唄大全集》。

佛教界由大師率先使用幻燈機作為弘法的輔助工具。

說法講經要先引起對方的興趣，只要有興趣，一切就好辦了。

星雲大師有一位非常偉大的母親，雖然生在舊時代，又不識字，卻有著非凡的識見、思想與風骨。

老奶奶說：「大家對我這麼好，我沒有東西可以送給你們，我只有把我的兒子送給大家。」

薪傳。

一九八五年九月二十二日，是佛教史上重要的一天，是日晴空萬里、片雲點太清，星雲大師正式傳燈給心平和尚，宣佈退位。

星雲大師講了一段動人的話：

「佛光山如果要說是我的，就是屬於我的。因為大自然的一切，小如花草清風，大到山河大地，如果你認為是你的，它就是你的了。」

「佛光山，如果要說不是屬於我的，就不是屬於我的。因為不要說佛光山這麼大的園林，不能為個人擁有，即使是自己的身體，也不是自己所擁有的。」

然後他傳位給首座弟子，一身袈裟，飄然離山，幾千弟子跪送大師，有人流下了不捨的淚水。對佛光山的弟子，大師退位是預料中事，因為師父一生都在追求寺院的民主化、現代化、制度化，這正是師父以行動來實踐自己的信念。

但是，想到當月稍早，大師才度過六十歲生日，在中國歷史上的高僧，六十歲正是人生、修行、慧見的高峰時期，星雲大師也正邁入這個高峰，是站在百尺竿頭上，突然宣佈退位，更是令弟子依依不捨。

如果我們跟隨大師的思想與身影，就會知道，星雲大師的退位是必然的。

大智慧者的生涯規劃

從個人而言，星雲大師青年時代的理想「以教育培養人才，以文化弘揚佛法，以慈善福利社會，以共修淨化人心」，到這個時候，根基已經非常穩固，在佛光山，教育、文化、慈善、共修早就形成一個善的循環，「多一個不多，少一個不少」，即使是重要如星雲大師，不在其位，也能運轉無礙。所以，「從初撒菩提，開山奠基；到弘教立宗，傳燈度眾」的階段使命已經完成，星雲大師「其所思者甚大，而其志甚遠」，只有退位放下，才能邁向更廣大的世界。

十年後，星雲大師對自己的生平自題：

「心懷度眾慈悲願，
身似法海不繫舟；
問我平生何功德，
佛光普照五大洲。」

回觀大師退位時的感人場景，才看見大師退位後的短短十幾年，佛光山的佛光早就普照世界，當時大師的退位正如不繫之舟，才使佛光普照五大洲。明眼人想到大師退位的一幕，十年後才猛然一覺，那一次的退位「退步原來是向前」，是大智慧者最動人的「生涯規劃」。

從佛教來說，從此「恪遵佛制，薪火相傳，以制度管理，以組織領導」，邁向了一個民主的新時代。只要有人才，只要有制度，寺廟住持的退位，本是自然而正常的。

相較於傳統的佛教界，因為積習已深，寺廟住持都是終身職，連一般的宗教職務也是終身職，遇到大德大慧者也就罷了，如果所託非人，積習就會成為流弊，流弊一流數十年，影響是非常深遠的。

星雲大師微笑、歡喜、心甘情願的交棒，為佛教的民主化樹立了典範。宗教不能自外於社會的發展，更應領導社會的發展，民主是時代的趨勢，大師實踐民主化，正是時代的先知先覺者。

就在星雲大師宣佈退位不久，達賴喇嘛在美國演講，公開宣佈：「下一世的達賴喇嘛不應該由轉世制度產生，最好是由選舉制度產生。」

從社會來看，星雲大師的退位，對所有的人都是一個很好的啓示與教化。

他教化了擁有，擁有不是權威專擅的，擁有也不是執著獨占的，擁有是「過我眼，入我心，即為我有」。

他啓示了放下，人生只是滄海一粟、逆旅微波，如果能隨時放下、時時放下，何等瀟灑、何等自在？

人才與制度的薪傳

相信一般人，包括寺廟的住持都嚮往著「放下布袋，何等自在」的境界吧！為什麼嚮往，卻放不下呢？

最大的原因是沒有接棒的人。

這是為什麼武俠小說裡，每當少林寺發生法難時，都是住持大師正在閉關的時候。

其次，是沒有傳承的制度。

這是為什麼許多歷史名剎，一旦換了住持，就會道風消褪、名剎蒙塵。

星雲大師可以瀟灑的退位，是因為他的先見之明，他是台灣佛教界最早費心培育人才的宗教家、是接棒者最多的大師，也是台灣寺廟最早建立民主傳承制度的開山祖師。

舉例來說，佛光山在全世界有一百多個道場，每一個道場的住持都是堪當大任的，那麼不只是星雲大師退位，任何住持退位，最少有一百位以上的人才可以立即接任，這是多麼了不起的成就，即使放在歷史上的叢林，也是少見的。

除了人才，制度也很重要，由於四十年前，星雲大師就參照古代的叢林制度，加以現代化、國際化、未來化的眼光，自創佛光宗風門規，使得人才不論如何流通與變動，制度還能使寺院永續。這套制度非常細膩與完備，不只能通過時間的考驗，還是放諸四海皆準的。

星雲大師說：「佛光山派下的寺廟，我退位的十幾年發展得最快，年年都會增加幾個新的道場與寺廟，這並非刻意擴展，而是有許多寺廟經營不下去、願意無條件的交給佛光山經營，還有許多是捧著房契地契的信徒，請求我們去辦道場。為什麼他們願意奉獻那麼大的財產提供佛光山呢？因為他們知道我們有很好的人才和完善的制度。這幾年我看發展太快了，還拒絕了一些想把寺院交給我們的人，否則佛光山的道場還會更多。」

事實證明，那些奉獻道場的人有很好的眼光，一旦由佛光山接手，道場立刻煥然一新，道風也馬上溫暖、明朗而開闊了。

要了解佛光山的傳承與成就，必然要了解人才與制度的薪傳，從佛教的人間發展來看，認識了佛光山的人才培育、制度建立，等於為佛教的未來確立了最好的方向。

「我幼年出家，在傳統的叢林參學了十幾年，叢林裡有很多好的東西，例如修行的鍛鍊，使人謙卑而無我；例如師徒的恩義，使人有深刻的懷抱。但叢林裡也有許多不好的東西，例如落伍的、守舊的、不合人情的觀念；僵化的、無法變通的形式。更大的問題是，深山古剎裡的修習系統，總認為寺廟裡通通是好的，社會上都是洪水猛獸，是不好的。」

「在寺廟參學的經驗，使我深刻了解到人才是佛教裡最重要的資產，只有不斷的發展，佛教才有前途。但是如何使人才有發展？一定要把叢林裡好的東西和社會上好的東西結合起來，使佛教人才不只有傳統的修行品格，也具有現代的人間性格，不只在修行上有境界，也能在社會上有專業的涵養；不只在思想上能領眾，在處事上也能圓融……」

嚴格開明的進階制度

為了使人才能不斷的發展，佛光山成立了「宗務委員會」，將所有的僧眾依學歷、年資、經歷、特殊技能、戒臘、道業、學業、事業各項目，核定僧眾的階位與升級制度。

出家徒眾分成五級：

清淨士——共六級，每級一年至兩年。

學　士——共六級，每級兩年至三年。
修　士——共三級，每級四年至六年。
開　士——共三級，每級五年至十年。
大　師（長老）。

另外，又創立在家眾的「師姑」「教士」制度，即住山發心修行未受出家戒者，分成三級：

清淨士——共六級，每級一年至三年。
學　士——共三級，每級三年至六年。
修　士——共三級，每級五年至八年。

依照這個制度，所有傑出的人才可以依次進階，最後也達到大師、長老的階位。但是，並不是人人都可以升等，如果年資居滿，但沒有特殊表現不合升階標準，另設「安士」，例如「清安士」「學安士」「修安士」。

「這個等級階位的辦法，可以避免傳統佛教的弊病，例如有一些出家人，學業、道業、事業並無可觀之處，一旦剃了頭就做人的老師，甚至私收徒眾、傳授戒法；或者自以為神通，號稱大師；在佛光山不會發生這種情形。我們鼓勵徒眾進修，不但希望他們都有好的學歷，也希望他們對經論、講學、著作都能確實深入，而有心得。我們也鼓勵徒眾在事業上有成就，社會經歷的鍛鍊與成就，也是序列升等的重要條件。我們更重視道業，『早晚殿堂，精進不懈；早齋必到，生活規律；威儀莊重，合乎戒規』這是最基本的，對常住、佛教、弘道事業是否有貢獻，在人品、道德、修持上是否有突破，都是考慮的標準。」星雲大師說。

佛陀設立僧團的精神

佛光山雖有階位及升級制度，但在僧團裡是平等的，有一些人人必須遵守的原則，這些也是參照佛陀設立僧團的精神，例如：

佛光人是常住第一，自己第二
佛光人是大眾第一，自己第二
佛光人是事業第一，自己第二
佛光人是佛教第一，自己第二

星雲大師說：「在佛陀的時代，僧團，本來就是和合眾的意思，也就是清淨和樂的大眾，如果不能養成無私無我的精神，僧團就不能完成普濟社會的願心，這是為什麼我提倡『老二哲學』，我們若不能把佛教的信仰，建立在自己之上，就無法真正得到法益。」

接著，星雲大師認為佛光人，對內要「六和敬」、對外要「四攝」，六和敬是古代僧團的根本精神，它包括了：

一、六和敬的第一是「見和同解」，那就是思想的統一：

如果有人思想不能跟大家一致，走到岔路去，就有可能發生變故。在佛教裡面，大家講究對佛法要有共同的認識，以佛法為行事的最高標準，不可越離軌道。

二、六和敬的第二是「利和同均」，那就是經濟的均衡：有錢的人要幫助窮困的人，有力的人要扶助弱小的人，讓大家都能夠安穩、舒適的生活。

三、六和敬的第三是「戒和同修」，那就是法制的平等：在生活中，個人不可擁有特權；在法制規章之前，應該人人平等。大家養成奉公守法的習慣、公平合理的生活。

四、六和敬的第四是「意和同悅」，那就是心意的開展：就是在日常生活中，大家要養成心胸的開闊，和心意的和諧，不要比較人我得失，不要計較是非利害，心意的和悅，那才是天堂淨土。

五、六和敬的第五是「口和無諍」，那就是語言的親切：人與人相處，常常會有不悅、誤會等情事發生，大都是從言語上引起的，因此，說話懇摯，語氣委婉，大家就能夠和平相處。

六、六和敬的第六是「身和同住」，那就是相處的和樂：

大家有緣相聚一處，講求和諧快樂，你幫助我，我幫助你；你尊敬我，我尊敬你；平等的共居，平等的生活。

「四攝」則是菩薩對待眾生的重要態度，就是「布施、愛語、利行、同事」。

大師說：「先談到布施，有人或許認為我沒有錢財，也不會說法，我如何布施、如何與人結緣呢？其實，布施法門是最容易的。譬如：走在路上，與人碰面了，給人一個微笑，或是一個點頭，這就是布施；開口問一句『好』、道一聲『早』，用嘴巴說一些關懷別人、慰問別人、給人歡喜的話，這些都是布施，是一種不花本錢、人人能做的布施。」

「假如有人認為對人微笑，笑不出來；跟人點頭，不太習慣；關懷、慰問，說不上口，沒有關係，你總有一顆心吧！用你的心來布施。當別人很有禮貌互道安好的時候，你心裡要歡喜；當別人布施、做好事的時候，你也要歡喜，這就是心的歡喜布施。」

「事實上，布施的功德，在日常生活上是非常容易的，隨口的布施，隨手的布施，隨意的布施，隨喜的布施，隨心的布施，不需要花很多本錢，隨時隨處可以做功德。」

「平時我很重視人生的佛教、很重視生活的佛教，我所提倡的佛法並不是精闢深奧的道理，而是生活上都能做得到的。譬如上述的布施功德，只要在日常生活中多用心思，切實去奉行，則相信一定能夠處處如意、人人有緣。」

「除此之外，還有愛語、同事、利行。所謂『愛語』，給人說幾句好話，用鼓勵代替責難，用愛語幫助他人，何必一定說話像刀劍一樣，刺傷別人，讓別人難過呢？所謂『同事』，就是要能設身處地和他一樣，譬如說：他是個軍人，你和他談商業，他會不感興趣；她是一個家庭主婦，你和她談政治，她也不喜歡。你必須能夠設身處地為人設想，他需要什麼，就針對他的需要講佛法。還有『利行』，就是盡自己的能力，去做利益他人的行為，凡事只要把握住『真心為人』的原則，以誠懇、歡喜的心，事事就能夠做得恰到好處。」

媲美唐代叢林的佛光僧團

一般人到佛光山的道場，很容易感受到和樂的氣氛，法師對信徒都是笑嘻嘻的，法師與法師之間也充滿融洽，那是因為「四攝」與「六和敬」傳承的結果。佛光山氣氛雖然輕鬆自在，許多原則是非常嚴格的，例如「不違期剃染」「不夜宿俗家」「不共財往來」「不染污僧倫」「不私收徒眾」「不私蓄金錢」「不私建道場」「不私交信者」「不私自募緣」「不私自請託」「不私置產業」「不私造飲食」。

「這些原則都是我看到佛教道場的積弊而確立的，例如不私收徒眾，佛教的徒眾並不是屬於私人的，而是整個佛教的，以前的佛教濫收徒眾、濫傳戒法、濫掛海單，致使僧格墮落、教團散漫，因此我主張出家弟子只論輩分，不依某一人，例如第二代都是師父，第三代都是徒弟；如果是在家眾弟子，所有出家人都是師父。再如不私建道場，從前佛教興盛時，古德說：『寧可在大廟裡睡覺，不在小廟裡辦道。』因為在大廟裡才能培養奉獻精神，磨練入道的信念，在小廟裡容易謀求私利、自圖安樂。因此每當佛教衰微時，就會這裡成立一間精舍、那裡開設一個佛堂，既不能掛單接眾，又不能專心辦道，因此我們嚴格限制了私自的道場，佛光山都是規模宏大的公有道場。再說不私造飲食，從前有名的律宗首剎——江蘇龍潭寶華山隆昌寺，自古以來，每年春秋兩季傳戒，住眾千人，嚴持戒法，被尊為模範道場。不知什麼時候開始，准許大眾除正餐過齋，各人可以『燒小鍋』，私造飲食。從此，成年累月不上殿者有之、不過堂者有之、在房中宴請賓客者有之、偷竊山中蔬菜竹筍者有之、用常住油鹽者有之，僧格之墮落，制度之破壞，終至使寶華山不再莊嚴，連一般的小廟都不如。」

星雲大師說：「私造飲食，本來是輕微的小事，卻能使僧團弊端叢生，其他的事情也是一樣，若不防患未然，最後就會使僧團不像僧團，失去僧格，還談什麼傳承呢？」

綜觀佛光山的道風，除了是星雲大師早年叢林生活的體會，在精神上受到佛陀原始教團的影響，犧牲、奉獻、忍耐、慈悲、公正、無私、誠信、淳樸；在理念上則受到禪宗叢林的影響，像六祖的人間觀念、百丈的叢林清規、臨濟的宗風等等，再加上星雲大師自己的創見、融會貫通，終於形成了一個媲美唐代叢林的「佛光僧團」，這個「先入世再出世」「先度生後度死」「先生活後生死」「先縮小再擴大」的僧團幾乎所向披靡，建立了一個既有傳統價值、又有現代精神，充滿了未來發展的大團隊。

佛光山僧團汲取了佛陀教化弟子的四種方法：「以慈攝眾」「以法領眾」「以智教眾」「以法養眾」，使僧團成為慈悲、道德、智慧、法樂匯聚的地方。

佛光山僧團也吸收了六祖惠能的精神，就是重內涵勝過重形式，六祖說：「道由心悟，豈在坐也！」「菩提在世間，不離世間覺」「住心觀靜，是病非禪；長坐拘身，於理何益？」「心地無非自性戒，心地無礙自性慧，心地無亂自性定」……都一再的說明了生活、人間、自性的重要性，這也是星雲大師「人間佛教」的核心，也正是《楞嚴經》說的：「聖性無不通，順逆皆方便！」

星雲大師說：「一般人不了解為什麼六祖惠能的禪法會弘傳千年、一枝獨秀，是因為它的簡易、直捷、不拘方便，我們的僧團雖然有許多規矩，在弘傳佛法時卻應該有這種簡易、直捷、不拘方便的精神。」

從百丈、臨濟到星雲

叢林的規矩始創於百丈懷海禪師，這是中國最早、最完整的叢林制度，志在光耀大唐風光的佛光山，自然從「百丈叢林清規」中得到一些傳承，例如：

一、百丈規定「一日不作，一日不食」，立下農禪制度，人人不僅要入堂坐禪，也要出坡種田。佛光山亦然，因為時代不同，佛光山的法師不只是「農禪」，也從事教育、文化、社會福利等等工作，但相同的是，百丈山與佛光山都沒有「閒人」，人人都要工作，發揮專才！

二、百丈禪師說：「吾所宗不拘大小乘、非異大小乘。當博約折中，設於制範。」這種開闊的精神，使百丈禪師能擷取大小乘的優點，例如「寺主稱長老」「住持為方丈」，不設佛殿，特重法堂，可以說是充滿「實際」的精神。佛光山也是這樣，佛光山的宗風超越大小乘，像星雲大師主張的「宗教情操」「因果觀念」「慚恥美德」「容人雅量」都是大小乘共通的，基本上也保留了百丈禪師的「長老」「方丈」「典座」「行堂」等等規矩。

三、百丈禪師主張「定慧等持」「三學並修」，與星雲大師的主張完全一致。

四、百丈禪師有叢林要則二十條：

叢林以無事爲興盛，修行以念佛爲穩當，
精進以持戒爲第一，疾病以減食爲湯藥，
煩惱以忍辱爲菩提，是非以不辯爲解脫，
留眾以老成爲眞情，執事以盡力爲有功，
語言以減少爲直截，長幼以慈和爲進德，
學問以勤習爲入門，因果以明白爲無過，
老死以無常爲警策，佛事以精嚴爲切要，
凡事以預立爲不勞，處眾以謙恭爲有禮，
遇險以不亂爲定力，濟物以慈悲爲根本。

再對照星雲大師手書的佛光山宗風、性格、工作信條二十則：

佛光山的宗風：

1. 八宗兼弘，僧信共有
2. 集體創作，尊重包容
3. 學行弘修，民主行事
4. 六和教團，四眾平等
5. 政教世法，和而不流
6. 傳統現代，相互融和
7. 國際交流，同體共生
8. 人間佛教，佛光淨土

佛光山的性格：

1. 人間的喜樂性格
2. 大眾的融和性格
3. 藝文的教化性格
4. 菩薩的發心性格
5. 慈悲的根本性格
6. 方便的行事性格
7. 國際的共尊性格
8. 普世的平等性格

佛光人的工作信條：

1. 給人信心
2. 給人希望
3. 給人歡喜
4. 給人方便

可以看到雖經過一千兩百年，語言、表現方式不同，其內涵是千古呼應的。

百丈懷海的徒弟是黃蘗希運，黃蘗希運的徒弟是臨濟義玄，星雲大師在法的傳承是「臨濟第四十八代傳人」，也是百丈禪師的傳承，至於「臨濟宗」的開山祖師對佛光宗風有什麼影響呢？

壯大於國際，垂範於永久

有僧問臨濟：「如何是真佛真法真道？」

臨濟說：「佛者心清淨是，法者心光明是，道者處處無礙淨光是。」

臨濟最有名的是「四料簡」和「四照用」。

四料簡：「我有時奪人不奪境，我有時奪境不奪人，我有時人境兩俱奪，我有時人境俱不奪……如中下根器來，我便奪其境而不除其法。如中上根器來，我便境法俱奪。如上上根器來，我便境法俱不奪。如有出格見解人來，山僧此間，便全體作用，不歷根器。」

四照用：「我有時先照後用，有時先用後照，有時照用同時，有時照用不同時。」

可見這位臨濟的開宗祖師創造了一種自由的、因機施教的宗風，這種宗風也影響了星雲大師，他說：「教化徒眾有一百零八種方法，更多的是八萬四千法門，不但要看人的根器，也要看職業、習慣、需要，法不孤起，隨緣而起；法不獨行，隨人而行；宗風雖有路向，對人的啓發是變化萬千的。」

臨濟的宗旨洋洋大觀，但如果他能與第四十八代傳人星雲見面，一定會說這一段話：「如有真道人，念念心不間斷。達摩大師從西土來，只是覓個不受人惑的人，後遇二祖，一言便了，始知從前虛用功夫。山僧今日見處，與佛祖無別！」

真正的修道人，是每一念心都不間斷的，從印度來的達摩祖師只是想找一位不受人惑的人呀！二祖只聽了一句話，立刻知道從前用錯功夫，如果能見到這個境界，與佛祖又有什麼差別呢！

我們可以看到佛光山的宗風是從佛陀一脈相承的，但做為「佛光宗」的開山宗師，星雲更加強了僧團與社會的相容相通，制度的建立有如無私奉獻的國際企業，僧團的評定升級則像大學、研究所，國際佛光會更是如同扶輪社、青商會等公益組織，是國際化最成功的藍本。

由於佛光山道場的和樂積極、兼容並蓄、人間性格，使佛光山的道場深受大眾喜愛，總本山佛光山更成為「台灣十大觀光聖地」，全世界的人到了台灣，北部一定去故宮博物院，南部則必定到佛光山，到後來車水馬龍、摩肩擦踵，使得佛光山不得不在一九九七年五月正式「封山」，一時之間，全台灣的佛教信徒悵然若失。

佛光山歷經第一代宗長星雲大師的退位、第二代宗長心平和尚的圓寂，以及封山，不只沒有稍減其光芒，反而在法務、文化、教育、國際弘法有更長足的發展，一直到二〇〇一年，陳水扁總統到佛光山小住，代眾生向星雲大師請託，佛光山才再度開山，果然，法緣更盛，使我想起封山時佛光山的說明：

「佛光山要像鯤魚一樣潛入大海，有朝一日，蛻變成大鵬鳥時，要舒展寬大的雙翼，庇護更多更廣的無盡眾生。封山，不是封閉，是更深度的沈潛，未來將是更廣度的開展。」

佛光山是注重制度的教團，不論人事獎懲、升等調職、財務會計、出家剃度受戒、道場設立建築，乃至僧團大眾的共住規約等等，都訂有周密的制度，這些制度不是一人專權決定的，而是佛光教團七眾弟子所共同集思、審慎討論所制定。力行制度，是佛光山的一貫精神，也因為這些周密的制度，使佛光山不只今日壯大於國際，相信也能垂範永久。

三代禮樂，盡在僧家

與制度互相輝映的是人才，我們打開「徒眾人事」的一覽表，有許多驚人的發現，佛光山的徒眾有一千三百多人，大專及佛學院畢業的有一千多人，博士、碩士兩百人。人數最龐大的是二十五歲到五十歲的青壯之年，正是弘法最有力的年紀。

徒眾的專長方面，有一些專長幾乎是人人都會，像梵唄唱誦、法器敲打、典座烹飪、名相輔導、演講、外語、電腦，會的人都在八成以上，甚至電器維修、國樂、醫護、音響也不乏其人，幾乎到了「要什麼人才，有什麼人才」的境界。出家僧的國籍，亞、美、歐、非、澳五大洲，遍及全世界。

再看看開士、修士的名單：

慈莊、慈惠、慈容、慈嘉

心定、慈怡、依嚴

慧龍、依敏、心舫、依如、依融、紹覺、依勤、依恆、依空、依淳

依修、依航、依諦、依恩、慧開、慧禮、依品、依清……

個個都是獨當一面的法門龍象，人品、道德、能力都是考驗再考驗、淬煉再淬煉，我每次與這些法師相處，都覺得如沐春風、如逢甘霖，想起宋朝大儒參訪禪林之後，忍不住大歎：「三代禮樂，盡在僧家！」

從佛光山法師的行事言談間，就會看見星雲大師的影子，想起祇園精舍、曹溪風光、百丈叢林、臨濟宗旨，想起千千萬萬以全身心投入而光大佛教的前輩，使我深信，「佛光宗」「佛光人」「國際佛光會」從二十世紀走入二十一世紀，還會弘揚許多許多世紀！

星雲大師在六十歲的時候，曾寫過兩偈，一偈講佛光精神，一偈講個人心境：

「慈悲喜捨遍法界，

惜福結緣利人天；
禪淨戒行平等忍，
慚愧感恩大願心。」

「問彼何人也，佛光山上人；
開宗廿七載，說法四十秋。
課徒千餘眾，分燈五大洲；
化身無盡藏，普爲淨世儔。」

思維再三，想起大師最早到佛光山的景況，他赤手空拳，從野谷密林建起了靈山勝境，從茅莰土階築成了華藏玄門，從粗衣疏食創造了佛光莊嚴。經過三十幾年，有如寒夜天星，有群星共明；又有如藍天白雲，有眾雲追隨；大師之後必有大師，從禪宗史觀之，師師相連，未曾間斷，薪火相傳，光華並續。

如此思維，如不繫之舟的大師，也常常露出欣慰的微笑。

教育

要到大陸西北巡迴演講之前，我去向星雲大師告假，當時，大師正為「玄奘大師」的電視連續劇在斟酌。

他向我們說：「我從少年時期就非常崇拜玄奘，很想能更進一步宣揚他的精神、人格與教理，來改變一般人從《西遊記》裡建立起來的對玄奘的誤解，可惜這個心願一直未能完成。特別是這幾年，我覺得最少要幫玄奘拍一部電影，或者拍一齣連續劇，讓一般人也能認識真正的玄奘，像玄奘大師這麼偉大、這麼有影響力的人，竟然沒有一部電影、一部電視劇，實在太可惜了。」

寧可歸西而死，豈可東歸而生

星雲大師談到年輕時讀玄奘的傳記，讀到玄奘走入八百里的戈壁，上無飛鳥，下無走獸，復無水草，他迷了路，又掉落水囊，所有的飲水沁入沙中，一滴不剩，這時他已走過沙漠中的第四個烽火塔，遠望大漠茫茫，心想：「何不先回到第四烽再說。」於是策馬東歸，走了十幾里路，又生起一個念頭：「我先發願，若不至天竺，終不東歸一步，今何故而來？寧可歸西而死，豈東歸而生？」於是掉轉馬頭，專心一意的念觀音菩薩，向西北前進。

大師說：「玄奘那種『寧向西天一步死，不回東土一步生』的勇氣和堅持，使我深受感動，後來，我堅持走自己的路，經常想到玄奘在流沙行走的心情，總是憑藉勇氣和堅持，度過難關。像這樣一位膽識和毅力超凡、學問與道德卓越的高僧，怎麼可以和《西遊記》裡那個優柔寡斷、疑神疑鬼、膽怯懦弱的『唐三藏』相提並論？我們應該還歷史的玄奘一個真實的面目。」

星雲大師提到玄奘時的神情，令我動容，但是宗教性的電視電影是最難呈現的，要如何才能描繪一位在平靜的寺廟生活中懷抱著無比熱情的人呢？要如何寫出堅拒高昌國王的留置，說出：「玄奘來者為乎大法，今逢為障，只可骨被王留，識神未必由也！」的氣派呢？要如何表現他面對兇惡盜匪時的從容自在呢？要如何表演出面對印度諸王的溢美時的不動於心呢？呀！「其澄波之量，混之不濁」，混濁而複雜的戲劇容易演出，清澄而純粹的境界就很難達到了。

「真希望師父的心願『玄奘大師』能早日完成。」我向師父告假之後，就前往西安大學、西北政法大學、西安交通大學去演講了。

到了西安，我最掛念的是一定要去一趟慈恩寺和大雁塔，去追隨玄奘大師的腳印。

站在慈恩寺的大門，就可以看到後面高高矗立的大雁塔，塔為方形，高大雄偉，莊嚴古樸。我仰望著大雁塔塔尖，想到玄奘大師帶回來的佛經就存放在這裡，使我肅然而不能言語。

玄奘回到長安之後，共十九年，其中有十多個寒暑是在慈恩寺度過的，他在這裡為佛教創立了一個慈恩宗（又稱法相宗、唯識宗），當他在的時候，這裡車水馬龍、香客雲集、遊人如織，經過一千多年了，這裡還是人潮湧動。我在大雁塔前焚香一炷，遙祭先覺，看到香爐滿滿，連插香的位置也找不到，只好把香放入香爐，看著裊裊香煙，飄向塔頂。

崇高的大雁塔，是玄奘為免從印度帶回來的佛經佛像遭遇「火難之失」，於是向唐高宗上書建議蓋一座仿印度造型永遠保存的石塔，以「顯大國之崇基，為釋迦之故跡」，唐高宗答應建塔，卻不同意用石造，下旨改為「磚造」。為了使佛塔符合自己的想法，玄奘親自設計、親自幫忙搬磚營建、親自監工，因此，走入大雁塔裡，處處都能感同身受玄奘大師立塔時的心情：佛經佛像固然珍貴，正法的永續永存才是更重要的。

大雁塔依然聳立如昔，西元七世紀時，長安是全球第一大城，大雁塔是最崇高偉竣的地標，但有比大雁塔更崇高的是玄奘的譯經事業、比大雁塔更偉竣的是玄奘的教育事業。

站在大雁塔俯望西安時，我突然恍然大悟，了解了行前星雲大師說的一席話，師父仰慕的不只是玄奘的人格與精神，而是他在譯經上的影響，與在教育上的成就呀！

尋找佛門的法器龍象

我突然在大雁塔上想起，星雲大師對我說過的，玄奘大師與他的弟子窺基的一段故事，星雲大師說：

玄奘大師在傳播唯識教義的時候，深深覺得：尋找一位傳人，以推展唯識宗的弘揚，是很重要的事。但是這一個人必須是上根、有智慧的人，才能擔當重任。這樣的俊才要到哪裡去尋覓呢？大師後來看中尉遲公的兒子，便要求尉遲公答應兒子出家。

正當年少氣盛的青年，聽說一位出家人要他出家，便傲慢的說：

「笑話！我怎麼會出家呢？」

玄奘大師看出他是一位不可多得的人才，便很有耐性的說：

「我一定要度你出家，如果你跟隨我出家，我就把唯識宗的教理傳授給你。」

青年一聽，鼎鼎有名的高僧玄奘大師，要將唯識思想傳授給他，於是動了心，但仍然趾高氣揚的說：

「你要我出家可以，但是有三個條件，你能答應嗎？」

「有條件就好商量，請開出你的條件吧！」

「第一、我所到之處，必須有一輛車子，裝滿美酒，任我飲用；第二、我所到之處，必須有一輛車子，載滿美女，陪侍著我；第三、我所到之處，必須有一輛車，裝滿書籍，隨我覽閱。」

求才若渴的玄奘大師聽了，不但沒有失望，並且滿口答應說：「所有的條件，我都答應，你能知道要求一車的書籍，懂得求上進，很好！」大師的本意是「先以欲鉤牽，後令入佛智」。因此收他為弟子，這就是後來創立法相宗、恢弘唯識哲學的窺基大師。

這麼一個不守戒律、違反戒律的青年，進入了佛門，佛門的弟子當然會很反感。但是連謹守戒律、創立律宗的祖師——南山道宣，也非常愛護窺基大師。有弟子看不下去就對道宣律師說：「師父！為什麼你老是看重窺基這個不守清規的佛門敗類？」道宣律師說：「沒有關係，他只是世間的習氣還沒有完全斷除，有朝一日，他將會成為佛門的法器龍象，光大佛教。」如道宣的預料，後來傳播玄奘大師的法相要義、闡揚唯識思想的人，正是窺基大師。

從窺基大師的例子，反觀今日有多少的佛教青年，投身到佛教，偶爾有一點過失缺點，常常受到佛教界人士的圍攻、打擊，使他們在佛教裡沒有存身之地，而悄悄的離去，佛教因此而損失不少的人才，像玄奘大師、道宣律師，這樣慈悲寬宏、方便攝受，因此能造就曠世的奇才，無怪乎唐朝的時候，佛教人才輩出，顯現出一片光明燦爛的盛況，為中國佛教史上的黃金時代。

「教育」是玄奘最偉大的功業

星雲大師講的玄奘與窺基師徒間的故事，使我深受感動，也深思到幾個問題，一是像玄奘如此器識寬宏的老師，在教育晚輩時也是器識寬宏的，反過來說，對待學生器量狹小的老師，在道法上也一樣是狹小的。

二是玄奘的教育重本質與內涵，這一點與星雲是十分相近的，他們對待學生的寬厚、無私的付出，才能培養出法門龍象，玄奘返回中原後，長期有一百多位學生跟隨他譯經問學，僧團一直都很團結；星雲長期重視教育，門下弟子千餘人，是近代最龐大最團結的僧團，這都應該歸功於他們的教育理念。

三是玄奘是很傑出的老師，正是古代「經師人師」的典型，星雲也是，如果做師父的像一座寶山，取之不盡、用之不竭，仰之彌高、鑽之彌深，弟子自然是五體投地的受教，何需什麼嚴刑竣法呢？玄奘寫過《大唐西域記》，這是呈給太宗皇帝看的報告，對自己著墨不多，但他在譯經的空檔常與弟子品茗閒談，他的弟子慧立把他的談話寫成《大唐大慈恩寺三藏法師傳》，裡面飽含了孺慕與崇仰，這本風采迷人的傳記，本身就是教育的最佳範本。我想起曾經許多許多次，與星雲大師晤談，每次都有所開悟，令人稱歎不已，這種「經師人師」的典型，悲如風、智如林、行如火、願如山，舉手投足，都能廉頑立懦，使人生起行道、弘法、利生的氣概呀！

四是偉大的教育家，都會深刻了解到，真正的教育不只是師徒之間的，而是千秋萬世的。孔子被認為是偉大的教育家，學生再多也不過三千，賢德的弟子才七十二人，對後世大有影響的是他的著作《論語》。所以，良師經師在思維教育問題時，思考的是千年之後、千里之外，玄奘大師的取經、譯經、開宗、立派，也無非是為了千年千里那些有緣的人呀！星雲大師的寫作、出版、興學、開宗、立派也正是深知這種教育的本質。

在人類文化史上舉足輕重的玄奘，大家都知道他是宗教家、旅行家、探險家、翻譯家、外交家，很少人想到他是不折不扣的教育家。

玄奘在西行之前，在洛陽、成都、長安研習語言和深入經典共十五年，他看到佛經的中文譯本或彼此衝突、或斷章取義、或殘缺不全，有許多佛經甚至教義隱晦不明，與如來聖教格格不入，這使得他「立志西遊，以決所惑」，更重要的是，如果不能完整精確的將佛經帶回中土，後世的佛子必將永遠迷失路徑。玄奘的取經不是為了自己，因為他精通梵文、也精通中亞諸國的語言，當時的胡僧在長安、洛陽的很多，也帶來大量經典，為自己破疑解惑不是難事，他之所以冒死走向西方，是他對佛教的真理深信不疑，希望能盡得其妙的啓發、教育後來的人。

「教育」才是玄奘最偉大的功業。

我們環顧四周，在大英博物館解釋古畫的考古學家、在美國哈佛大學論述中世紀佛教的歷史學家、在日本京都參觀著名大佛的觀光客、在中國閱讀《西遊記》的小孩、在熱帶雨林探險時背誦著《心經》的國家地理雜誌記者、在加護病房祈求而念著《藥師如來本願功德經》的病患、在寺院研習著《瑜伽師地論》的僧侶……人人都在接觸玄奘留給我們的遺產，都在受玄奘大師的教育，只是有的自知、有的不自覺罷了。

玄奘與星雲都是國際的、未來的

玄奘不是一時一地的，他是國際的、未來的。

從這個觀點來看，同樣的場景發生在未來的世界，事實上也正在發生，會有許多知名大學研究「星雲大師與人間佛教」；會有許多旅行家到世界各地的佛光道場探訪，以了解這個世界上最大的僧團；許多孩子讀《佛光教科書》以了解佛教；佛教學者以《佛光大辭典》為工具書；寺院的僧侶研讀精編的《佛光大藏經》；喜歡音樂的人在寧靜的書房聆聽優美的「佛光梵唄」；不論是黑種人、黃種人、白種人，都在「佛光宗」裡得到啟發……

「教育」才是星雲最偉大的功業，教育也使星雲不是一時一地的，而是國際的、未來的。

我在大雁塔一樓的販賣部，買了一冊《唯識三十論頌》，沿著木梯登到頂層，在窗户邊打開這一冊深奧的書，想到玄奘大師所立的慈恩宗，在他過世後只存活了七十二年之久，在他的嫡傳弟子圓寂之後，就失傳了。或許是唯識太深奧、太知性，不是人人能解。因此，玄奘的貢獻與影響，不是他立的宗派，而是他對後人的教育早已化為無形，「見不見跡，聞未聞經」的玄奘，啓程西行前在夢中所見的須彌山，橫無際涯，正是象徵了他後來的影響，玄奘的思想已跨越最嚴寒的冰河、最熾烈的沙漠，留在無數後人的血液之中。

在我的行囊裡，經常帶著星雲大師的《有情有義》，我也深信星雲大師的「佛光宗」會比「慈恩宗」傳衍更久，因為它更平易、更感性、更溫暖、更符合人性，帶著「人間佛教」的內涵，佛光宗可以傳揚更廣大、更長遠。但是，與玄奘大師一樣，星雲大師的影響不只在佛光宗，而是橫無際涯的。

玄奘以印度為座標、以佛法為嚮導，強化了佛教在大唐的地位，大大的提昇了中國人對佛教最高智慧的了解。

星雲以人間為座標、以佛法為嚮導，強化了佛教的國際地位，大大的提昇了全球人類對佛教最高智慧的了解。

乘疾風者造天池而非遠，
御龍舟勢涉江波而不難。

什麼可以讓人「乘疾風、御龍舟」呢？就是對佛法的堅定信念，這種信念是不分古今的。

玄奘大師與星雲大師會特別重視教育、重視佛法的傳揚，在於他們成長歲月都曾有十幾年住在叢林，接受了嚴格的僧教育。玄奘生於盛唐，佛法大盛，他對唯識學的經論又情有獨鍾，唯識特重思想，涉及哲學的內涵、科學的論證、心理學的意識，也唯有透過長時期教育才能深入唯識的奧義。

星雲生於現代亂世，他在叢林生活時已痛感中國佛教史正形成一次新的教難，那就是經懺佛事的盛行，使佛教的文化、教育日益衰微。

與教育有甚深因緣

星雲大師說：「有一次讀明代高僧憨山大師的著作，他談到自己年輕時也常做經懺，有一天放完焰口歸寺途中，走路的聲音驚動了一戶人家屋子裡的老夫婦，老太婆說：『奇怪！三更半夜還有什麼人走路？』老頭兒回答：『半夜三更走路的，不是賊骨頭，就是經懺鬼！』憨山大師聽了，覺得有辱法師的尊嚴，從此發願『寧在蒲團靜坐死，不做人間應赴僧。』我讀到這一段深有感觸，雖然經懺有它正面的功能，但是如果不從事弘法利生的事業，就會失去宗教化世的力量！所以，講經說法、教育徒眾是最重要的，這是我特別重視文教的原因，即使不能不做經懺，做經懺時也要說法；即使不能不朝山，朝山時也要講經。」

對於教育，星雲有甚深的因緣，他離開焦山佛學院的第一個工作就是出任「白塔國小」的校長，從此與教育結了不解之緣。

「在白塔國小當校長的期間，我就想怎麼樣教育孩子。我自己沒有上過正式的學校，但是我知道對兒童最重要的是教育者的愛心，還有很豐富的書籍雜誌，很可惜那時候十分動亂，沒有什麼作為。」

到台灣之後，他先是在佛學院當教務主任，像修和、晴虛、聖印、聖定、慧定等法師，都是他最早期的學生。他說：「那時候我有八十個學生，幾乎所有的身心都放在學生的身上，我規定學生寫日記，因為日記可以鍛鍊一個人的思想和人格，我也可以從日記了解學生。我花費最多時間就是批改學生的日記，每天要花六個小時批改，每個人都圈圈點點的鼓勵，這樣改了三年多，我知道鼓勵是讓學生學習最好的動力。我對每一個學生都很用心，因機施教，即使不是我的課，我也給他補習、講重點、做筆記，學生若能感受到老師的愛心，就會努力上進。透過當老師的用心，看到學生成材是最欣慰的，這時就會想到禪師說的『見不及師，減師半德；見過於師，方堪傳授』，是當老師都應該有的雄心。」

想到自己在叢林學院的教育，星雲也不免感慨，雖然「焦山佛學院」素有「佛教的北京大學」之稱，教育方法是非常嚴格，甚至是不合常情的，因為只有單向的教育，許多事學生不看、不聽、不問、不懂，唯一的好處是學生都很乖，心性被磨圓了，對老師的教誨也能深銘在心。

星雲大師說：「我很感謝佛學院對我嚴格的教育，卻覺得那不合時代了，現代的教育要看、要聽、要問、要懂。以前的教育，告訴你拜佛、做早晚課是好的，但犯了錯，卻處罰你拜佛、做功課；犯了錯，處罰你禁足、閉門思過；現在我辦教育，犯了錯，處罰學生不准拜佛、不准做功課；學生做錯事，處罰是放假三天，不准回來……教育並不是有一個固定的情況，重要的是隨機教育，在某一個事件或時空，讓學生得到啓發。另外，還要重視特殊教育，要使人適得其用，從前在佛光山育幼院有個孩子，有點弱智，讀書讀不好，大家都覺得這孩子沒什麼用了，我不贊成，我說：『破銅爛鐵用洪爐也可以鍛鍊成鋼。』於是找人教他做水電，後來他成為最好的水電工，佛光山道場許多水電是他裝配的。」

星雲認為一個教育者只要贏得受教者的愛與信任，就很容易能教他們，即使是小孩子也不例外。

「我們以前辦過幾十個幼稚園、托兒所，總共有一千多個小孩，大家想想看：這些小孩要安靜太困難了，但是，我一站到小孩中間，一千多個小孩子立刻止靜了，並不是我有什麼特殊的東西，而是我遇到孩子，總會給他送一張畫片、一塊餅干、一顆糖果，贏得小孩子的心呀！」

理想的老師與理想的學生

這些早年經驗，可以尋索到星雲大師的教育軌跡，但他大規模的推動教育，是一九六四年創設高雄的「壽山佛學院」開始，三十幾年來共辦了十幾個佛學院。

從前的佛學院，鼓勵學生出世，只重視經論與戒律的學習，星雲大師的佛學院重視入世，更積極的作為、更正面的肯定人生的價值；除了經論與戒律的學習，還重視音樂、美術與體育，佛學與世學並重，文學、哲學、科學、心理學都要普遍的學習，這使得成為僧伽的學生，都是「專修和通才」並具，沒有出家的學生，則回到社會，也能不中斷學業與工作。

星雲大師更鼓勵學生深造，只要是可造之才，他都盡其所能的培養，送他們出國讀書，所以佛光山的出家眾，最普遍的是大學學歷，每年都有碩士、博士，可以說是中國歷史上少見的教育素質最高最整齊的僧團。

星雲大師說：「我讀佛學院時，有一個國文老師，上課不只講國文，他一下子講地理、一下子講山水、一下子講人生，天文地理無所不通，我常常驚歎不已，這才是理想的老師呀！理想的老師應該內心寬廣、學有專精、出世入世、無礙自在，其實，理想的學生也是這樣，我總想能教出這樣的學生！」

大師的一生可以說總是為了尋找理想的學生在努力著，就好像玄奘尋找窺基、馬爾巴尋找密勒日巴那樣的心情。

「理想的學生不只是在見聞上是通才、在學識上是專才，還應該重視身心，在《增一阿含經》裡，把身心的修行分為上、中、下三品，下品是『身行道而心不隨』，表面上做一些修行的形式，心裡卻不是那麼一回事。中品是『心行道而身不隨』，外表看起來不起眼，內心卻很慈悲很有道德。上品是『身心皆行道』，內外一致。理想的學生是內外、身心都達到很好的境界，身體強健，足堪大任，要知道無量億佛中，沒有一位是病弱的佛陀，唯有修身，才能難行能行。心要慈悲、要忍、要堅毅，唯有修心，才得難忍能忍。這是為什麼我常說『欲為佛門龍象，先做眾生馬牛』的緣故，牛馬要身強體健、精力充沛、忍苦耐勞，才能轉為能承擔的龍象呀！」

除了辦佛學院，星雲大師更辦了「西來大學」與「佛光大學」「南華大學」，最近還要成立「信徒大學」，可以說是最重視正統教育的高僧。除此之外，佛光山還舉辦大專佛學夏令營，大師與弟子不間斷的在各大學演講，乃至電視弘法，出版書籍、雜誌、報紙，這些都是無形的教育，不管是正統的教育或無形的教育，就是把「教育」放在第一位。

失去教育，佛法必走向衰微

早在二十幾年前，星雲大師就訂出了佛光山的四大宗旨：

以教育培養人才
以文化弘揚佛法
以慈善福利社會
以共修淨化人心

第一大宗旨就是教育，大師肯定的說：「今天，要使佛教興隆，要使佛法常住，第一大事便是不斷的培育人才、造就後進，本著擔當如來家業的重任，一切的困難，都阻止不了我們興辦教育事業的心願。」

正是這種對教育的遠見，當其他道場面臨無人接棒的窘境時，佛光山卻是人才濟濟，如過江之鯽，更難得的是培養出來的僧才都是「身心皆行道」的上品人才。

對教育的強烈信念與使命，是星雲大師數十年來始終如一的堅持，他說：

「教育，是佛光山一直不斷在努力的最大目標，也是佛光山開山的最大宗旨；佛光山不只有許多實際的教育機構，也有許多對信徒的教育活動，最大的目標是將佛光山建設成為學校化的十方叢林。如同極樂世界，微風吹動，鳥鳴水聲，都在宣說法語一樣。」

聽了師父的話，使我恍然大悟，原來在中國佛教最盛的唐朝，為什麼禪風會如此興盛？因為叢林本身就是一所大學校，禪師是導師，許多風聞而來的雲水僧則是求知最切的學生，不論是公案、棒喝或老婆心切，都是學校的教育，正是這種二六時中無所不在的教育，使佛法大盛。

後來佛法沒落、禪宗衰微，是因為失去了「教育」。老師亂用公案與棒喝，使禪法脫離人間、走向衰微，學生失去了以一生參學開悟的精神，開悟者少，自然步上沒落之途。

可見，教育是多麼重要！大唐禪風因為失去了教育的方法、教育的理念而失落了。

星雲大師如何能使百萬之眾皈依於座下呢？是由於信徒在聽他的說法、讀他的著作而得到了教育，他的教育方法是活潑的，因為他善於「觀機逗教」；他的教育理念是實用的，因為他講求「契理契機」；他的教育內容是寬廣的，因為他主張「方便多門」；他的教育態度是積極的，因為他倡導「恆順眾生」；他的教育形式是鼓勵的，因為他奉行「隨喜功德」；他的教育目標是究竟的，因為他希望「不捨一法」。

他說：

「佛陀在世時，對調琴的琴師就以音樂為喻，教導他如何不疾不徐的調和心性；對牧童就以牧牛為喻，教導他如何馴服放逸的身心，使奧妙的教理都能貼切善巧的契入眾生心中。佛陀可以說是最善於教化眾生的教育家！」

「佛法要應眾生的需要，將之引導於正途，拳頭固然會打傷人，但是腰痠背痛的時候，拳頭也是止痛的良劑。拳頭無善無惡，如何趨善袪惡，教育者要能巧妙運用！」

「四攝六度都是很好的教育方法，布施攝、愛語攝、利行攝、同事攝，和顏悅色、說話柔軟、給人利益、站在對方的立場去思考，這些都是佛陀留下最好的教育方法。」

「因為眾生無量無邊，菩薩要度無量無邊的眾生，必須努力修學一切的法門。為了救治眾生的病，要開出種種的藥方，有時用補藥，告之以正道；有時用瀉藥，瀉去其邪見；有時甚至用毒藥，以毒攻毒，去除其愚痴。所謂善治病者，砒霜毒藥，皆能治病！」

「太虛大師說：『僧侶要救世救人，必先有救世救人的風範。就像社會上的各行業，如律師、醫生、會計師等，有他們本身的專業和形象。』如果要有太虛大師所說的風範，我們就必須培養適應時代需要的弘法人才。」

「慈航法師說：『宗教生存的三大命脈為教育、文化、慈善。』一座寺廟蓋得如何的富麗堂皇，如果沒有教育、文化、慈善等事業作為內涵，不是完整的道場，只是虛有其表的建築而已。」

……

這些都是星雲大師談到教育時的吉光片羽，在在處處都讓人體會到大師在教育上的用心，無非是要教導出一批「人間佛教的法將」，使人間的、利他的、喜樂的、生活的、普濟的、淨化的佛法，能弘揚於世界，並且長遠的流傳。

我站在大雁塔邊，仰望這結實的方型建築，觸撫那斑剝的外牆，想到玄奘是有著「永恆的存心」，他想蓋石塔保護經像，並不只是要保護歷史文物，而是為了「傳諸久遠，以啓後學」。但經典如果無人能解，佛像如果不能帶來敬意，經典只是紙張，佛像只是木石。

於是，玄奘大師把他後來的歲月，全部用來翻譯佛經，並且仿製了印度帶回的佛像，期許能不斷的、廣大的、長久的「教育」千秋萬世的人。這才不枉他千辛萬難的取經，這樣的思維與願望，也使他的成就更為宏觀與偉岸，在夕陽西下的大雁塔邊，我彷彿看到玄奘的影子，比那寶塔還大得多，覆蓋了整個大地。

有遠見的天人師

玄奘艱苦的行腳，帶回了經典，啓發後代；星雲大師廣大的行腳，則擴展了佛法的版圖，希望把人間佛法帶到天涯的每一個角落。

玄奘是教育家，星雲也是教育家；玄奘是旅行家，星雲也是旅行家。

早在民國五十二年，星雲就以自己的東南亞、印度之行寫成《海天遊蹤》一書。後來走遍中國的錦繡河山，也走過世界七大奇觀，每年至少繞地球行腳兩次到三次，靠著慈悲、勇氣、智慧，把佛法帶到「不知有佛」的許多國度，若起玄奘於地下，被稱為古代「四大旅行家」的大師，也會欣羨不已吧！

星雲大師如是說：「我出家以前，沒離開過家前一華里，怕走失，怕老虎，怕騙子；十二歲出家，過了十年的閉關生活，很多天才有機會看到汽車，到了十幾歲，聽到汽車聲，即使在吃飯也是碗一放，跑出去看汽車……但幾十年來，不但走遍世界，還一遍一遍的跑，萬苦不辭，是希望能教育大眾、弘揚佛法，使整個世界共同迎接人間佛教的新世紀！共同開創人間佛教世界和平的新時代！」

想到佛陀曾在恆河兩岸步行教化大眾、達摩祖師以一葦渡江尋找一個不受人惑的弟子、玄奘大師邁步於萬里無寸草處取回經典啓教眾生、星雲大師常在地球上繞行散播佛法的種籽，我想到《增一阿含經》所說：「諸佛皆出人間，終不在天上成佛也。」

在人間，因為有佛教的偉大教育家，才能佛光普照，「千年黯室，一燈即明」，不至於萬古如長夜！

在人間，因為有像玄奘與星雲這種有遠見的天人師，才能「一燈燃百千燈」「自燈明，法燈明」，永遠照著茫茫的長路！

玄奘晚年時住在慈恩寺專心譯經，有一天收到中印度國摩訶菩提寺的來信，並附贈兩張白氎，原來是他在戒賢論師門下修習時的同修道友智光與慧天的來信，他們非常思念玄奘。

玄奘給他們寫了回信，表達對他們的讚頌，也是表達自己的心境，他對智光說：

「撲炎火於邪山，
塞洪流於倒海；
策疲徒於寶所，
示迷衆於大方。」

他對慧天說：

「融心百家之論，
棲慮九部之經，
建正法幢，引歸宗之客，
擊克勝鼓，挫鍱腹之賓，
頡頏王侯之前，抑揚英俊之上。」

可見他心心念念都在「策疲徒」「示迷衆」「引歸宗之客」——鞭策怠惰的、迷失的徒衆，接引那些皈依的衆生，他一心一意都在教育。而且他還掛念著取經回來在信度河失落的佛經，他說：「又前渡信度河失經一馱，今錄名如後，有信請為附來。」（從前渡信度河時失落了一匹馬馱的佛經，現在把經名錄在後面，如果有信差來中土，請他們帶來吧！）玄奘對佛法傳揚的努力，對佛法教育的熱忱令人感動。

分分秒秒成為無限的生命

星雲在這幾年，每年歲末年初都會給弟子和信徒寫一封信，我每年讀到這封信都非常感動。

一九九九年，師父說：

「今年，我七十三歲，每年的足跡踏遍五大洲，飛行達數萬里。雖然一九九五年的心臟手術，醫生一再囑咐不可做長途飛行，但是，只要憶及遠方有一重要法務，即使是要我徒步跋涉、萬水千山，我都心甘情願。」

「一九九八年，由於諸位的鼎力護持，我們在各種文教慈善事業方面有其輝煌的成果。如：十七層高的蘭陽別院已經竣工，將提供給佛光大學作為蘭陽城區分部；南華管理學院圖書館也受評為全國第一，雖然大學所費龐大，但相信「百萬人興學運動」會加快腳步，成就美事；還有台北、台南、屏東及本山佛光緣美術館和文化廣場的開幕，用書香改善社會風氣；『佛光叢書』的《人間佛教經證》英譯版《Being Good》由美國出版社發行；《佛光菜根譚》走進監獄、校園、警界和軍中，更走進廣大民眾的生活裡；並繼『白話經典寶藏』『佛教叢書』之後，即將完成《佛光祈願文》，供給信徒早晚課誦修行之用。」

「今年十月中旬因血管阻塞開刀後，方便閉關於澳洲黃金海岸佛光緣。但我仍不忘與時間賽跑，每日集合學生們講說《佛光教科書》，一心一意的希望佛教徒能擁有修學佛法的課本可以研讀。真恨不得分分秒秒都能成為無限的生命，奉獻給十方諸佛和一切大眾。」

「新的一年來到，有好多理想亟須全球佛光人的集體創作，實踐菩薩的行願。如在印度八大聖地設立『正覺城』，以文化教育解決印度貧窮的問題；紐約鹿野苑『世界佛教總部』的計畫，促進南北傳佛教之融合；還有在黃金海岸籌備的『世界佛教研究所』；並於香港、南非、澳洲等地設立佛教學院，尤其是南非佛學院，有多位黑人出家，成為國際佛教的盛事。佛光山足堪告慰十方人士的，就是注重人才的培養，以便可以向世界宣揚正法，以不辜負佛陀的教示和信徒的期望。」

「回首來時路，無論是山河大地或日月星辰，都始終讓我感受到大自然的無私平等，只要人有一點靈犀，廣結善緣，就能與天地日月同存，享受『自然與生命』的無限美好。」

與日月賽跑，與時間爭速

二〇〇〇年，師父說：

「今年我已七十四歲了，去年經過兩次輕微的中風之後，深感健康已大不如前，但我仍在五大洲往來飛行、穿梭弘法，看到加入佛教行列的人數日益增加，更提昇我無比的力量。尤其九月份率領佛光山梵唄讚頌團一百二十人在歐洲十個國家巡迴公演時，目睹萬千歐美人士的熱烈回響，聽到不絕於耳的如雷掌聲，心中的感動真是無以復加，我不禁合十祝願：世界永遠美好，和平永在人間。」

「現在我吃飯不過半碗，也從未有吃零食的習慣；看書不戴眼鏡，字跡已模糊不清；走路拄杖慢行，也只能五百步左右。深感：歲月難以復還，色身又豈能長久？儘管如此，我從未忘記『人生三百歲』的承諾，總希望在人生的旅途中，能遍栽花果樹木，庇蔭過往行人。」

「在國際交流方面，由於大家對於世界的宏觀，促進了國際佛教的發展，例如：去年一年當中，我們曾支持世界佛教徒友誼會在澳洲南天寺召開大會，國際佛光會翻譯中心將我的人間佛教譯作《Being Good》，交由美國出版社發行；俄羅斯佛光協會在聖彼得堡大學陶奇夫教授的主持下，有十餘種譯著出版。烏克蘭的記者斯大涅澈涅闊博士（Prof. Stadnichenko）、蘇俄遠東大學拉迪米諾・卡隆（Ladimiro Kurlon）校長均相繼訪問佛光山，一致推崇人間佛教的成就。此外，國際佛光會在德國柏林成立了歐洲總部；在西非賴比瑞亞、塞內加爾、甘比亞等國，配合南華寺捐贈衣物、輪椅等，濟助窮苦；在美國波士頓哈佛大學的麻州大道上，佛光山成立三佛中心，便利國際學者研究佛教；在澳洲昆士蘭的葛雷芙大學（Griffith University），我們和耶、回、猶太等宗教，共建『世界宗教中心』。在印度，我們派了乘禪等五位沙彌前往求法。香港中文大學舉辦的國際會議邀我前往開示『二十一世紀的未來世界』，香港理工大學請我前往講說『佛教的科學觀』，我感到意義非凡，故欣然允諾。其他世界各地大學的演講邀請函也紛至沓來，看來為了弘揚佛法，我只得與日月賽跑、與時間爭速。」

「去年，佛光人的教育文化事業也是佳音頻傳。例如：在佛光山『百萬人興學運動』資助下，南華管理學院經教育部核准，升為大學，如今碩士班已有兩屆畢業；洛杉磯的西來大學接到美國政府承認校方頒發博士、碩士學位的許可。今後，佛光山在世界各地的十六所佛教學院，將更加強師資的培訓與學生素質的提昇，裨能發揮弘法利生的力量。」

「位於宜蘭的佛光大學經過六年的土地開發之後，開始動土了；城區分部在佛光山蘭陽別院十七層的大樓裡開課了。大家最關心的佛牙舍利塔，亦將在蘭陽平原的林美山上擇吉開工。那裡面對遼闊的太平洋，每天接受龜山島海潮虔誠的朝拜，煙嵐縹緲，風景靈秀，和佛光大學前後為鄰，希望在三年之內能夠完成。」

「此外，我們在中國大陸捐獻了十餘間的希望小學，在阿里山和埔里開辦均頭中學、小學；在三峽金光明寺內，成立可容兩千人的信徒大學，將以『佛教叢書』『佛光教科書』等為教材，有計畫的推動信徒教育。」

有了法門龍象，佛法必定弘傳

二〇〇一年，師父說：

「這一年來，佛光山常住和我也有一些瑣事，想向各位報告，也說一點歡喜的事情，給各位關心我的朋友分享。」

「首先，人間福報在二〇〇〇年四月一日創報了！這是我五十年來一心想為佛教廣開言路，也為傳播佛法盡一份心意。在這一份報紙上，沒有刀光劍影，沒有權謀鬥爭；唯願闔家老少都能閱讀，分享『福報』和般若智慧。」

「數十年來，我一直努力於文化的傳播，只要一有時間，就不斷的寫書著述；『迷悟之間』是我現在每天必定要向報社交卷的日課。甚至現在不但重視華文的寫作，也承蒙許多擅長各種語文的信徒、朋友，幫我把著作譯成英文、德文、俄文、日文、泰文、韓文，乃至西班牙文、葡萄牙文等，讓佛法能為世界的人類開啓心靈、增長慈慧。」

「去年巴西的信徒把我的《星雲禪語》譯成葡文，隨即在巴西傳播機構推薦下，名列排行榜第一。在美國出版的數種譯著，如《Being Good》也成為暢銷書，甚至在美國的亞歷桑納州立大學、波士頓劍橋市政府教育中心、美國西密西根州立大學等校，將我的《星雲法語》《佛光菜根譚》等著作，選為授課教材，在校園引起研讀的熱潮。」

「其實，長期以來，佛光山秉持推動『人間佛教』的宗風，一方面重視生活佛法的落實，同時也不斷的舉辦各項學術會議，編撰『佛光學報』；以及重編佛光大藏經、佛光大辭典，乃至為了方便初學者了解佛教，我先後編寫了『佛教叢書』『佛光教科書』，並將此二書發展為電視教學，出版CD、錄影帶等，希望透過視聽教學，推廣佛教的文化。

「文化事業之外，我們也不斷的發展教育，從十多所的幼稚園，到籌建中的均頭小學、初級中學、高級中學，以及創辦西來大學、南華大學、佛光大學等三所大學。

在大學中，除了普通班級以外，我們分設近三十個研究所；其中不僅止於宗教與哲學的研究，甚至從生死學到未來學、從管理學到非營利事業研究所等。感謝教育部在南華管理學院啓教兩年之後，即破例升格為大學；尤其現在佛光大學開辦的第一年，便核准六個研究所，招收碩士生，甚至補助建校經費，評為『六大第一』。」

「此外，澳洲臥龍崗的市政府也捐獻八十英畝的土地，供給佛光山在澳洲的南天寺創建南天大學，以及設立佛光緣美術館之用。在美國，政府與民間也對新移民十分照顧，現在一直輔導西來大學，給予躋身美國西區聯盟大學的成員之一。」

「除了一般常態的學校教育之外，我們的信徒大學也將在今年開辦了。我們在三峽的金光明寺有可容納兩千人食宿和教學的校本部；另外，我們在全世界還有十二個佛教學院，包括印度、南非、香港、馬來西亞等，並有十六個國家的人士，分別集中在佛光山叢林學院研修佛法。這許多學生，我們希望他們能成為菩提種籽，將來學成之後各自回國，把佛法播撒在他們的國家，開花結果，以達成佛教國際化的心願。」

「現在佛光山在世界各地的分別院，台灣已經有一百多所，海外五大洲也將近有一百所，各地佛子都已經能分擔弘法利生的責任，因而受到當地人士的重視。在非洲，各國家地區的領袖經常到南華寺參觀；荷蘭女王（Koningin Beatrix）也參與佛光山荷華寺的集會。歐洲的總部，位於柏林的亞格大道（Acker）上，可以容納三百人掛單；南天寺的香雲會館，也能容納三百人住宿和共修。法國巴黎市政府也正積極與我們接洽，希望佛光山在當地的道場，能夠配合他們的建設，一起合作發展。」

「去年中華民國政府首訂佛誕節為國定紀念日，由於弘化在世界各地的佛教徒共同慶祝，成為世界的一大盛事。今年國際佛光會已經邁入第十年了，目前佛光會在世界各國擁有一百五十多個協會，統轄一千多個分會，有百萬以上的會員。尤其檀講師、檀教師共同分擔傳教的責任，真是佛光普照、法水長流，怎不令人歡欣鼓舞！」

「再者，佛光山一千多名的僧眾弟子，獲得博士學位的有慈惠、慈容、心定、慧開、依法、依空、依昱、永有、覺有等；並有碩士百餘人，其他千人也都是佛光山叢林學院畢業。有了這許多的佛門龍象，又何愁將來佛法不能廣為弘傳呢？」

大師與大師之間，靈犀一點

再三咀嚼師父所說的：「只要憶及遠方有一重要法務，即使是要我徒步跋涉，萬水千山，我都心甘情願。」「真恨不得分分秒秒都能成為無限的生命，奉獻給十方諸佛和一切大眾。」「看來為了弘揚佛法，我只得與日月賽跑、與時間爭速。」彷佛看到師父高大的身影飄過，菩薩清涼月，常遊畢竟空，飄過一陣清涼。

這些信件表達了師父的心境，他的所有精神與心力都放在文化與教育，這種心境與玄奘大師的心境是多麼接近呀！

走出慈恩寺時，想到唐太宗曾問玄奘：

「欲樹功德，何最饒益？」

玄奘說：「弘法度僧為最。」

在玄奘遷往慈恩寺常住時，太子李治在他的房門上題詩，中有兩句：「法輪含日轉，華蓋接雲飛」。

呀！法輪含著太陽旋轉，將永遠的照耀；華蓋接著雲彩飛揚，必飛往十方。

在那一刻，我終能明白，為什麼星雲大師一直惦記著玄奘，在我出訪西安前殷殷叮囑，原來，在大師與大師之間，雖相隔千年，依然是靈犀相通的啊！

有情

慈惠法師和慈容法師談起青年時代的星雲大師，當時大師氣度雍容、俊逸瀟脫，常住宜蘭之後不久，就已經盛名遠播，常有信徒不遠千里來看這位傳聞中「英俊的師父」。

每當星雲有事到街上去，商店的人都會奔相走告：「北門口的師父來了！」商店裡的老闆都會暫時停止買賣，跑到亭仔腳看星雲大師經過，看到的人，無不心生歡喜。

最有趣的畫面是發生在電信局，當時雷音寺沒有電話，一般人打電話也都要到電信局，電話尚未有自動轉接系統，由許多接線生服務，星雲有時要打電話向外聯絡，每次當他到宜蘭電信局打長途電話，電信局的接線生都會忍不住跑出來看，使得電話無人接聽，暫時「當機」。

「大師不只是智慧折服人、用佛法教化人，他的威儀自然有一種攝受力，使見到的人都會心生歡喜、想要親近。」慈容法師說。

愛情的本質與人間的本質

星雲大師有這麼強的吸引力，又那麼英俊不凡，必然也會吸引女性的愛慕吧！這是一般人都想知道的問題，所以我斗膽的問師父：「那時候一定有很多女性愛上師父吧？」

大師大概很少遇到這麼直接的問題，笑得非常開懷，說：「我十二歲就出家了，一生沒有談過戀愛，但是信徒遇到婚姻、愛情、子女的苦惱都會來問我，我對愛情的了解可能比一般人還深呢！」

他停頓了一下，說：「愛情的本質與人間有情的本質是相通的，重要的是去了解那有情的本質呀！」

大師在宜蘭的時候，二十八歲出版《釋迦牟尼佛傳》，三十歲出版《玉琳國師》，裡面都有一些情感的篇章，我們也從其理解到，青年時代，他已經對「人間有情」確立了基調。

星雲大師話鋒一轉：「如果你們喜歡聽愛情故事，我就講一個發生在我身上的愛情故事吧！」

在座的弟子們都眼睛一亮，大師的目光掃過了每一個人：「這件事我從來沒有對任何人講過！」

大師喝了一口茶，時光突然往後拉去，拉回五十年前的宜蘭。

「人都是有情眾生，大部分的出家人都說要排拒感情、遠離感情，我並不贊成這種觀點，因為佛教講慈悲，慈悲的基礎就是感情，愛一切眾生、度一切眾生就是把感情擴大和昇華，感情就好像水火一樣，水火會傷人，但如果能善用水火，水火也是人間最重要的元素。」

「眾生一旦有了共鳴，就會生出感情，若是男女，就成為情侶、夫妻，但是成了夫妻之後，有的日夜相處，情感卻越走越窄，最後同床異夢、勢同水火；有的雖然聚少離多，卻能異地同情、生死相許。所以，如果能超越的看，感情是沒有絕對的，是因時因地不同的，只有能超越情感的觀點，路就越走越寬了。」

沒想到大師要回到宜蘭之前，先來一個開場白，眾人都屏息靜聽，他輕咳一聲：

我嚮往聖情，而不是私情

「我四十一年在宜蘭雷音寺講《金剛經》，每次講完經都有考試，有一位年輕的女士，長得就像天人一樣，非常美麗，她每次都會來聽經，聽完也參加考試，考試成績很好，可見她非常用心聽經。

「這是很正常的事，我並沒有特別注意，但是聽了幾次經，她每次來寺裡，都會帶一些小禮物來送我，那些禮物不像是一般信徒的供養，倒像是男女朋友，例如送個枕頭套，下面繡著字『你的羊』，或者寫一些奇怪的卡片。我就問信徒：她是什麼人呀？

「信徒告訴我：她是一個空軍飛行員的遺孀，不久前，丈夫在一個空難中殉職了。

「我一聽，心裡就有了防備，其實我一生對男女俗情就有防備，出家人不是沒有感情，而且要捨下俗情、培養聖情。從那之後，我就對那位女士保持了距離，不再有任何的回應。

「沒有想到，這位女士不但沒有退卻，反而時常在晚上跑到寺廟附近流連，常常會丟進來一張紙片，上面寫著『你出來！』，我當然不會出去。我從幼年出家，每天一旦回到寺廟，就不再外出，佛殿裡這麼光明清涼，我出去幹什麼呢？我乾脆把燈熄了，在佛殿裡念佛。

「這時候，窗子響了，叩！叩！叩！敲門，我也不應答，只聽到窗外輕聲的喚著：『你出來！你出來！……』許久之後，才回歸沈寂了。等到完全安靜之後，我才打開燈，她那濃烈的感情好像還在窗外敲著。

「從那天以後，那位女士就沒有再到寺廟裡來，隔了兩年，她抱著一個小嬰兒來看我，原來她又再婚了，來向我辭別，我也祝福她能找到幸福。

「當時我很年輕，認為以一個出家人，這樣絕然的態度是對的，但是後來轉念一想，覺得這麼絕情是不圓滿，我應該讓她了解，為什麼我不能接受她的感情，應該使她平息，而不是讓她痛苦。幾十年來我一直惦記著這件事，我應該向她說聲：『對不起！對不起妳的盛意殷殷，我不能接受妳的感情，是因為我嚮往的是聖情，而不是私情！』

「直到四十年後，那句對不起才說出口，當時我遇到中國佛教會選舉理監事，有一個信徒幫我拉票，介紹一些佛教會的會員和我見面，有一天，那位女士也來了，她是佛教會的會員，我雙手合十，誠心的對她說：『對不起呀！』她會心一笑。當那句對不起送出去的時候，我在心裡念了一句阿彌陀佛，感到鬆了一口氣，心裡很平安舒坦，對她的盛情致上歉意，我不欠妳了！」

師父說到這裡，歡喜的笑了。這個故事雖然清淡，卻彷彿是一個清澈的湖，照見了我們的面影，裡面有著青年僧侶幽微的心事。

提昇了人情，就是聖情

師父接著說：「我少年時期讀了蘇曼殊的《斷鴻零雁記》很受感動，他雖然出家了，還是在世情中掙扎，其實出家人也是人，不是佛，有人間的情感是正常的，沒有愛就不是人了。對父母有感情、對家族有感情、男女之間有感情……這些都是人之常情，只有提昇了人情，才能化為聖情。我這一生中，不論男眾，或是女眾，我絕不和另外一個人獨處，總是在人群之中，那是為了避免那些俗情，俗情就會嫉妒、會占有，只有佛法才能加以轉化。」

「師父講的聖情，可不可以用一些簡單的例子來說呢？」我問。

大師說：「我以前寫《釋迦牟尼佛傳》，寫到佛陀證道的時候，回到皇宮，他的妻子耶輸陀羅非常期盼，卻又不知如何是好，不知道她的丈夫完成了修行，還會不會來看她。不久之後，佛陀來看她，也看自己的兒子，佛陀對耶輸陀羅說：『對不起！我辜負了妳，但是請妳為我歡喜，我完成了解脫之道。』後來，佛陀的妻子、兒子都隨他出家，修行成就。這是多麼美呀！又充滿了感情，又不著痕跡，這就是聖情。」

「還有，像佛陀的大弟子迦葉尊者，他的妻子叫妙賢。大迦葉本來的志向就是修道，但是他家裡非常富有，父母親希望他能繼承家業，一直催促他成家。大迦葉為了不想成家，請金匠依照世間最美的標準雕塑了一個等身的金像，對父母親說：『除非找到比這個金像更美的少女，我才要結婚！』當然，找了很久找不到，有一天到一個城鎮，找到妙賢女，傳說她一站到金像旁邊，金像都為之失色，最後，大迦葉和妙賢女成親。

「不久之後，大迦葉出家成道，妙賢一氣之下信了外道，繞了一大圈，才回到佛教的僧團，但因為她長得實在太美，每次托鉢，都會引起眾人圍觀，大迦葉就說：『以後我幫妳出去托鉢，帶回來給妳吃！』大迦葉就每天出去托鉢，把得到的食物分成兩半，一半給妙賢，當時也引起了諷刺和謠言，說是『大迦葉是阿羅漢，並沒有真的斷除情欲』！大迦葉也不以為意。你們看，這種感情多麼美，阿羅漢也有感情，凡人看是俗情，但那個境界卻是聖情。」

大師說，聖情也不是佛教的專利，只要有慈悲和智慧，以慈導情，以智化情，以眾生為中心，以宇宙為中心，而不以自我為中心，就可以在人間創造聖潔的情感。他為我們說了一個茅山三道士的故事：

有情有愛也可以成道

有三個兄弟，一起到茅山修道。

走到半路荒僻的山裡，有一戶人家，前不著村，後不著店，三兄弟就借宿了一晚，才知道那戶人家只有一個寡婦帶著四個孩子生活，日子非常艱困。

第二天，正要出發的時候，小弟對兩個哥哥說：「你們去茅山修道吧！我想留下來照顧這一家人！」大哥二哥雖然不以為然，想到「滴水之恩，湧泉以報」，就讓小弟留下來報恩。

過了三年，寡婦要求弟弟結婚，弟弟說：「你的丈夫才過世三年，我就娶妳為妻，心有不安。」

又過了三年，寡婦又要求弟弟結婚，弟弟說：「於心雖安，仍然有愧，希望把孩子養大了，再談婚事。」

再過了三年，寡婦又要求弟弟結婚，弟弟說：「我為了報答妳的一飯之恩，留下來照顧妳和妳的孩子，現在孩子已經成年，也該是我道別的時候。」

經過了九年，大哥二哥在茅山苦苦修道，尚未成道，小弟卻早就成道了。

這就是歷史上有名的「三茅道士」的故事。

大師這樣子下結論：「俗情是重視形式，聖情卻更重視精神意義；俗情寄託於占有，聖情寄託於悲願。絕情絕愛可以成道，有情有愛也可以成道！」

「聖情發展到很好的境界，可以說純粹的善意就是愛，沒有一絲染著；只要有一絲惡意，就是殺生！所以在佛光山的弟子都知道，我是嚴格禁止弟子對人有惡意的侵犯，一草一木都有無限生機，都不可侵犯，何況是待人呢？」

星雲大師認為佛教弟子最重要的情感素質是「悲願」，但悲願不是憑空而來的，而是愛心慢慢培養出來的，愛心也要不斷的學習，練習不管遭逢什麼狀態，都要從正向去看，練習欣賞、共有、讚美、成就、犧牲、奉獻，內心裡慈悲與美好的願望就會昇華。

師父說：「我這一生悲願能不斷的成長，是因為我和弟子徒眾的關係，都能三分師徒、七分道友，不只是我在教他們，大家也在教育我。我沒有受過正規的教育，從小就是在僧團，所以我離開僧團之後，所有的教育都來自大眾。我對大眾有著深切的感恩，也由這種感恩生起悲願，我嚮往像《法華經》裡說的『情與無情，同緣種智』的境界！」

幼年在叢林的鍛鍊，師父說最受用的是，他常會記住一句話：「吾謹記受教！」在人生裡一切情感的學習如果能有「吾謹記受教」的精神，愛就能得到成長，就會「能愛，可愛，愛得適當」！

懂得珍惜，才懂得愛

從這個觀點出發，星雲大師認為「愛，如果自私，就會成為一種占有、一種污染、一種罪惡。愛中如果有了珍惜，就會變得偉大、恆長、無限。」

他說：「我們中國人很有智慧，將『愛』『惜』兩個字合成一個詞，使愛有了落實的方向，愛就有了無限的生命。所以，愛護人與人之間的感情，就要『惜情』；愛護才華洋溢的人，就要『惜才』；愛護彼此之間的緣分，就要『惜緣』；愛護飛逝的時光，就要『惜時』；愛護自身的力量，就要『惜力』；愛護尊重的言語，就要『惜言』；愛護寶貴的錢財，就要『惜財』；愛護與我們同體共生的萬物，就要『惜物』。甚至我們要愛護得來不易的福報，因此必須『惜福』；愛護十方大眾成就的生命，因此必須『惜命』……能懂得珍惜，才懂得愛！」

「懂得珍惜，才懂得愛！」真是一句鏗鏘有力的話，從大師的口中說出更令人有石破天驚之感。

與這句美言可以相提並論的，是大師曾說：「感動，是最美的世界！」

我從師父的言教著作中，體會最深的是師父的內心裡有一個光明美好的世界，這些美好的力量來自何處呢？

師父說：「由於我很容易被一個人、一件事所深深感動，因此呈現在我心裡的世界，永遠都充滿著光明美好，從而鼓舞我不斷的向前邁進。」

星雲大師之所以成為大師，是他不只把那些感動放在內心，還放在言行教化上；在他記憶的匣子隨意打開，處處都是感動人的故事，隨時隨地可與人分享，並為之感動不已。

這些人間的感動，使大師洋溢著莊嚴、歡喜與光輝，與一般印象中貧乏枯燥的出家人，真有天壤之別呀！

大師說：「感動不僅是彼此心意的互相交流，更是佛心佛性的自然流露。披覽佛典，佛陀發願度眾生，曾經在因地修行時，為了半句真理而甘願墜亡，為了救護餓虎而寧捨身命，就是因為『感動』；諸大弟子投身佛教，跟隨佛陀到處弘法，甚至諸佛菩薩之所以和我們感應道交，也是由於『感動』。」

「有了感動，我們就能心甘情願；有了感動，我們就能不怨不悔。所以，時時感動的人，永遠知足常樂、精進不懈；而不知感動的人，卻有如槁木死灰，非但不能與真理相應，也無法和大眾快樂相處。」

生來善於感動的大師，使「愛」以「珍惜」和「感動」的內容而變得豐富而深刻，他甚至說：「感動是人間修行的重要法門。」「如果能夠做到自他感動，佛國淨土即在眼前。」

佛光山是有情有義的世界

不久之前，星雲大師把他生平重要的觀點與理念錄製成有聲書，書名是《有情有義》，這出乎許多人的意料，出家人把自己的生平定位為「情義盎然的一生」，這也算是古往今來的第一人了！

大師說：「我原本只是揚州地方的一個小沙彌，從揚州到了台灣，充其量是一個平凡的大陸和尚，但是因緣匯聚，如今有數千名入室弟子分散世界各地、無數皈依的弟子在各行各業、在國內國外都辦了大學、有數百個分別院和機構都在全世界做著奉獻的工作……這絕對不是星雲一人之力，而是遇到了無數有緣人，展現了『有情有義』的人生！」

確實，如果常在佛光山派下道場進出的人，就會發現不只是出家弟子，連在家居士都是跟隨師父數十年如一日，他們受了師父的情義感動，並以有情有義來回報，最後形成了一個巨大的善的循環。所以，佛光山雖然是清修的叢林道場，也是一個有情有義的世界。

有一次，聽星雲大師談起少年在叢林裡的故事，使我深受感動，想到叢林中的高僧也有情義豐盛的一面：

「我十五歲受戒時，母親跋山涉水來探望我，住在女眾的寮房，我趁著晚自習的時間，到女眾寮房與母親會面。一直談到開大靜的時間，母親仍然依依不捨、淚流滿面，我只好留下來安慰她。

「第二天，糾察師向女眾戒壇的開堂和尚月基法師報告我沒有回寮就寢，這在寺院裡是非常嚴重的事，是可以被遷單開除的。我為了安慰傷心的母親，竟完全忘記了事情的嚴重性，我心想：這下慘了！」

「沒有想到，月基法師當眾回答說：『他昨晚在我的寮房裡呀！』」

「糾察師聽了，無話可說，我也因此沒有受到處罰，當時我只是一名小沙彌，月基法師可以按規定開除我，但他知道母子的情義，因此為我機智解危，令我感戴莫名。我想『俗情不比僧情濃』，出家人的『有情有義』甚至勝過世俗有求有取的感情。」

為了這一次情義，一九五四年，星雲聽到月基法師在香港無人接濟，想盡辦法把他迎接來台。這一年，正好高雄佛教堂落成，星雲推他擔任住持。後來，月基法師晚年多病，星雲幾次半夜送他就醫，付費照顧，直到終老。月基法師過世後，星雲親自將他的骨灰送回棲霞山寺，還為他建塔安奉。

從這件少年時代的小事，就可以看到大師「有情有義」的風範，也可以看到他一生都在實踐的「滴水之恩，湧泉以報」的思想，弟子們聽到他和月基法師的往事，鮮少不動容的，但師父總是雲淡風輕的說：

「我只不過是將當年那份報恩『情』的心思，銘記在方寸之間，不敢稍忘，並且付諸實際行動，成為有始有終的道『義』罷了。」

再往前一步，就是慈悲

感動、愛惜、有情有義，再往前一步，就是慈悲，因此，沒有感動、沒有愛惜、沒有情義的世界，也就不會有慈悲——這是星雲大師人間佛教非常重要的思想。慈悲，並不是捨棄了一切的情義而得到，而是深入了人間的情義，使其廣大提昇而得的。

大師說：「佛門的寺院常可以看到一副對聯：『莫嫌佛門茶水淡，僧情不比俗情濃』。僧情雖然不像俗情濃厚，卻是一種淨化的感情，是關心在沈默裡、關心在未來裡、關心在無染裡，是平等的施予歡喜、施予關懷，其實是最崇高、最真摯的感情，所以，僧情的『無情』是無有情的執著，僧情裡的『有情』是平等的視一切眾生都是父母兄弟姊妹，人人都是菩提眷屬。」

在佛教的說法裡，有情世間是五濁世間、有缺憾的世間、不完美的世間，唯有透過情義的溫暖可以洗清污濁，唯有愛惜與感動可以彌補缺憾，唯有慈悲能補救不完美使人間趨向圓滿……情義、愛惜、感動不能只留給在家人，慈悲也不能只留給出家人，做為人天導師的出家人，更應該識得這種人間的有情，才會識得終極的解脫。

遍及一切的有情

對於有情人間，大師這樣註解：

「懂得珍惜，才懂得愛！」

「感動，是最美的世界。」

「與有緣人，共創有情有義的人生。」

「一個人寧可什麼都沒有，但是不能沒有慈悲！」

這些不只是大師的言教，也是他用生命活出來的源水活泉，做為星雲大師的弟子，都是點滴在心頭，永遠難忘。

我想起星雲大師曾寫過一段話，想到這人間的有情不只是對人，而是遍及一切的：

「只要我以慈悲待物，愛護珍惜，花草樹木會酬我以繁茂青翠，昆蟲飛鳥也會引我以悅耳鳴唱。」

「只要我以慈悲應世，不求回報，榮辱得失都是我的增上因緣，天下眾生也成為我的法侶道親。」

「如果我們能用慈悲的心靈體貼關懷、用慈悲的眼神看待萬物、用慈悲的口舌隨喜讚歎、用慈悲的雙手常做佛事，那麼我們無論走到哪裡，即使是一無所有，都足以安身立命。」

師父的文筆是那麼優美，從他優美的心靈流淌出來，深深的思維，使我深深的感動。

無。憾。

二〇〇〇年，我到江蘇省巡迴演講，從南京開始，途經常州、武進、南通、泰州、鎮江，最後到達揚州。

接待我們的新華書店的朋友，問道：「在揚州，最想去的是什麼地方？」

我說：「最想去的是鑑真紀念堂。」

朋友問我原因。

「因為鑑真大師是歷史上我最崇拜的人之一。」

我和妻子，就把江蘇省巡迴演講，唯一的一天假期，前去拜訪鑑真大師。

鑑真紀念堂位於揚州城西的大明寺內，大明寺始建於南北朝寧孝武帝大明年間，已有一千五百年的歷史。鑑真和尚曾任大明寺住持，傳戒授律，興建寺塔，道風大盛，成為唐代著名的高僧。

到了大明寺，參天的古樹襯著江南的春天，使我們心情十分清爽，走過十八羅漢像的迴廊，在北邊仰望禪宗六大祖師的塑像，想到這些為法忘軀、不惜身命的祖師，身雖飄逝，卻留下了法的芬芳、道的典型。思及鑑真大師和禪宗的祖師可以並列，中國人怎麼看待達摩，正是日本人怎麼樣看待鑑真呀！

望盡長空，氣吞江海

穿過大明寺的迴廊，走入鑑真紀念堂，使我們心頭一震，比起大明寺的高大巍峨，鑑真紀念堂顯得素樸而雅淨，屋簷的流動像河流，古樸的方窗像雲彩。

特別令人感動的是托著紀念碑的蓮花須彌座上，刻著淺淺的捲葉草，日本人稱此草為「唐草」，現在已經很少見了。唐朝的路邊之草，曾一次又一次見證了鑑真大師的足跡，記載了佛法盛世時，僧人的偉大與恢弘。

抬頭仰觀，屋頂正脊兩端是一對鴟尾，傳説，鴟尾是龍的九子之一，似龍非龍，似魚非魚，牠的習性喜歡瞭望，能望盡長空；又愛吞食，能氣吞江海，唐代時常被用作屋脊的構件。為什麼鑑真紀念堂用了這麼大的兩個鴟尾呢？那是有歷史緣由的。

鑑真親手構築的日本奈良招提寺，金堂上有一對鴟尾，那對鴟尾原來是長安崇福寺大殿上的吉祥物，鑑真到日本不久，安祿山造反，毀了崇福寺，只存一對鴟尾，後來被日本遣唐使小野田守得到，特別帶回日本交給鑑真，當時，招提寺正要建成，鑑真將那對鴟尾放在金堂之上，成為後來的日本國寶，也是吉祥的象徵。

一千兩百年後，建築師梁思成在設計鑑真紀念堂時，刻意的凸顯了那對鴟尾，想到長安崇福寺的鴟尾，千里萬里的流到日本招提寺，又千年百年的回到揚州鑑真紀念堂，正是鑑真精神的象徵，裡面是有深意的。

日本作家井上靖後來根據鑑真的故事寫成了《天平之甍》，甍就是鴟尾，天平則是鑑真到日本時正是日本的天平時代，其中有一段談到，鑑真到日本時，看到日本佛教界盛行自誓的作法，自我授戒，就算完成受戒，鑑真不以為然，他主張正規的戒儀，必須「三師七證」，由三位戒師授戒、七位戒師臨場作證，才算完成戒儀。

鑑真的主張受到日本僧俗的反對，天皇舉辦了一場辯論，以決定戒儀，井上靖重現了當時的場景。雙目失明的鑑真並未參與辯論，只是坐在旁邊給弟子打氣，由弟子普照參加辯論，普照慷慨激昂的説：

「諸位以為在佛陀面前立誓嚴守戒律就夠了嗎？可是究竟有多少人通讀了經卷、明辨了字義，為了佛陀的大業挺身而出、赴湯蹈火、勵精圖治的呢？授戒不應是單純的形式、過場，你們看看為了佛法，不惜生命，現在仍屹立在黑暗中的長老的眼睛吧！你們想想那些為了濟度眾生，常在黑暗中探求光明的大和尚的眼睛吧！你們想想那些為了到日本傳授佛法而死去的成千上萬的人們吧！」

普照並不以戒法來辯論，而是拉高層次，為了佛法不惜生命的鑑真，三師七證只是形式，他的一切無不以生命的深度與力量來完成，他主張的戒法必是正確無疑，又有什麼好論說呢？反對的日本僧眾一聽，全部默然無語。

揚州兩位傳揚千古的大師

天平寶字元年，鑑真在東大寺盧舍那佛殿前成立戒壇，從聖武太上皇、光明太上皇后、孝謙天皇、皇后、太子，及公卿四百三十人，在他座下受戒，日本名僧八十餘人棄舊戒，跟隨鑑真受新戒，從此，鑑真成為律宗初祖，道法大開，對日本的宗教、文學、藝術、醫學、建築、印刷術、藥物學都帶來長遠而深刻的影響。

我們終於繞了鑑真紀念堂一圈，走到鑑真的漆像之前頂禮，這尊塑像與招提寺開山堂裡的塑像完全一樣，優美而沈靜，雙目緊閉卻豐采煥然。

我對大陸的朋友說：「你們揚州出了兩位可以傳揚千古的大師，一位是鑑真大師，一位是星雲大師，因為出了兩位大師，揚州城也可以千年無憾了。」

妻子補充說：「鑑真大師的一生，也因為到日本傳法而無憾了！」

我想到，鑑真從揚州到日本，第一次出海已經五十六歲了，被以「私通海匪之罪」逮捕，船隻被沒收。第二次，是第二年春天，遇到風浪，船毀人散，被官船救起。第三次，在衡過峻嶺、澗水、飛雪之後，被官船阻擋，押送回揚州。第四次，他帶著三十五名弟子同行，遇到風浪，船被飄回海南島。第五次，本想從廣州出海，因為沒有船隻，只好再回揚州，一路上辛苦跋涉，邀他赴日的日僧榮睿死於廣東端州，大徒弟祥彥死在江西吉安，鑑真染了暑熱，雙目失明，奄奄一息。

五次跟隨的人，死的死，散的散，使人想到第一次鑑真準備東渡，弟子群起反對說：「淼淼滄海，百無一渡。」鑑真肅然的說：「是為法事也，何惜生命？諸人不去，我即去耳！」

到第六次上船，鑑真已經六十六歲，雙目全盲，他的志向與勇氣，絲毫無損，終於踏上日本的土地，趙樸初先生曾賦詩一首：

兩邦世代稱盲聖，
六犯風濤誓捨身；
同天風月啓詩情，
招提神境奈良城。

確實，鑑真如果不去日本，生命中就留下了重大的遺憾，因為「離開眾生沒有個人的完成」，度眾之願沒有完成，個人如何有圓滿之境？「離開個人也沒有眾生的完成」，如果沒有鑑真捨身東渡，佛光如何普照東洋呢？因為個人完成了，眾生也完成了，就無憾了。

我凝視著鑑真大師的乾漆夾綾塑像，看到他的嘴角帶著淺淺的笑意，聽說這塑像的原作還保留在奈良招提寺的開山堂上，是他晚年由弟子模造的真影，在鑑真的笑意裡，我的心裡浮現了一首偈：

山川異域，風月同天，寄諸佛子，共結來緣。
明月不歸，白雲秋色，有情有義，無悔無憾。

那種心情，正是星雲大師所說的：「不要把歉咎帶到棺材裡」「不要讓佛菩薩代我們報恩」「不要把遺憾留給天地」。

兩位高僧，光輝並美

一千一百多年後，揚州誕生了星雲，可以與鑑真光輝並美。鑑真使佛法戒儀、文化醫學傳佈東洋；星雲則是東西南北，使佛教文化傳揚於世界，他們的出發點都是這個美麗充滿意趣的揚州小城。

我對揚州朋友說：「你們揚州的兩位高僧，他們有許多相似之處。」

就個人而言，鑑真大師與星雲大師都是揚州人，證明揚州是地靈人傑、人文薈萃之地。他們都有百折不撓的勇氣與不畏挫折的毅力，兩人都是六十歲之後，才邁向海外，對一般人已是垂老之齡，他們卻彷佛還在青年時代。鑑真雙目失明，但在日本的弘法未曾一日稍歇；星雲帶著心臟病與糖尿病，奔波於五湖四海、五洲七洋，也未曾一日停下腳步。

就弘法來說，在鑑真之前，曾有許多中國僧人赴日傳法，但影響遠不及鑑真，因為從前是個人東渡，鑑真則是以僧團的組織形式，攜帶了大量的佛像、經疏、法器、藥品、香料，甚至還帶著玉工、畫家、雕刻家、刺繡工、石工，使點的弘法變成全面的佛法與文化的提昇。星雲也是如此，是以僧團的形式，帶著大量的佛教文化，到歐、美、亞、非、澳，甚至在當地辦大學，所以，在星雲之前，也有少數僧人弘法到五大洲，卻不能像他有全面性的影響。

以內涵來看，鑑真雖是南山律宗的傳人，他推展的卻不只是戒儀，而是人間佛法，對於五明之學：一、聲明——語言、文典之學。二、工巧明——工藝、技術、算曆之學。三、醫方明——醫學、藥學、咒法之學。四、因明——論理之學。五、內明——五乘因果妙理之學。不僅自己深有研究，也大力的推廣。鑑真是童真入道，但他並不排斥世間的學問，他十四歲拜入揚州大雲寺智滿大師的門下，智滿特別請南山律宗的開宗祖師道岸律師來為他授戒。道岸精通建築，曾受皇帝唐中宗的委託，修建長安的荐福寺與小雁塔，他把建築與繪畫的畢生心血傳授給鑑真，並帶領鑑真主持修建廣陵的龍興寺和開元寺，又一起到長安重修慈恩寺與大雁塔，在這段期間，鑑真對繪畫、建築、佛像、雕塑、美學都有了非凡的造詣。

修建塔寺期間，道岸律師向鑑真引荐了一位弘景禪師，鑑真有一段時間住在長安實際寺，向弘景學習「五明醫學藥典」，並常出入皇宮的「太醫署」，向太醫請教。又向醫道名僧義盛求教，義盛祕傳他「醫道補心丹的研製真諦」，後來，鑑真精通醫理，洛陽流行瘟疫時，他行腳洛陽各地佈道行醫，不只解救人的身體，也解脫人的心靈，活人無數。

鑑真人間佛教的全面實踐

當鑑真從長安回到揚州，住持大明寺，連他的師父道岸也忍不住讚美他：「通究古今，佛陀驚歎！」他對佛學、醫學、美學、五明之學的境界，使他很快成為淮海、江左地區的第一名僧，「獨秀無倫，道俗歸心」。

鑑真人間佛教的全面實踐，是他抵達日本之後，他先以對建築的了解，建造了一座中國式的奈良招提寺，採用了中式鴟尾、三層斗拱、腰鼓柱、方櫺窗等形制，結構精巧、氣勢恢弘，不僅在當時反映了唐代建築的最高成就，也是日本現存天平時代最偉大最完美的建築。

接著，他傳授一種「乾漆夾綾雕像法」，這是揚州工藝的古法，先在泥塑上敷麻布，反覆塗漆，漆乾之後把內部的泥土去除，成為綾像。這種造像方法，形式準確、重量輕、成本低、永不變形，後來自成一派稱為「唐招提寺派」。

在文學藝術方面，鑑真赴日時，攜帶了王羲之、王獻之的書法真跡多種，大量以王字寫經，使得王羲之的字在日本，成為千年來最流行的字體。他以漢語講學，弟子也都擅長詩文，使唐代的五言、七言在日本盛行至今。他帶去的瓷器、刺繡、漆器、金銀器，對日本的工藝與生活有巨大的影響。甚至，連日本豆腐都是他研製的，至今日本豆腐作坊內都會供奉鑑真像，把他當成「豆腐之祖」。他還帶去了雕版印刷技術，大印經咒、刻律三大部，成為日本最古老的開版印刷。

在醫學藥學方面，鑑真憑著失明之後的嗅覺與味覺，及往昔行醫的經驗，寫成《鑑上人祕方》，並醫好光明皇太后的疾病，不僅在當時醫藥界享有盛名，對後來的日本醫學也影響甚鉅。如今，在揚州的鑑真紀念堂中還保存一個唐朝「奇效丸」的藥袋，上面蓋有「唐招提寺」的印鑑，印有鑑真畫像，這奇效丸是鑑真親自調配，至今還是日本民間常備的藥物。

鑑真對日本的影響是廣大而深刻的，不只是佛法，而是完全的人間生活，這正是「人間佛教的性格」，遠非一般死守經文的弘法者可比。趙樸初先生在《鑑真頌》中說：

「其施教也，體大規宏，綱目畢具，建戒壇以立僧本，啓後學以開義門，伽藍營構、雕繪工巧之外，兼及於藝文醫藥，此皆盛唐文化之精華，中土千年涵育之所成就。大師孜孜矻矻，盡其形壽，一一以傳播於彼邦。」

千年來一人

一千兩百年後，另一位揚州大師星雲，高舉人間佛教的大旗，對五明之學也都深入研究，不排斥世間的學問。

在建築方面，星雲無師自通，他率著弟子一鏟一鍬蓋起了佛光山，成為世界性的道場。不論從結構、設計、藝術方面，都達到了很高的境界，經過無數風雨的洗禮、地震的考驗，依然屹立不搖。

他在一九八八年建成的美國西來寺，被「生活」（*Life*）雜誌形容為「美國的紫禁城」「西半球第一大寺」。他於一九九五年在澳洲建成的「南天寺」，是南半球第一大寺，被稱為「南半球的天堂」。他於一九九六年完成第一期工程的南非「南華寺」，是非洲第一座大乘佛寺。他於二〇〇〇年完成荷蘭「佛光山」，是歐洲最大的佛寺。自此，在二十世紀末，星雲完成了亞、美、澳、非、歐共一百多座寺院，不論從建築、雕刻、美學，都臻於完美，影響範圍之廣大深遠，猶勝過揚州前輩鑑真。

在文學藝術方面，星雲大師最早就是以文學著作見長，著作逾千萬字，他不斷的創辦雜誌、出版社，並且出刊報紙，所到之處，必設藝術館與圖書館，還不間斷的以電視、廣播弘法，他的弟子中能文善藝者更是不計其數。星雲大師還創下許多文化藝術的第一，出版第一本佛教精裝書《釋迦牟尼佛傳》、發行第一套佛教唱片、推動了第一套佛教的教科書「佛光教科書」……他主持的《佛光大藏經》《佛光大辭典》《普門學報》《中國佛教學術論典》……不但早就帶來廣大的影響，勢必會與時俱進，有更長遠的影響。

星雲大師甚至還創辦了嘉義「南華大學」、宜蘭「佛光大學」、嘉義「南華大學」、美國「西來大學」，以及籌備中的三峽「信徒大學」，以及武漢的「弘道大學」，一般宗教團體傾數十年之力，能辦一所大學已經很了不起，星雲卻辦了這麼多所，還辦了許多佛學院、高中、高職，在教育上帶來的影響，不遜於歷史上任何一位偉大的宗教師。

在人間生活方面，星雲大師說法著作所涉及的範圍之寬廣，令人歎為觀止，不論是佛法世法，信手拈來都是智慧；不論是衣食住行，或情感心靈，乃至革新創見，彈指而出即是機鋒，是人間佛教真正的實踐者、弘揚者。他這些思想的種籽早就散播到全世界，千百年後，發芽、茁壯、開花、結果，必能使人間佛法與時俱盛，成為人類的主流價值。

當代的歷史學家康德剛曾斬釘截鐵的如此評述：「積數年之深入觀察與普遍訪問，余知肩荷此項天降之大任，為今世佛教開五百年之新運者，『佛光宗』開山之祖星雲大師外，不做第二人想。」

四川大學佛學教授陳兵甚至認為，星雲大師是「正法重輝的曙光」，他說：「從弘法願力、革新創意、經營才幹、輝煌業績及與時俱進的精神來看，星雲大師起碼可稱佛教史上『千年來一人』。末法蒼茫之際，厄難重重的中國佛教界，能出此等偉人，亦佛法之一大不可思議，乃我等炎黃子孫的一大榮耀。」

千年前，揚州出了鑑真；千年後，揚州出了星雲。鑑真與星雲是揚州人，卻不只屬於揚州，而是屬於世界的，他們豈只是炎黃子孫的榮耀而已？人間依然十萬塵，佛光已過三千界，他們的千年接棒，已使整個世界籠罩在佛光之中。

人的完成就是佛的完成

除了人間佛教的性格，鑑真與星雲還有一相同之處，他們的人間佛教，並不是將佛法世俗化，而是「非佛不做」，以佛法用到生活中，指導生活、點化生活，由於戒行清淨、悲智無礙，使他們能在法的範圍內，堅毅、自在、果敢而博大，永遠保持著向前的姿勢。

鑑真精神的影響十分長遠，但他的範圍限於中日兩地，遠遠不及星雲，我站在鑑真大師像前想到：鑑真如果生於今世，憑藉舟車之奇、飛行之速，必然也能大展法幡，飄滿乾坤，範圍更為廣大吧！不論如何，千年一人，日月並明，鑑真與星雲是先後輝映的！

在揚州旅行時，泛舟於瘦西湖上，看著湖岸垂柳、楊花點點，想到揚州我所景仰的鑑真與星雲大師，正是太虛大師所說的「發達人生，完善人格，由人而佛，人成佛成」，人的完成就是佛的完成，那麼人又如何完成呢？完成的人有一個特質，就是無憾吧！「洪荒留此山川，缺憾還諸天地」，無憾的境界中才有感性的圓滿。

為了這無憾，為了信守對日本弟子榮睿和普照的信諾，鑑真十多年中一再渡海，先後喪生了三十六名弟子，雙目全盲，還是去踐履生命的諾言。

為了這無憾，為了弘揚人間佛法於全球以拯救人類心靈的願望，星雲大師數百次飛行於空中，為法忘軀，去踐履自己的心願。

星雲大師有什麼遺憾嗎？有一次我問師父。

大師露出童真的笑容，說：「有的，而且很多，年輕時處事不圓融，留下許多遺憾，像在宜蘭念佛會時，永遠坐在廣場中央抽菸的那個軍官；像我在台上講經趕我下台的警察；被我堅拒而啼哭離去的少婦；要拆掉壽山寺的那位上校；不斷整我的中國佛教會的理事長……這些人如果能請他們來一起吃一次飯就好了，相逢一笑泯恩仇，這就減少了許多遺憾了。」我知道，這是師父以四兩撥千斤的幽默，但「相逢一笑」應是大師此時的心境吧！

在大時代的動亂中，星雲倉促渡海，曾留下許多未完成的憾事，特別是師恩與親恩的無法回報，這些無以為報的遺憾，養成了他「及時」的思想，這種思想的特質，可以免除人生的遺憾。

希望過三百歲的人生

星雲總是樂觀進取、勤奮工作，到了夙夜匪懈、席不暇暖的地步，「寧可忙著死去，也不要閒著生活」，唯有如此才不會帶著遺憾過完一生，所以，他說：

「不要老是想要休息，將來會有永遠休息的時候。

所謂『人身難得今已得，佛法難聞今已聞』，如果我們不能把握當下，積極行道，讓時光悠悠而過，一旦無所奉獻，就業報命盡，豈不有負十方大眾信施？倘若袈裟下失卻人身，陷入萬劫不復之地，更是愧對諸佛菩薩的慈悲。

曾經有一位在外參學多年的徒眾，回來向我銷假時，驚異的說道：

『師父！您怎麼一點也沒有老？』

我回答：『因為我沒有時間老。』

孔子曾說：『其為人也，發憤忘食，樂以忘憂，不知老之將至。』

早年我從走路佈教到單車弘法，後來又以火車、汽車代步，南來北往，現在儘管經常搭乘飛機，穿梭洲際之間，但是每天仍是忙不過來。在生活上，我力求簡單，洗臉一把半，剃頭五分鐘，為的是節儉時間，做更多的事。長久以來，我訓練自己隨遇而安，所以無論在機艙、車廂、鬧市、臥鋪，我都能自在的看報讀書，藉著用功吸收新知，督促自己能與時俱進。我在出家時，從排班、走路中，學習利用零碎時間，直至今日，即使幾分鐘的散步，開示中的空檔，我都不輕易浪費，一份計畫大綱、幾張結緣的書法，經常都在這些時候完成的。我恨不得一天當一年用、一週當一世用，只覺得時間太少，怎麼會有時間老呢？」

基於這樣的理念，大師認為人應該立志過三百歲的人生，他說：「如果以一天能做五個人的工作來計算，我今年已經七十多歲了，假如能活到八十歲的話，就有六十年的壽命可以從事工作，六十乘以五，不就是三百歲了嗎？所以，三百歲不是等待來的，也不是投機取巧來的，而是自己努力辛勤創造出來的。」

「我曾聽過一則『滴水和尚』的故事，其中所蘊含的生命意義，讓我久久難以忘懷：儀山禪師在洗澡的時候，因為水太熱，就呼喊弟子提桶冷水來加。一位弟子提了桶冷水來，將熱水加涼了，便順手把剩下的水倒掉。禪師不悅的說：『你怎麼如此浪費？世間上不管任何事物都有它的用處，只是大小價值不同而已，你卻如此輕易的將剩下的水倒掉。你要知道即使是一滴水，如果把它澆到花草樹木上，不僅花草樹木喜歡，水本身也不失其價值，為什麼要白白浪費呢？』弟子聽了以後，若有所悟，於是將自己的法名改為『滴水』，這就是後來非常受人尊重的『滴水和尚』。

一滴水，可以助長樹木花草的生存，這一滴水就是無限的生命；一句話，給人鼓勵，讓對方有信心的生活下去，這一句話就是無限的長壽。」

「我在就讀佛學院時，就十分珍惜寶貴的光陰：每次排班等人，總是利用零碎時間，將文章的腹稿打好，以便爭取快速的時效。在受戒忙碌的作息裡，我訓練自己在返回寮房的路上，邊走邊脫鞋襪，以便早點打坐養息。直到現在，我養成一、兩分鐘吃完一餐的習慣，盥洗也只花三、五分鐘，這不是刻意自苦草率，而是對自己生命的珍惜。古德不也是『非拜佛，不妄行一步；非讀經，不輕燃一燈』嗎？那是在珍惜時間，因為生命不能虛度，珍惜時間就是在儲蓄生命。

的確，會運用時間的人，他的時間是心靈的時間，因為能夠縱心自由、達古通今，所以他的生命展現了泱泱宇宙的全體大用；反過來說，不會運用時間的人，他的時間只是鐘錶刻度的時間，由於受到鐘錶指針的支配，一小時不會多，一分鐘不會少，因此他的生命渾渾噩噩而渺小有限。

可見人生的壽命不只從時間上、色身上去計較長短，更應該從其他方面去籌量久暫，像語言上的壽命、事業上的壽命、思想上的壽命、精神上的壽命、功德上的壽命、文字上的壽命，能夠影響深遠、裨益群生，才是我們應該重視的壽命。」

不要錯失生命的良機

生命的長度終是有限，但生命的廣度、深度、熱度，卻可以無量無盡，能夠「人生三百歲」，自然大大減少了許多不能完成的遺憾。

星雲大師說：「人生三百歲是『時』，與時間一樣，『機』也很重要，不要錯失良機，就可以減少人生的遺憾。」

「一九五三年，我常在宜蘭弘法，後來創設了一個幼稚園，那時有七、八位年輕小姐擔任老師。我見她們很有學習的熱忱，便省吃儉用，湊出一筆經費，作為車資，經常送她們到台北、板橋接受幼教師資的講習。她們每每在即將出發之前，一再問我：『師父！我們真的要去嗎？我們走了，誰來教幼稚園呢？』我回答她們：『我也會帶幼稚園，妳們快去吧！不要錯失良機！』她們學成回來之後，繼續擔任教職，將幼稚園辦得比以前更有聲有色，學生人數竟達五百餘人之多，在當時可說是全國之冠。後來她們陸續隨我出家，其中就有現在的慈嘉、慈惠、慈容。

十多年後，在佛光山草創初期，正是財務最拮据的時候，我又陸續送慈惠、慈嘉、慈怡、慈莊、慈容等人去日本留學。她們甚至在臨上飛機時，頻頻問我：『師父！我們一個個走了，您一個人怎麼能料理開山那麼多事情呢？』我依然以平靜的口氣回答她們：『我一個人就可以了，妳們不要猶豫遲疑，錯失了良機！』她們畢業歸國之後，幫我辦理各種文教事業，佛光山因此而奠定了厚實的基礎。

後來，我又送了一些徒眾繼續到世界各國去深造，但也有一些沒有條件留學的弟子，自己前來要求留學，我回答他們：『你們留在山上好好學習行政、法務，不要錯失良機！』一些弟子聽從我的勸告，繼續留在佛光山多方參與，現在都已是住持一方，『良機』無限，他們都很感謝我當年的苦心。」

個人追求前程，固然不可錯失良機，甚至興建寺廟、弘法利生，也要能在關鍵時刻，掌握良機。大師說：

「四十年前，我寫了一本《釋迦牟尼佛傳》，引起日本大正大學的注意，一九五七年寄給我一紙博士班入學通知單，希望我前往就讀。當時我想：這個機會實在太好了，我要努力讀書，將來學成歸國，服務大眾，好為中國比丘爭一口氣。既而又想：『我千辛萬苦，好不容易在台灣這片佛教沙漠之中開闢了一些綠洲，如果我去了日本，有誰能繼續我的願心，將菩提種籽遍撒台灣各個角落呢？』正在猶豫的時候，高雄萬隆醬園的朱殿元居士得知這個消息，焦急的跑來問我：『你已經是我們的師父了，為什麼還要去日本當學生呢？』我突然醒悟：『此時此刻，我何必為了博士虛名爭一口氣遠赴東瀛呢？我留在台灣好好耕耘這一片淨土，如果能讓佛教擁有光明的前途，就足以證明比博士學位更為重要！』後來事實證明：我雖然失去了深造的機會，但是我並『沒有錯失良機』。二十年後，美國東方大學頒給我榮譽哲學博士學位。這麼多年來，我看盡世事起伏，往往發現：人，之所以會『錯失良機』，大多在於私心自蔽，以致自他受害。原來所謂『良機』，是要自他歡喜、彼此有益、公私兩利才可。」

後來，星雲大師力排眾議，創建佛光山；在重重困難中，興建西來寺；鍥而不捨的在香港建起佛香精舍；把佛法推廣到全世界。大師說：「並不是佛光山的徒眾有過人之能，也不是我們的運氣特別好，只是從頭到尾，沒有錯失良機呀！」

「在中國有許多要我們把握良機的格言，很值得我們銘記在心，像『樹欲靜而風不止，子欲養而親不待』，是在教導為人子女者不要錯過行孝的『良機』；『良藥苦口，忠言逆耳』，是提醒在迷途的當局者不要錯過忠言的『良機』；『少壯不努力，老大徒傷悲』，是在警惕青少年們不要錯過青春的『良機』；『不以善小而不為，不以惡小而為之』，是在勸告行為放逸的人不要錯過行善的『良機』。佛教的經典裡，鼓勵大家不要錯失良機的字句更是俯拾皆是，像《華嚴經》的『不忘初心』、《八大人覺經》的『不念舊惡』、《維摩經》的『不請之友』、《大乘起信論》的『不變隨緣』，都是『把握良機』的最佳法門。總之，沒有機會的時候，廣結善緣；機會來臨的時候，及時掌握，就不會有『錯失良機』的遺憾了。」

不要讓阿彌陀佛代我們報恩

最能代表星雲的人間思想的，像「滴水之恩，湧泉以報」「不要讓阿彌陀佛代替我們報恩」「不要將歉疚帶到棺材裡去」。

「不要讓阿彌陀佛代替我們報恩」的思想萌芽於少年時代，星雲大師說：「年少時，每讀到《阿彌陀經》的迴向偈『願以此功德，普及於一切，上報四重恩，下濟三途苦……』心中不免生大慚愧，虔誠誦經的功德殊勝，固然不容置疑，但是我們濫廁僧倫，為什麼要將報恩濟苦的責任推給阿彌陀佛呢？故當下立志效法阿彌陀佛慈悲喜捨的精神，在娑婆世間散播歡喜、自在，為大地眾生布施安穩、無畏。

太虛大師曾在文章中寫道：『……我母之母德罕儔……』我覺得這句話用來形容我的外婆是最恰當不過了。她一生行善助人，念佛不斷，慈憫有加。在我的記憶裡，她每天都到佛堂幫忙服務，從來沒有說過別人一句不好。當我在台灣聽到她逝世的消息時，真是悲痛逾恆，然而關山遠隔，且當時兩岸政策又不允許探親奔喪，故未能立即前往料理後事。儘管大家都說她的修行這麼好，一定會往生極樂世界，但我總覺得自己也必須略盡心意，所以後來在家鄉建了一座塔堂，安厝她的靈骨。

家師志開上人生前對佛教盡心盡力、犧牲奉獻，對我更有親賜法乳、長養慧命的恩德，我除了立誓以此身心奉塵剎之外，更為他修葺墓塔，奉養他現在的家人，以期能報厚恩於萬一。

至於生養我的母親，我雖然不能經常隨侍在旁，但我購買房舍解決她的居住問題，請人照料她的日常起居，我在生活上讓她不虞匱乏、在精神上讓她安樂自在……她的一切需求，我都設法滿足。更重要的是，我廣度有情，視天下的眾生如父母，因此凡是她所到之處，普天下的信徒也都待她有如上賓。

雪煩、惠莊、合塵、真禪、圓湛等長老，過去與我有間接師生之緣，我不僅派人時予供養，數年前還親自接待他們到美國參觀。雖然自愧力有未逮，無法使其親炙彌陀、暢遊淨土，唯願盡己所能，先讓他們享受西方國家的文明設施。

四十年前，我還是一文不名的時候，承宜蘭雷音寺的妙專老尼師接納，讓我在那兒安住弘法；又蒙圓明寺的覺義老尼師提供安靜房舍給我專心寫作，讓我在那裡完成《釋迦牟尼佛傳》《玉琳國師》等書，使我得償文字度眾的宿願。後來他們相繼年老過世，我為其重修寺院，再塑金身，使法脈永存，以為報答。

對於弟子們，我固然極盡教養之責，當他們的父母壽誕，我也敦促常住準備禮品禮金，讓他們帶回祝賀，聊表心意。每年節慶法會，佛光山都循例替生者消災祈福、替亡者誦經超度。此外，更定期舉辦『親屬會』，接待徒眾的家人來山一遊，享受

『諸上善人共聚一處』的樂趣，凡是年老體衰，未能前來者，我也命有關單位親自送禮慰問。我衷心希望藉此微薄心意，代替佛陀感謝這些『佛門親家』，送兒女來山學佛修道、弘法度眾。

過去，經常看見同道規勸信眾趕快念佛，以求往生時極樂聖眾現前迎接。我那時常想：念佛雖好，極樂也妙，但為什麼不趕快解決他們現前的苦惱，讓他們先在心靈上找到一片淨土，在生活上得以少憂少惱呢？」

星雲的報恩思想，不只是對自己、對佛教有恩的人，要「湧泉以報」，乃至對一切的有情，不論有緣、無緣，都有這樣的存心。

「佛教道場往往對發心捐獻的信徒說：『功德無量！將來阿彌陀佛會保祐您。』對於前來貢獻勞力的義工，也總是說：『功德無量！將來阿彌陀佛會接引您。』凡是對佛教有貢獻的人，寺院的主事者經常都會說：『阿彌陀佛會添福賜慧。』每當聽到這種說法，我心裡就想：『信徒為佛教奉獻布施，為什麼要麻煩阿彌陀佛來報恩？我們佛弟子又為佛教做了些什麼？信徒為佛教發心服務，為什麼要勞駕阿彌陀佛來感謝？我們怎能推諉責任、坐享其成？』

我一直覺得：我們不應該由阿彌陀佛代替我們報恩，而應該自我承擔這份感謝的責任。

西方的極樂世界只有一個，並且必須廣修三福、念佛純熟，才能往生彼處，而人間淨土卻到處都有。只要我們有心，無論走到哪裡，都能共沐在佛光之下，享受法水的潤澤。我們要將人間建設成佛光淨土，當世就能代替阿彌陀佛來報答眾生的恩惠。」

不要把歉疚帶到棺材裡去

星雲大師的無憾性格，發揮到了更高的境界，就是「不要把歉疚帶到棺材裡去」，他說：

「有一天在集會開示時，我忽然心有所感，告訴大家：『我們不要把歉疚帶到棺材裡去，要記住一切佛法都在當下。』事後弟子們紛紛問我為什麼突發此言，其實這句話正是我一生經常勉勵自己的警語。

經常在矇矓中，眼前彷彿出現一個小男孩臥在一個慈祥的老婆婆腳邊……午夜夢迴，我往往淚濕枕襟，因為這不是幻象，而是童年時和外婆相知相處的回憶。記得有一天，外婆曾經語重心長的對我說：『看起來我將來的後事，你的幾個舅父都不可能幫我處理，只有靠你了！』年方十二歲的我，聽到一個老人家交付這麼重大的責任，心中惶然的感覺只能以『戒慎恐懼』來形容。出家以後，了解生死事大，我更加將外婆的交代銘記於心。不幸後來國共之爭造成海峽兩岸有如天地之隔，她老人家何時與世長辭，我竟一概不知。直到離鄉四十載後，我和大陸親人取得聯繫時，方始得知噩耗，當下悲慟莫名，立即籌寄五千美金回鄉，請兄弟為外婆興建塔墓，雖已嫌遲，但我仍然要信守承諾，不能將她的重託成為我永世的『歉疚帶到棺材裡去』。

去鄉多時，思母日甚，弱冠之齡，我已深深體會到『樹欲靜而風不止，子欲養而親不待』的悲哀。所以當一九七七年，獲悉母親尚在人間的消息時，我真是喜出望外，遂不顧當時台灣和大陸海峽兩岸緊張的局面，甚至在危及生命安全的情況下，用種種管道和她取得聯繫。承蒙在美國弘法的弟子慈莊法師全力協助，以李一同的名義（『李』是我的俗姓，『一同』代表佛光山全體大眾），經多方聯繫，才將母親由弟弟陪同之下接到日本，我則從台北到日本與其會合之後，轉迎到香港、台灣等地參觀遊覽，然後接到美國頤養天年，雖不敢說無愧於人子之道，只盼『不致將人子之歉疚帶到棺材裡去』，則吾願足矣！

棲霞山是我出家剃度的道場，這裡的師長滋長了我的菩提道心。一九八五年，我在香港遇到昔日的老師雪煩長老和圓湛長老，他們向我說明棲霞山的情形之後，我慨然捐贈新台幣數百萬元，協助玉佛樓的興建，甚至遠從緬甸恭請玉佛一尊供在樓中，後來棲霞山修建寺前月牙池等地工程時，再度向我化緣，我都歡喜的奉獻助力。年少時對於聖賢『滴水之恩，湧泉以報』的精神時生嚮往，沒想到日後自己也能躬身實踐，不禁感恩機緣的殊勝，讓我『不致在人間留下對常住的歉疚』。

海峽兩岸互有來往之後，我不斷追憶童年時的師長、同學、鄰居、朋友，並且以種種管道幫助他們。那時大陸鄉人最喜歡的，不外是電視機、收音機、照相機、手錶等等，尤其電視機最受大家歡迎，我經常在香港購買，再經廣州雇卡車運回江蘇老家。許多人勸我說：『送不勝送，有心就好，不必如此。』但我總想到自己幾十年來對故鄉親友無所貢獻，趁自己還有些微能力時聊表寸心，以免日後將『對師長、同參的歉疚帶到棺材裡』，而懊悔不及。

一九八九年，我回鄉弘法探親，承蒙信徒給予贊助，了我多年心願，小紀念品不計，光是手錶、金戒指就不只送了千個以上，甚至左鄰右舍，包括多少社區幾百戶人家，我都託我的兄弟，每一家致贈一個紅包袋，雖然每一袋中僅百元人民幣一張，千餘人送下來之後，心中也感到非常歡喜。其實出家無家處處家，自覺素無濃厚的地域鄉情觀念，但人總不能忘本，能在有生之年對當初的本源略盡心意，才『不致將歉疚帶到棺材裡去』啊！

我資助故鄉小學、中學，我也幫助恩師故鄉海安縣的教育基金。我曾在出家的祖庭做過短期居留，在那裡服務的數位長工都對我特別呵護照顧，甚至在我受難的時候，想盡一切辦法前來搭救。四十年後，他們紛紛作古，當我知悉其子女陳水松等還健在後，不但前往探望，而至今仍不斷給予助緣。

我一生經常想到身體髮膚受之於父母、法身慧命來自於師長，所以無論遭逢多少磨難，都不敢稍有怨言。而別人的一點微笑、一句好話，在我心中就像活水一般，涓涓不斷的流動，天地之間的生命之所以賡續不斷，正是憑藉著因緣的互動往來。每當憶及往昔生命的點滴，不禁反問自己：難道我不如一個長工嗎？設若不及時回饋報答，心中長存『歉疚』，將如何安然度世？」

有機會報恩時，趕快報恩

為了不要將歉疚帶到棺材裡，星雲大師認為人應該「為生命留下歷史，為社會留下貢獻，為未來留下願心，為世界留下光明」，他特別引用了雲居禪師的「十後悔」：

「逢師不學去後悔，
遇賢不交別後悔，
事親不孝喪後悔，
對主不忠退後悔，
見義不為過後悔，
見危不救陷後悔，
有財不施失後悔，
愛國不貞亡後悔，
因果不信報後悔，
佛道不修死後悔。」

人的一生實在有太多的遺憾、太多的歉疚、太多的後悔，經歷了重重的鍛鍊之後，星雲大師說：

「有機會報恩時，趕快報恩；沒有機會報恩，也要努力播種。一味接受的人生是貧窮的，唯有喜捨的人生才是真正的富有，人云：『生不帶來，死不帶去。』其實不然，我們生時如一張白紙，固然不帶來什麼，但如果死後『將歉疚帶到棺材裡去』，豈不遺憾終生！

所以，我們凡事應及時，當年壯力強時，應以體力報答人間；當腦力尚佳時，應以智慧貢獻人類；當富有錢財時，應以錢財補助窮困；當有一片誠心因緣時，應當以心香一瓣，將好因好緣的生命之光普遍十方。」

縱觀星雲大師的足跡，雖然那麼盡心盡意、全心全意，有時也不免遺憾，我曾聽大師親近的弟子說起：「師父最大的遺憾不是自己的，而是心平和尚的英年早逝呀！」

心平和尚的早逝曾使星雲大師悲傷不已，這種師徒的深情厚誼使我想起鑑真大師和弟子榮睿與祥彥，從鑑真的第一次東渡，他們就無役不與，自西元七四三年到七四八年，一再的受挫，但是他們一心追隨師父，在七四九年第五次渡海，榮睿死在廣東端州，祥彥死在江西吉安，鑑真雙目失明，那內心的悲慟是可以想見的。

鑑真的腳步並沒有停歇，星雲的宏願並沒有止息，他們完成的功業並不只是個人的，其中也帶著對弟子的願心呀！那生命裡的遺憾增添了圓滿的重量，也增加了人間的光輝。

使佛光成為世界的明月

一九八〇年四月，鑑真的塑像第一次被迎回揚州探親，離他出海時共一千兩百三十年，他出海時默默離去，回鄉時迎接的人潮比海潮還要洶湧，趙樸初先生稱讚這是「千載一時之盛舉，更是一時千載」。

無巧不成書，趙樸初先生去迎接鑑真返鄉時忍不住說出的讚詞，在一九八九年，星雲首次訪問大陸，趙先生親往機場迎接，第一句話脫口而出：「真是千載一時，一時千載呀！」

千載一時，是萬古長空裡有一朝風月。

一時千載，是一朝風月不離萬古長空。

千載一時，是千江有水千江月。

一時千載，是萬里無雲萬里天！

揚州一眨眼，一千年就過去了，鑑真與星雲如雙星並耀，為「人間佛教」的傳揚寫下了輝煌的一頁。

我站立在鑑真紀念堂前，仰望屋頂上的那對「天平之甍」，想到多年以前也曾在日本奈良的招提寺，仰望唐朝帶去的「天平之甍」，背後一樣是無染開展的白雲青天，想到鑑真東渡前的豪壯之語：

「是為法事也，何惜生命！諸人不去，我即去耳！」

這話語多麼熟悉，他在揚州的同道星雲經常如是說。

星雲從唐山到台灣時，這樣說過。

星雲獨自跨過中央山脈到宜蘭去，這樣說過。

星雲遠離台北往台灣南部開山時，這樣說過。

星雲要開辦佛教大學時，這樣說過。

星雲到美洲、到歐洲、到澳洲、到非洲去闢建道場時，總是這樣說。

看著那善於瞭望、氣能吞海的鴟尾，想到唐朝揚州詩人張若虛的名詩「春江花月夜」，這首詩被譽為「以孤篇壓倒全唐」，其中的幾句：

「春江潮水連海平，
海上明月共潮生。
灩灩隨波千萬里，
何處春江無明月。」

鑑真使佛法成為日本的明月，千百年後依然照耀。星雲使佛光成為世界的明月，千萬里外光明燦然。千百年後、千萬里外，會有更多人仰觀佛光的明月，他們看見了月的圓滿，一切的陰晴風雨，都在圓滿的那一刻，無憾了！

大師認為，人才是佛教界最重要的資產。所以他時時以培育更多更優秀的人才為己任。

一九八五年九月二十二日，星雲大師退位，將佛光山傳位給首座弟子心平和尚，那時大師才剛度過六十歲的生日。

星雲大師早年於基隆海會寺傳授戒法。

一九九四年星雲大師到北海道場為男眾佛學院上課接心。

大師說：「要使佛教興隆，要使佛法常住，第一大事便是不斷的培育人才、造就後進。」大師因此不斷的興辦教育事業，更將佛光山建設成為學校化的十方叢林。

星雲大師的佛學院是入世的，因此他鼓勵學生深造，只要是可造之才，都盡其可能的培養。

隨喜、隨眼、隨口、隨手、隨心、隨時隨地。如果身心不離佛法，處處都是功德，時時都是布施啊！

星雲大師之所以成為大師，是他不只把生命中感動放在內心，還放在言行教化上。

大師不僅將他的悲情廣施於眾生，更是遍及所有的動物。

東方佛教學院破土典禮。

星雲大師將佛法傳揚到五大洲，是佛教史上「千年來第一人」。

國家圖書館出版品預行編目資料

浩瀚星雲 / 林清玄 著；
--臺北市：圓神，2001〔民90〕
面；公分. --（圓神叢書：349）

ISBN 957-607-687-0（平裝）
1.釋星雲--傳記
229.386　　90016272

圓神出版社
Eurasian Press

http://www.eurasian.com.tw

圓神叢書 349

浩瀚星雲

作　　者／林清玄
發 行 人／簡志忠
主　　編／林俶萍
出 版 者／圓神出版社有限公司
地　　址／台北市南京東路四段50號6F之1
電　　話／（02）2579-6600・2579-8800・2570-3939
傳　　真／（02）2579-0338・2577-3220・2570-3636
郵撥帳號／18598712　圓神出版社有限公司
責任編輯／林俶萍
美術編輯／劉鳳剛
校　　對／林清玄・林慈敏・林俶萍
排　　版／陳怡汎
法律顧問／圓神出版事業機構法律顧問　蕭雄淋律師
印　　刷／祥峯印刷廠
2001年12月　初版

定價 360元　　ISBN 957-607-687-0